文化压抑与文化自主

——B 市 Q 村新生代农民工案例研究

叶　攀　著

上海大学出版社

·上　海·

图书在版编目(CIP)数据

文化压抑与文化自主：B市Q村新生代农民工案例研究/叶攀著. —上海：上海大学出版社，2017.6

ISBN 978-7-5671-2830-9

Ⅰ.①文… Ⅱ.①叶… Ⅲ.①民工—研究—中国 Ⅳ.①D669.2

中国版本图书馆CIP数据核字(2017)第108523号

责任编辑 焦贵萍

封面设计 缪炎栩

文化压抑与文化自主

——B市Q村新生代农民工案例研究

叶 攀 著

上海大学出版社出版发行

(上海市上大路99号 邮政编码200444)

(http://www.press.shu.edu.cn 发行热线021—66135112)

出版人 戴骏豪

*

南京展望文化发展有限公司排版

上海华教印务有限公司印刷 各地新华书店经销

开本787mm×960mm 1/16 印张12.75 字数202千

2017年6月第1版 2017年6月第1次印刷

ISBN 978-7-5671-2830-9/D·196 定价 38.00元

目　录

第一章
导　论

第一节　问题的提出："农民工模仿外交部发言人讨薪"事件的思考和新生代农民工的文化、话语

2012 年 10 月，一个被称为"女民工模仿外交部新闻发言人讨薪"的视频登上了各个网站。在这个视频中，一名自称农民工的女性模仿外交部发言人的说话方式，讲述她所工作的机构中的农民工被用工方拖欠 1 400 多万元工资的情况。在这个视频中，还有人扮演记者，与"新闻发言人"进行问答。①

这个事件引起了笔者的思考。大家都知道，在实际生活中，外交部背后有国家力量的支持，而女农民工显然并不具备这样的力量支持。因此，女农民工的模仿与其说明了他们的力量，不如说明了他们缺乏力量。不过，通过劳动获得应得的收入是理所当然的事情，对于新生代农民工来说，讨薪本来应该是一件非常理直气壮的事情，为什么她只能通过这样一种话语来表达自身的诉求呢？或者，更进一步地说，不仅是这位女性农民工，而且是整个新生代农民工群体的话语状况如何？事实上，任何一个社会群体，都是通过一定的话语表达自身的诉求，并且通过这些话语和社会结构发生关系的。不过令笔者感到遗

① http://news.163.com/12/1009/13/8DCLOAFO00011229.html.

憾的是，国内以往的研究并未对这个问题作出足够探讨。因此，笔者在本书中将集中讨论这个问题，也就是新生代农民工们是通过怎样一种叙事表达自身的，更进一步地说，本文要探讨的是，在这种话语中，新生代农民工自己处于怎样的位置？他们和社会上层、城市居民以及整个社会之间又是怎样的一种关系？这个问题，实际上也就是工人文化的问题。

第二节　中国大陆以外地区已有研究的回顾：工人的文化自主

一、跨文化的工人自发文化，作为价值规范来源的身体和体力

在国际上的工人文化研究中，对工人自发文化的研究占据了非常重要的位置。这些研究的对象包括了世界各个国家和地区的工人，这些研究表明，那些处于差异很大的“文化”中的工人克服了这些“文化”的束缚，发展出相当一致的自发文化。

近年来，随着《上海罢工》(裴宜理，2001)等著作在我国学术界受到广泛关注，民国时期和台湾地区工人的状况引起了大陆学界的注意。但是，总的来说，国内已有的这些研究倾向于夸大民国时期和台湾地区工人运动的作用与规模，从而过高估计民国时期大陆工人的地位。事实上，早在国民党统治大陆时期，国民党当局就对工人运动进行严密的镇压与控制，台湾当局自己也承认，民国时期的相关法规“‘保障劳工权益’流于有名无实，但‘压抑工会组织’的效果却极显著”①；到了台湾，国民党当局更是长期通过“排斥性统合主义”②等手段对工人进行全方位压迫。在这样一种状况下，何明修对台湾工人的研究表明，台湾工人在缺乏激进主义文化传统，“缺乏深厚的文化资源……没有

① 台湾“行政院劳委会”主编，《工运春秋：工会法制80年》，2011年台北，第59页。

② 见王振寰、方孝鼎：《国家机器、劳工政策与劳工运动》。另外需要指出的是，这种状况并没有因为台湾地区的社会变迁而得到根本改善，见洪士程《台湾劳工运动》，以及张晋芬《台湾公营事业民营化：经济迷思的批判》中对台汽工会抗争的相关分析。

办法发展出属于他们的批判性文化，也遗忘了更早期的运动遗产”（何明修，2006：101）的情况下，工人缺乏有效的、系统性的话语和价值规范与台湾地区的资本家进行对抗，被迫援引战斗性的男性气质（masculinity）和身体文化，作为“一套关于正义的判准，并且指引出未来的行动方向”（何明修，2006：101），也就是说，作为反抗的主要资源。但是，男性气质在成为男性体力劳动者反抗资本主义压迫的资源的时候，也“进一步巩固了既有的性别不平等”（何明修，2006：66），强化了女性工人的从属地位。所以，男性气质对于工人来说是一柄双刃剑，既可以成为男性工人反抗资本主义压迫的资源，也能成为强化压迫的机制。对工人男性气质的研究覆盖范围十分广泛，除了台湾地区的工人之外，智利工人也是一个很多学者关注的对象。托马斯·米勒·克卢伯克（Thomas Miller Klubock）对智利特尼恩特（El Teniente）铜矿进行了研究①。这个铜矿的拥有者布拉登（Braden）铜业公司的子公司试图在该铜矿的工人内建立以一个领工资的男性工人为基础的核心家庭，并试图按照中产阶级市民的标准对该铜矿内部的工人阶级文化进行各种改良。但是，该铜矿的工人“建立了一种基于工作的强烈的男性化理解的阶级认同”（Klubock，1996：442），这样一种阶级认同与该公司的改良企图发生了激烈的冲突，并对这些改良企图——不止包括该公司的改良企图，也包括来自国家乃至工会方面的改良努力——进行了强有力的抵制，这也为智利工人开展进一步的、更加深入的斗争②准备了前提。在世界其他地区工人的男性气质也广泛存在。敦巴尔·穆迪（Dunbar Moodie）在《掘金》③中对种族隔离时代的南非黑人工人文化进行了研究，作者指出，南非黑人矿工在种族隔离及其特有的移民劳工体制（migrant labor system）、经济自由主义④以及南非矿主的严密控制等共同作用下，发展

① Thomas Miller Klubock：Contested Communities，Class，Gender，and Politics in Chile's El Teniente Copper Mine，1940－1951。

② 见 Julio Faundez：Marxism and Democracy in Chile，以及 Klubock 的著作中相关内容。另外根据笔者的了解，这种强加公司权威的行为在当时并不是个例，而是相当普遍的行为，比如著名的亨利·福特和福特公司也是如此，见 Berlet and Lyons，2000 中相关部分的叙述。

③ Dunbar Moodie：Going for Gold

④ 种族隔离时代的南非奉行的经济自由主义见 Heribert Adam：The South African Power-Elite，A Survey of Ideological Commitment，而种族隔离之后的南非的黑人工人生活也没有得到特别大的改善，见 Patrick Bond：Elite Transition。另外如 Moodie 指出的，南非矿主大量使用黑人移民恰好是因为一战后南非白人工人发展到起义程度的抗争。换言之，旧南非的种族隔离既是南非尤其矿业资本家获得廉价劳动力的手段，也是规训和驯化南非白人与黑人工人的措施。

出了特别强调男性气质的文化。这种文化的主要内容有：把社区性的饮酒等活动作为男性气质的象征，发展工人间的社会交往，建立工人团结的手段，通过"道德经济学"提出自身的诉求，还有帮派武斗[①]等。在这种文化中，甚至部分黑人矿工都成了黑人工头们表现自身男性气质的工具。具体地说，就是黑人青年工人在同性恋关系中扮演了一般状况下通常由家庭中的女性即妻子扮演的"从属"角色，但是他们反过来在农村地区又扮演了"支配"角色。这主要是因为当时的南非资本家只提供给工人单一性别宿舍。随着南非社会经济的发展和南非工人的日益组织化，这样一种"文化"也逐渐衰落。毫无疑问，这样一种强调身体特征的工人文化，和前面说过的台湾地区、智利等地的工人自发文化一样，对工人的深入抗争也造成了一定程度限制和阻碍，这是南非工人花费了几十年时间才恢复组织的原因之一[②]。

工人的体力文化不仅存在于上述一般认为的新兴地区，保罗·威利斯(Paul Willis)在《学做工》(Learning to Labor)中指出，英国学校中的工人阶级子弟发展出了一种反学校的体力劳动文化，这种文化的特征是反抗学校教师的"规训"，拒绝按照学校的规定行事，并嘲笑在学校中学习成绩好的同学。这种文化还认为，体力劳动比脑力劳动具备更高的社会地位价值，具备更高的意义。这种文化准确地指出了英国资本主义体制中体力劳动者所面临的困境，以及大多数人不能通过学校教育实现向上的社会流动等事实。但是这样一来，他们实际上是"撤出"了"主流"文化，并且因此再生产了他们的社会地位。换言之，这种自发文化，同时也是英国工人在社会中的被压迫地位，通过这种反学校的体力文化实现了再生产。霍布斯鲍姆也对这个时期的工人文化进行了研究(霍布斯鲍姆，2001)[③]。

从以上研究可以看出，对于工人尤其是从事体力劳动的男性工人而言，他们的体力和身体是他们的唯一的所有物，因此也成为了他们自发文化的一个基本来源。对于他们来说，这也成了他们对他们所处的世界和生活进行判断

---

① 这种冲突既发生在各个不同的族群之间，也发生在工人和矿方之间，也有像美国那样的阶层冲突以族群冲突的形式表现出来的情况。当然，旧南非的"主流"社会也有意识地把工人的斗争族群化。

② 不过，正如下面将要说到的塞德曼的研究表明的，南非工人最终还是克服了这些障碍，形成了相当程度的团结。

③ 其他地区的男性气质研究，详见本书第二章"被压抑的男性气质"部分的介绍。

的最主要依据。同时从以上研究也可以看出，这种强调体力与身体的文化并不受民族和国别的限制，也就是说，正是因为这样一种文化使用了自然的身体作为自我形象乃至相应的价值规范的基础和具体组成内容，而身体是"跨文化"的所以这种文化超越了一切特定的"文化"，是某种结构性的社会地位的产物。这种体力文化也因此不是文化特殊性的表现，而是具有了一种"普遍性"，也就是说，无论在哪个国家何种"文化"中，工人阶级的自发文化都具有相同的内容。

当然需要指出的是，正如上述研究者自己也承认的，自发文化的"肯定"作用是极其有限的，这种文化并不能真正抵消与克服现实中存在的、结构性的权力权威和宰制——这一点在 1980 年代以来随着新自由主义的不断扩张而出现的"男性气质危机"①中得到了充分表现。此外，自发文化在成为"话语"的同时，也成为了一种意识形态②，限制了工人的抗争。不过，这只能说明自发文化的作用是有限的，而不能说明自发文化是不值得追求的。具体地说，在社会生活中占据支配地位的阶级的"文化"将他们的权力赋予了"正当性"，进一步地稳固了并强化了他们的支配地位，在这个过程中起的是辅助作用而不是决定性作用，在社会生活中被支配的那些阶级所受到的支配也不仅存在于文化层面，因此也不能仅仅通过文化摆脱被支配地位。但是，比如下面将要提到的查克拉巴蒂研究的印度殖民地工人那样，处于被支配被宰制地位而没有文化作为抵抗资源，恐怕更加不乐观。因此，自发文化是工人凝聚认同，争取自身权益、争取价值和尊严的起点与必经的桥梁，但不是终点。

二、非自发性的文化：进一步强调肯定性

如果说以上研究涉及的都是工人自发文化，那么在自发文化之外，还有一种非自发性的工人文化。这种工人文化不是把工人的身体和体力作为资源，而是进一步地强调"肯定性"，亦即工人克服资本主义社会诸种结构对他们的

① 见 Linda McDowell：The Trouble with Men? Young People，Gender Transformations and the Crisis of Masculinity 等。

② 见 Goeran Therborn：The Power of Ideology and the Ideology of Power 中对工人自发意识的分析。

限制与束缚，完成自我实现的能力。这种"肯定性"首先是工人运动中的团结，亦即强调工人有能力克服日常意识中的消极、顺从和碎片化，以及资本家采取的各种镇压措施①；另外一种"肯定性"主要体现在欧洲大陆和世界其他地区社会主义运动中，这种"肯定性"已经不仅是工人阶级觉醒的标志，而且是对人的自我实现的追求，更是对未来社会的自觉规划。

首先是工人运动中的工人文化。里克·凡塔西亚（Rick Fantasia）对美国工人运动中通过罢工而形成的"团结文化"（Cultures of Solidarity）进行了研究，所谓团结文化指的是"在工业体系和敌视工人的社会中工人团结的积极表达"（Fantasia，1988：19）。他通过对新泽西州泰勒铸造（Taylor Casting）公司工人"野猫罢工"（wildcat strike）②、斯普林菲尔德（Springfield）医院护士工会的组织过程以及艾奥瓦州克林顿市的一次罢工过程的研究指出，工人在罢工斗争中建立起了一定程度的"社区"，与资本家采取的各种破坏工人运动的措施对抗，拥有了一定程度的团结，并且在罢工中发展出了相应的文化。不过，虽然凡塔西亚认为，工人的日常意识并不能作为工人文化或工人意识的表现，但是，工人在抗争中具体的诉求，具体根据的各种价值规范都是在日常中形成的，这些不能不对工人的抗争造成影响，因此不能将两者脱钩。虽然凡塔西亚自己强调了这种"团结文化"受到的限制，例如美国资本家的"公司行动"（corporate action），乃至美国工会的官僚结构等，但是在笔者看来，凡塔西亚对美国社会的意识形态结构造成的限制仍然估计得不够。虽然凡塔西亚认为工人的阶级意识主要是在罢工斗争过程中产生并在这个过程中出现飞跃的，但是这种飞跃即使能暂时地超越原有意识形态的限制，正如我们已经看到的，并不能持久地克服这种意识形态，也无法形成有效的积累。③ 也正是由于这

① 这种文化多见于工团主义，syndicalism。

② 未经工会官员同意，工人自发进行的罢工。

③ 对这种局限性在美国工人运动中的具体作用的进一步分析，19世纪的情况见 Ira Katznelson、Aristide Zolberg（ed.）：Working Class Formation 美国部分，20世纪的情况见 Sharon Smith：Subterranean Fire，以及下面将要提到的 Randi Storch 的研究，以及 Stanley Aronowitz：Cracks in the Bloc：American Labor's Historic Compromise and the Present Crisis. 这种限制也正是造成凡塔西亚自己指出的，在美国资本家反扑的时候，工人的"团结文化"却消失这样一种状况的原因。当然，凡塔西亚的研究对于种种"美国例外论"（American Exceptionalism，参见 Lipset，1997）已经构成了批判。对这种论调的批判还可以见 Rick Halpern（ed.）：American Exceptionalism? US Working-Class Formation in an International Context，以及 Shalev and Korpi，1980。凡塔西亚的研究也没有涉及美国社会中特别强大的白人种族主义和男性中心意识形态，这不能不说是非常大的遗憾。

些限制,美国工人运动流血多而取得的成果少。盖伊·塞德曼(Gay Seidman)则在对南非和巴西工人的研究中[①]提出了类似的观点,亦即巴西和南非工人在社区[②]中获得了强大支持——例如为工人的罢工提供资金支持,拒绝替代罢工工人工作,乃至使工人的诉求超出"个人"层面,成为"社会"的诉求,他们通过工会组织的长期抗争以及工厂与社区的互相促进,拥有了比前述美国工人更强有力的"团结文化",初步打破了行业、地区、性别乃至种族方面的界限,比较系统地提出了工人的需要,初步发展出了阶级认同和意识[③],亦即他们能够用阶级和剥削解释他们自身以及他们的社区所处的状况,并且在抗争时使用阶级[④]作为武器和出发点。显然,社区团结是工人自发斗争与团结的基础[⑤],这也是工人超越自身原子化、碎片化的起点。社区团结的力量已经超出了前述工人自发文化强调的单个人的体力,而是一种社会性的力量。因此这种力量也不再是"否定"的生物性力量,而是"肯定性"的自我实现。这种力量,也使得这些工人运动有了"普遍性"的诉求,而不是像"新社会运动"那样自我限制。

然而,并不是所有的"社区"都必然支持工人运动的展开。例如,汤普森在《英国工人阶级的形成》中对18世纪后期到19世纪的英国工人阶级第一次形成的时期进行了经典研究(汤普森,2001)。但是汤普森的研究并不是英国工人历史的全部,根据学者的研究,在宪章运动失败之后[⑥],也就是19世纪后半期,英国工人经历了一个"再形成"的时期。加雷思·斯特德曼·琼斯(Gareth

① Gay Seidman: Manufacturing Militance, Workers' Movements in Brazil and South Africa, 1970—1985。

② 这种社区正是在巴西和南非快速的工业化与城市化过程中形成的、被隔离的工人和其余底层群众的聚居区。此外就巴西而言,这种支持也包括了来自奉行"解放神学"(Liberation Theology)的天主教组织的支持。关于解放神学见 Christian Smith: The Emergence of Liberation Theology。

③ 之所以说是"初步"的,是因为巴西和南非在1980—1990年代及之后的社会变迁说明,工人并没有能够巩固他们取得的这些成果。这方面的状况参见前述 Patrick Bond 的著作,David P. Thomas: The South African Communist Party (SACP) in the Post-Apartheid Period 以及 Loic Wacquant 等学者的相关研究。Seidman 也指出了其后巴西和南非社会的一些不利于工人的发展。

④ 包括一向认为"种族"问题更为突出的南非。

⑤ 显然,这也是美国工人的弱点所在。美国之外的西方工人和社区的关系参见 Jane Wills: Community Unionism and Trade Union Renewal in the UK: Moving beyond the Fragments at Last? 等。从反面说,社区的弱化也是西方工人运动出现危机的原因。

⑥ 参见 John Saville: 1848, The Chartist Movement and the British State。

Stedman Jones)在对这个时期的研究[①]中也强调了工人阶级文化对工人运动的影响。琼斯指出，在英国工人阶级"再形成"的这个时期，随着英国工人阶级与中产阶级之间的距离逐渐扩大，后者力图把自身的"文化"施加给前者的努力也遭致失败。不过在这个过程中，由于原先英国工人运动的主要载体亦即手工业者逐渐衰落，原先的各种文化也逐渐衰退，英国工人阶级文化本身也发生了变化，从 19 世纪上半叶第一次形成时期的强调"普遍性"转向强调工人的特殊性，发展出了社区文化，这种文化突出体现在"酒吧，体育报纸，跑道与音乐室"[②](Jones, 1984: 207)中。这种文化"对于外人来说是无法渗透的，但是其性质是保守的"(Jones, 1984: 208)，这种保守性主要体现在这种工人文化对资本主义社会基本结构与规范的接受和承认中。因此，克里斯·班贝里(Chris Bambery)在《英国工人阶级斗争中的神话与现实》(Bambery, 1998)指出，在这个时期，英国工人运动从先前的立场上撤退了，转向了改良主义。因此，正如汤普森、琼斯和班贝里等研究者指出的，英国工人运动的诉求一直没有超出自由主义的范围，即使是直至宪章运动为止的英国早期工人运动，追求的仍然是自由主义式的政治目标，也就是说，英国工人运动总的来看一直停留在这个层次。这样一种状况的结果是使得英国工人运动与欧洲大陆等地区的工人运动相比较为弱小[③]。本节之前部分提及了美国工人，但是，美国工人的状况是多样的，玛丽亚·科法拉斯(Maria Kefalas)对芝加哥一个工人社区进行的研究则指出，美国的白人工人不仅像中产阶级那样以"家庭"，更具体地说，能够购买住房作为自我肯定的标志，并且将自身与美国联系起来，把自身塑造为"美国价值"的保卫者，甚至出现了种族主义和民粹主义情绪[④]。这些都是社区成为工人运动障碍的例子。

社区对工人运动构成障碍的状况不仅发生在英美，查克拉巴蒂

---

① Gareth Stedman Jones: Working Class Culture and Working Class Politics，关于这段时间的英国工人运动，另见 Margot C. Finn: After Chartism。对汤普森著作背景的分析见 Lin Chun: The British New Left。

② 正如下面将要提到的，笔者这次调查的对象正是这样的一个地方。

③ 另外在"二战"后，就工人文化的问题，英国新左翼学者之间发生了一场论战，见 Lin Chun: The British New Left.

④ 这种意识形态在特定的状况下会进一步发展成所谓"右翼民粹主义"，见 Chip Berlet and Matthew Lyons: Right Wing Populism in America，以及 Hans Georg-Betz: Radical Right Wing Populism in Western Europe。

(Chakrabarty)在《再思考工人阶级史》[1]中对1890—1940年印度殖民地时期孟加拉邦的黄麻工厂工人进行了研究。这些工厂为了尽可能压低成本而忽视工人及其绝大多数需要，把工人的工资压低在最低水平，保持工人的移民身份，通过前资本主义性质浓厚的、类似我国的“包工头”的“萨达尔”(sardar)体制控制工人。在这种情况下，印度工人也就没有发展出比较强的自主文化和自我意识，而很大程度停留在前资本主义的社会结构和意识中。印度的工人运动也受到了这种文化的极大束缚，虽然工人们有相当激烈的反抗，但是这种反抗和冲突变成了个人报复，换言之，这些工人们的“社会”意识受到了压抑。他们的“社区”也主要是宗教性质的，亦即还是前资本主义性质的。因此，与前面讲到的美国和南非、巴西相比，这些“社区”不仅没有支持工人运动，反而起了分化工人阶级的作用，例如不同社区之间的分裂导致了信仰印度教的工人和穆斯林工人之间的激烈冲突。因此，社区是工人运动的辅助，但其本身也要受到更普遍的社会结构的限制和制约，例如印度的这种情况下，社区也是需要超越的。

至于欧洲和世界其他地区的社会主义运动中的工人文化，也有许多研究。例如，赫尔穆特·格鲁伯(Helmut Gruber)的《红色维也纳》[2]研究的是1919—1934年的奥地利，尤其是维也纳的“工人文化”。在这期间，奥地利社会民主党运用他们对维也纳市政府的控制，在“奥地利马克思主义”[3]思想的指导下建立了一系列文化组织，对工人的文化活动提供指导。这些文化活动涵盖了住房、学校、医疗卫生、体育运动、艺术、工人图书馆、工人休闲，乃至节日、青年活动、家庭等方面[4]。当然，这样一种“工人文化”，和上一部分谈到的其他自发性文化不同，虽然也强调男性工人的力量，但是并不因此而压抑女性，而是强调减轻女性负担，以及男性和女性都平等地成为社会的主人。这种文化尤其强调的是为了将来的社会主义社会而塑造“新人”(neue Menschen)，亦即在满足需

---

① Chakrabarty：Rethinking Working Class History。这里的“孟加拉邦”包括了今天的孟加拉国和印度西孟加拉邦。

② Helmut Gruber：Red Vienna，Experiment in Working-Class Culture 1919—1934，当然进行类似活动的远远不止奥地利社会民主党，而是欧洲社会主义运动的共同行动，另见 Mary Nolan：Social Democracy and Society，以及 Gruber 书中介绍的德国法兰克福、汉堡和柏林等地的状况。

③ 参见 Leszek Kolakowski：Main Currents of Marxism 中的相关内容。

④ 这些活动都是公共性的，比如住宅的厨房等设施就是公用的，因此不同于二战后流行的商业性“大众文化”(mass culture)。青年组织的名字叫“红鹰”(rote Falken)。

要的前提下摆脱了压迫和异化、能够主宰自己命运的人，也是拥有集体主义价值观的人[①]。此外，兰迪·斯托克(Randi Storch)对1928—1935年美国共产党组织的芝加哥工人运动进行了研究[②]。同奥地利社会民主党一样，当时的美国共产党也组织了诸如"约翰·里德俱乐部"(John Reed Club)等组织进行文化传播，他们尤其着重组织在美国社会中受到排斥的黑人和来自东南欧的白人新移民[③]。美国的社会主义运动虽然远远不如欧洲发达，但是其文化活动仍然范围广阔，如罗比·利伯曼(Robbie Lieberman)指出的，这些文化活动涉及了生活的各个方面，相关活动有"讲座、课程、合唱团、剧团、夏令营"(Lieberman，1989：15)，用参与者的话说，"运动就是我们的社区"(Lieberman，Ibid：15)。另外值得一提的是，"强调黑人对美国生活的贡献"(Lieberman，Ibid：38)是这种文化的重要组成部分[④]。毫无疑问，这种和前面说过的，英国工人运动被限制于其中的自由主义主张，以及本书第三章中将要提到的中产阶级的状况有很大区别，自由主义和中产阶层的追求实际上还是建立在对"自然"的市场机制的服从之上，而且这类工人文化追求的恰恰是建立在克服、摆脱了"异化"的基础之上的新的团结乃至新的社会，因此比前面所说的那种自发文化基础更为坚实。当然，这种文化的基础已经不再是单个社区，而是超越了种族乃至民族和性别等的、更高层次的团结。

很显然，无论是自发文化还是工人运动中的"肯定性"文化，都是超越种族和国界，也因此超越了这个意义上的"文化"的。这是因为工人，或者说阶级，

---

① 1931年7月维也纳还承办了第二届国际工人奥运会。当时的社会民主党和共产党都各自组织了同样的活动，并在1937年联合举办了最后一次活动。当然，由于奥地利社会民主党自身以及奥地利社会等的限制，这些活动的效果也受到了很大限制。正如Gruber指出的，这种文化甚至成了奥地利社会民主党在其他领域退却的补偿。除此之外，"奥地利马克思主义"过于强调文化的独立作用也是重要的原因，正如格鲁伯也同意的，文化是不能脱离社会经济或政治而单独起作用的。

② Randi Storch：Red Chicago，American Communism and its Grassroots。

③ 这恰恰起到了前述"团结文化"无法起到的作用，也部分克服了美国社会，无论是美国统治阶级还是美国白人工人中的种族主义(关于针对东南欧白人新移民的种族主义参见前述Berlet and Lyons：Right Wing Populism in America)。当然正如前述Sharon Smith的著作指出的，美国共产党的活动也有很大缺陷，此处不赘。这也恰好说明，前述科法拉斯和凡塔西亚的研究，以及美国的右翼民粹主义等实际上正是美国"主流"意识形态从19世纪以来就刻意使美国工人保持在自发性、车间(shopfloor)层次——正如Michael Burawoy《制造同意》指出的，意识形态正是在这个层次再生产出来的——的结果。关于这方面另见Michael B. Katz：Why Don't American Cities Burn?

④ 本书第三章将再次提及并进一步论述利伯曼对美国社会主义运动中歌曲的研究。其他的相关研究有Richard Reuss：American Folk Music and Left Wing Politics等。

是一种"社会"关系——也就是说,不是一种"共同体",无论族群或者区域性质的关系,相应地,工人文化是一种具有普遍性的社会结构的产物,而不是某种特定的族群或者区域的产物。这种文化也因此具有了超越族群和区域,也就是超越了这个意义上的"文化"的普遍性。在自发文化中,这种普遍性依赖身体,而在后一种非自发文化中,这种普遍性就是"肯定"的了。而且需要指出的是,无论是哪一种文化,强调的都是自主性——自发文化的自主性更多地是形式上的,而后面一种文化的自主性则是实质上的了。因此,这两种文化都可以称为"文化自主"。

第三节 国内现有研究的回顾及相关背景

一、国内研究现状:主体和客体之间的断裂

国内学界传统的农民工研究主要集中于农民工的生存状况、他们的"社会融入"、在城市遭受的权益侵犯以及农民工留城意愿等方面的调查。在这样一种研究中,农民工主要被呈现为客体,他们自己的想法和看法被忽略不计了[①]。这种客体状态的问题是,在任何一个社会中,所有的社会成员都不可能只是完全被动的客体,都必然、必须通过一定的"话语"表达自己的需要、诉求和观念——即使是被压抑的[②],而不是简单地说"我要社会保障"等——以此为例,不同的"社会保障"不仅在具体内容上,而且在所反映所维护的具体社会结构等也是大异其趣的[③]。对于工人们来说,由于他们缺乏通过系统的文章或主流媒体的报道等表达自己的诉求的能力与渠道,话语是他们表达诉求的最重要途径。也正如本书一开始即已指出,后面将要进一步详细论证的,正是在这些

① 比较有趣的是,美国"主流"社会科学也是这么对待美国的底层的,见 Michael Katz: The Undeserving Poor.

② 事实上,正是因为有这个主观行动的层面,才有所谓"压抑"的问题。

③ 参见 Gosta Esping-Andersen《福利资本主义的三个世界》。

话语中，农民工和社会其他阶层，以及整个社会之间的关系得到了表达。

虽然王春光提出了“半城市化”等概念，以及“认同内卷化”(王春光，2006)的问题，但是笔者并不同意他的观点。因为“认同内卷化”，正如本章之前部分的文献回顾指出的，并不妨碍其他国家和地区的底层体力劳动者发展出自发的文化，甚至可以说是自发文化和进一步的自主文化的一个必要前提——比如前述旧南非的黑人工人，以及美国的黑人工人都是例子。而我国的新生代农民工恰恰没有自己的自发文化。此外，正如学者指出的，集体认同的前提是文化边界的建立，以及社会承认(Melucci，1996：73)，这些都是我国新生代农民工并不具备的。正如本书的研究和分析将要指出的，工友们的问题与其说是“认同内卷化”，不如说是缺乏必要的、较为一致的认同，同时他们也缺乏自发文化和更进一步的自主文化，因此，笔者以为，“认同内卷化”并不成立。

国内过去的农民工研究在制度问题上的主要着眼点是户籍。杨宜音(杨宜音，2013)也是如此，虽然她提出了“过渡性身份认同”的观点，但是她并没有展开，而且，这个“过渡”所要达到的目的并不清楚。毫无疑问，我国的新生代农民工仍然被户籍制度排斥在城市生活之外，但是毋庸讳言，除了户籍制度之外，我国的城市还存在着社会阶层分化——事实上，根据陈光金的研究，市场已经是我国的收入不平等的主要生成机制(陈光金，2010)，这种社会分化已经对农民工生活的各个方面和维度都造成了影响。也就是说，我国的新生代农民工受到的是户籍和阶层的双重作用。而且从笔者的调查看，工友们认为他们和城市之间最大的距离恰恰不是户籍，而是住房、收入等一般认为由市场决定的因素。换言之，工友们已经意识到了市场导致的社会分化所造成的影响。市场导致的社会分化也越来越取代户籍成为影响新生代农民工，形塑他们生活各个方面的根本因素。因此本书将着重对市场和阶层的问题进行考察[①]。新生代农民工即使成为了城市居民，他们的经济状况也不可能自动地获得巨大改善，也就是说，他们仍然处于城市底层，他们的“认同”因此不可能真的和城市居民，特别是城市中产阶层居民的认同完全一致。他们如果要形成有效的“认同”，其内容必然是“特殊”的，以往国内的研究对这个问题考察得不够充分。本书将对这个问题进行初步讨论。

① 因此本书在具体讨论的时候将主要使用和阶层、市场有关的理论进行相关分析。

对于新生代农民工的文化问题，傅才武等人虽然对农民工的文化生活状况进行了调查和研究(傅才武等，2007)，但是他们的调查研究只是简单地把文化活动作为一个没有任何价值和规范意义的，和客观的社会结构社会关系之间没有任何关联的，纯粹娱乐休闲的事物来讨论，这样一种讨论仍然是纯粹客体化的，很不充分。事实上，这种没有价值与规范维度，只有娱乐休闲亦即劳动力再生产作用的“文化”，正如本书将要指出的，毋宁说是一种“非文化”。不仅如此，包括傅才武在内的研究者多数用“边缘文化”表述新生代农民工目前的文化状况，但是在笔者看来，这种表述并不准确。首先，“边缘文化”的含义是我国新生代农民工已经发展出至少最低限度的自主文化，只是这种文化由于社会结构的作用而处于社会的边缘。但是正如本书将要论述的，新生代农民工恰恰没有发展出自发、自主的文化。其次，“边缘文化”这个提法笔者认为忽视了文化中所包含的权力和宰制因素。正如本章前面的文献回顾部分提出的，和本书之后章节将要指出的，文化并不是简单的符号，文化始终体现着“主体”与“客体”之间的关系、行动者与社会结构之间的关系。这种关系并不仅仅是“中心”和“边缘”之间的位置关系，而且也包括了权力和宰制方面的问题。最后，以往的“边缘文化”忽视了工人文化的特殊性。正如本章之前部分的文献回顾所指出的，工人文化并不是为了文化而文化，也绝不仅仅是一般性的休闲娱乐亦即劳动力再生产，工人文化始终是表达他们价值、尊严和主体性的重要途径，因而也是他们抗争的重要资源。而以往的“边缘文化”研究所考察的只是工人参与一般性的休闲娱乐活动，忽略了工人文化应该具有的价值、规范维度。因此笔者将着重从文化的价值和规范维度去考察工人文化问题。

近年来，这种状况有所改善，越来越多的研究者开始重视从主体的角度去研究新生代农民工。这方面的研究主要是讨论新生代农民工在工作过程中建立的“文化”，使用的是文化人类学的民族志研究思路[①]。潘毅的《中国女工》[②]对工厂女工进行了研究，她探讨的主要是女工的身体在工厂中受到的规训，以及女工通过性别想象对这种规训的自发抵抗。但是，潘毅没有深入讨论这样一个问题：女工固然能够通过性别的想象，抵抗工厂对于她们的“男性化”改

① 在笔者查阅资料的过程中发现，这类研究集中探讨的是女性农民工的问题，而很少涉及男性农民工，这是非常有趣的。因此本书将会重点探讨男性农民工的问题。

② Pun Ngai：Made in China，Women Factory Workers in a Global Workplace.

造,“恢复”她们的女性身份,但是首先,这种“恢复”,正如前面说过的,和男性工人的男性气质一样,仍然属于意识形态,因此其抵抗是软弱无力的;其次,这种“恢复”了的女性身份,恰恰是一种处于从属,或者说“弱势”地位的女性身份。因此,恰恰在这样的“抵抗”中,女工的社会地位被重新赋予了意义。这样一种“恢复”,也就成了软化工厂规训,使这种规训的再生产能够持续进行的机制①。也就是说,由于潘毅的研究方法论中,女工的“主体”方面和“客体”方面是分离的,她所强调的那个方面不仅无法达致解放,反而成了再生产压迫和宰制的载体②。除此之外,汪建华的新工人研究是很重要的贡献(汪建华,2013),但是笔者以为,他的研究有以下几个问题:

第一,他直接把“新工人”当作一个已经形成了的、具有确定意义的身份认同使用,但是根据笔者的访谈得到的资料,“新工人”并不是这样一个已经形成了的、具有确定意义的并且被大多数工友们接受了的身份认同。第二,一个根本的问题是,工人的抗争不是在真空中进行的,也不是单纯因为他们的身体受到侵害而进行的,更不是突然产生的,而是依据一定的价值规范进行的,他们的诉求是由这些价值规范调节的(即使不是决定的)。同时,这种价值规范是在工人抗争之外的生活中逐步形成,并通过一定的“话语”表达出来的。因此这些价值规范和话语的性质直接决定了工人的诉求是否能够成功,是否能够真正地自我肯定,并不是所有的价值规范和诉求都能支持工人的诉求。因此,笔者认为汪建华的研究和之前的对新生代农民工的研究忽视了新生代农民工抗争受到的文化限制。第三,汪建华的研究忽略了,工人的诉求是针对工人和老板之间的关系而进行的。这种关系并不是一种个人关系,而是结构性的、“社会”性的关系③,这种关系必然拥有一些超出工人直接的文化理解范围的部分,因此不能简单地用人类学民族志的“理解”处理。事实上这种“理解”在很多时候是一种“虚假意识”④。第四,正如本书回顾的以往研究指出的,男性气质尤其对于从事体力劳动的工人来说是非常重要的,甚至可以说是最基本的“价值”来源,但是在汪建华的研究中我们没有看到相关的表述。这些都是非

---

① 类似 Michael Burawoy 在《制造同意》中揭橥的那种机制。

② 对潘毅所援引的理论的批判,见 Agnes Heller and Ferenc Feher: Biopolitics。

③ William Jackson: On the social structure of markets,另参见卢卡奇《历史与阶级意识》与 John Levi Martin: Social Structures。

④ Christopher Pines: Ideology and False Consciousness。

常令人遗憾的。另外,陈晨试图通过研究广东省东莞市新生代农民工学习粤语的状况研究新生代农民工的“主体性”(陈晨,2012),但是陈晨所谓的“主体性”完全没有考虑到客观社会结构的作用,因此这个“主体性”不是真正意义上的“主体性”,而是“主观性”。他也没有考察这些“话语”中包含的权力关系,也就是说,他没有真正地区分清楚话语和语言。

因此,现有研究的突出问题是主体和客体之间的断裂。农民工要么是被动地等待各种各样的帮助,或者是服从既有规范、等待城市社会接纳的客体,要么就是完全的“主体”,建构出各种“文化”——但是这些“文化”与更大的社会结构之间的关系并没有得到进一步探讨。这是和现有研究所采取的理论思路有关的。传统的把农民工呈现为客体的研究采取的是实证主义和经验主义思路,而近年来对新生代农民工的新研究主要采取的是人类学式的民族志思路[①]。在这两种思路里,主观和客观、主体和客体都是分开的、断裂的。实证主义和经验主义固然把社会自然化了,但是人类学的民族志思路仍然“暗示了一个真正的外部世界的存在,这是一个独立于我们的概念的世界”(Benton and Craib: 2001: 175)。换言之,这样一个世界是和工人的具体理解没有直接关系的。工人仍然被限制、束缚在一个无法影响客观社会的“幻想世界”中。其一,这样一种状况极大地限制与束缚了工人抗争的深度和广度,正如本书将要指出的,在这样一种状况下,工人的抗争指向的与其说是老板的剥削和压迫,不如说是老板的剥削中超出了市场规范所容许的程度的那个部分[②]。其二,工人抗争固然需要资源,但是工人现有的这些资源,正如前述中国大陆以外地区的诸项研究已经表明的,并不是完全由工人控制的工具,并不总是能促使工人完成有效的抗争,有的时候这些“资源”恰恰成为了一定社会结构如市场关系再生产的载体。具体到我国而言,正如本书将要论证的,这些文化在不少时候还是自我否定的。同时,所谓“生活世界”能否产生出一种支持体力劳动者抗争的价值规范在理论上至少是极为可疑的——本书将在之后的部分中对这个

---

① 从哲学层面说,这种思路主要受浪漫主义思潮的影响,对于这种思路的批判,另见卢卡奇《理性的毁灭》。

② 比如大量发生的老板不及时支付,或者不支付工人工资的问题。另外一点需要指出的,正如克利莫娃(Klimova)指出的,韦伯的“理解”在发生冲突的时候将会失效(Klimova, 2012)。而且这不仅是韦伯一个人的问题,事实上整个浪漫主义思潮都是强调“和谐”的,先且不说这种“和谐”的性质如何,使用这个观念去研究工人的抗争恐怕在方法论上会有比较大的限制。

问题进行阐述[①]。

二、世界其他地区和中国大陆的工人文化比较的相关问题

除了上述问题，国内现有研究存在的另一个问题是缺乏国际比较。诚然，中国农民工生活的社会和外国工人生活的社会不是没有区别的，但是中国农民工面对的具体问题不能说和外国工人完全不同。首先，我国的经济日益市场化，尤其是农民工群体主要在民营企业（含外资企业）中工作，也就是说一直以来，他们就处于市场关系及其价值规范的直接作用中。事实上我国的农民工从他们进入城市工作的那个时候开始，就一直是在市场关系中进行劳动的，他们也是我国最早在市场关系中从事劳动的体力劳动者。就这一点而言，他们和中国大陆以外地区的体力劳动者并无根本区别。其次，我们已经看到，本书第二章也将提及，无论是中国台湾地区还是南非、智利、加拿大乃至尼日利亚等国家，他们的主流"文化"差距极大，但是各自国家与地区工人的自发文化却具有相同的内容和结构。事实上正如本文马上要指出的，我国毛泽东时代也提倡过这样一种体力文化。这是因为工人的文化自主正如本书后面部分论证的，属于"肯定的自由"。"自主"正是这种自由的首要内容（Christman，2005）。正如本书马上要提及的，"文化"本身是包含着权力和宰制关系的，因此这些所谓"传统文化"实际上也包含着各种特有的权力和宰制关系，亦即妨碍工人达致自主的因素，所以这些权力宰制关系正是工人通过文化自主所抗争的对象。事实上本书之前文献回顾部分提及的殖民地时期的印度工人就是一个比较典型的反例，他们正是由于没有摆脱这些特殊"文化"的限制，而无法达致文化自主。换言之，工人必须通过追求跨文化的"肯定的自由"才能达致至少形式上的自主[②]。其次，这种自由是普遍性的，也就是说这种自由本身就是超越了各种"文化"限制的（Bowring，2014：3）[③]。再次，这是因为对于全世

① 另外，佛利(Foley)已经提出了文化人类学不适用于工人文化研究(Foley，1989)，笔者赞同其观点。

② 反过来说，所谓"否定的自由"在很大程度上也意味着行动者属于某种特殊"文化"，见Honneth，1999 中的分析和批判。

③ 这个问题柏林（Isaiah Berlin）在反对"肯定的自由"的时候以"否定"的方式表达出来了（见Galston，2009；Yack，2012）。事实上无论世界哪个地区的工人文化，其抗争对象正是柏林等自由主义者以"否定的自由"为名义捍卫的那一种权力关系。

界的体力劳动者来说，身体都是他们唯一拥有的价值与规范的来源——我国的农民工也是如此。而身体和体力正是“跨文化”的。最后，如果是非自发文化，这种文化更加是有意识地追求普遍性的。因此，我国农民工和外国工人之间的“不同”不能简单地视为某种“文化特色”而被忽略，而是体现了一些结构性因素的不同，进行国际比较有助于更好地理解我国新生代农民工的文化存在的问题。

另外需要说明的是，本书和其他社会科学研究一样，使用的是来自西方的概念与范畴，但是这些概念与范畴和我国并不是不相关的。正如本书下面将要说到的，我国过去也有过崇拜体力文化和“男性气质”[①]的时期，同时，本书的主要着眼点是市场，而市场中包含的各种权力关系以及相应的价值规范并不会因为国别和“文化”的不同而发生变化。而前述陈光金的论文也说明，市场已经在我国发挥了重大影响与作用。也就是说，虽然本书运用的各个概念和范畴都来自西方，但是这些概念和范畴所产生的、所针对的社会结构在我国正在迅速成长，并且已经有相当影响和作用，因此这些概念和范畴同样适用于我国社会。

三、我国工人文化的历史背景

关于工人文化的问题，笔者以为还要指出一点：虽然国内现有的研究对这个问题关注得并不是特别足够，笔者在本书开始部分，以及之后部分的讨论中引用的也主要是西方的相关研究，论述中使用的也大多是来自西方的概念与范畴，但是这并不意味着工人文化的问题在国内并不存在，只是一个“西方”的问题。自从清末我国出现工厂与工人以来，工人文化也在我国诞生了。大家都知道，1942 年 5 月，毛泽东《在延安文艺座谈会上的讲话》里发出了“我们的文艺，第一是为工人的”（毛泽东，1991：855）的号召，在这个讲话的指导下，我国文艺工作者们创作了大量以工人、农民等为主题的文艺作品。建国之后，我国还举办了多次工人文艺方面的展览等活动（王守木，1958）。有关学者也

① 在日常生活中其实也可以观察到各种相应的表现，只是正如本书第二章将要指出的，这些表现并未取得社会性的、公共性的意义，体力劳动者无法使用其作为基础主张自身的价值和尊严。

对我国历史这个时期的工人文化进行了研究，例如薄松年对北伐战争时期的工农美术进行了研究（薄松年，1959）。近年来，陈俊倩（陈俊倩，2007）和吴铁博（吴铁博，2007）等研究者都对毛泽东时代的宣传画等文艺作品进行了相关研究[①]。笔者承认，正如上述研究者指出的，毛泽东时代的宣传画存在着这样那样的问题、错误、缺陷，那个时代存在的其他问题也不容忽视，但是，我们并不应该就此回避工人文化问题。毫无疑问，对知识分子的歧视、排斥是不应当有的、应当克服的，毛泽东时代对于体力劳动的过度推崇也的确造成了其他方面的问题，但是，我国社会目前的问题和毛泽东时代已经有了很大不同。毋庸讳言，我国社会目前不仅存在着一定的社会分化，而且正如以往的研究表明的，农民工也实际地遭受着排斥和歧视。也就是说，目前我国社会的现实问题是体力劳动和体力劳动者的地位过低。笔者以为，以任何理由或借口对任何社会成员进行歧视和排斥都是不应当的、都是应该克服的。体力劳动者和知识分子一样应该得到全社会的承认与尊重，体力劳动也应该得到全社会应有的尊重、应有的承认。正如本书论证的，文化压抑加剧了新生代农民工遭受到的排斥与歧视，所以，笔者认为为了克服这些排斥与歧视，争取文化自主，也就是克服文化压抑是一个必经的途径。尤其因为如此，笔者并不认同“价值中立”的主张。从理论上说，社会结构和相应的权力关系是客观存在的，所谓“价值中立”的主张恰恰否认了这些社会结构和相应的权力关系，但不能也不可能消除这些结构和权力关系，以及由这些结构和权力关系所引起的各种问题，因而并不能达到真正的“中立”[②]。从实际的研究对象说，大家都知道，我国的新生代农民工事实上处于被排斥、被歧视的状态，以及市场的各种作用——比如前面所引用的陈光金论文指出的收入不平等就是其中一种作用——之中，在笔者看来，忽视这些结构性的强制并不能导致“价值中立”和客观，而是不仅扭曲，亦即使得我们无法真正认识新生代农民工的状况，而且还可能将新生代农民工所受到的这些结构性强制正当化。

---

① 对这个时代“工农兵文艺”作品的总体考察与分析，参见蓝犁，2002和林秀琴，2013。

② 这一点笔者认为早期法兰克福学派的霍克海默在《唯物主义与形而上学》，以及《批判理论》等论文（均收入其文集《批判理论》）中已经论之甚详，此处不再赘述。对实证主义在认识论等方面的批判见前述 Ted Benton、Ian Craib 的著作，以及哈贝马斯《认识与兴趣》等。此处不赘。

第四节 核心概念：文化压抑与文化自主

一、文化理论的相关问题：工具论与价值论

本书既然讨论的是工人文化问题，那么笔者以为，有必要先梳理一下文化理论。大体来说，文化理论主要有工具论和价值论两个类型，这两个类型也对应着不同的社会观。工具论文化理论的主要代表斯威德勒认为，文化并不为人们的行动提供价值导向，也就是说，文化并不是个“价值”范畴，而是为人们的行动提供工具，亦即文化是一个工具范畴。斯威德勒进一步区分了“稳定”时期和“不稳定时期”，在前一个时期，文化是纯粹的工具；在后一个时期，文化是公开的意识形态，但仍然是工具（Swidler，1986）。这个定义似是而非。斯威德勒的定义首先显然是建立在对社会的“工具论”和“多元论”认识基础之上的，在这种认识基础之上，社会生活就只是“多元”的“竞争”或者“交换”过程，而不存在权力、权威和宰制等作用，尤其不存在强制。在这个前提下，“文化”才成了这些“多元”的“竞争”或“交换”的工具。斯威德勒用“贫困文化”并未阻止底层群众追求“主流”社会的价值作为其论据，但是这个现象毋宁说只能说明这种“文化”的价值与规范作用有限，并不能真正抵消现实中存在的种种权力权威与宰制，而不能因此认为“文化”如斯威德勒认为的那样，没有价值维度，只是工具性的范畴[①]。正如斯蒂文·卢克斯（Steven Lukes）指出的，这种“多元论”范式的问题就是把社会生活在形式上的“开放”和“多元”扩大到了“实质”层面（Lukes，2004），伊萨克（Jeffrey Isaac）也对这种“表现主义和经验主义”的文化思路提出了批评（Isaac，1987）。其次，文化工具论很明显地将文

① 事实上，最早提出“贫穷文化”的人士要求的恰恰是通过改良克服这种文化，只有班菲尔德（Banfield）那样的保守派人士才认为“贫穷文化”是一个不可克服的、绝对化的实体，见 Michael Katz：The Undeserving Poor 中的相关描述和分析。这个问题另见 Maria Charles：Culture and Inequality：Identity，Ideology，and Difference in “Postascriptive Society”。

化当作了人们占有、所有的“物”，这正是以麦克弗森(C. B. Macpherson)指出的“占有性个人主义”(possessive individualism)为依据，将文化“私有化”[①]的结果。这样的“文化”奉行的也正是所谓“占有性市场社会”(possessive market society)的规则。再次，文化的形成也并不是斯威德勒认为的那样一个“选择”的过程。正如对理性选择理论的批判，文化人类学研究以及前述意识形态和后面将要提到的“话语”理论所共同指出的，文化的形成是一个和社会结构互相作用的过程，因此相应的文化内容中包含着大量自发性的、“错误”[②]的和无意识的成分。最后，斯威德勒的文化工具论把文化当作人们占有的、用于牟利的“物”，这实际上是说文化本身成为了一种用于交换的商品，这样的文化观实际上还是建立在“否定的自由”基础之上的，而正如本书前面部分的文献回顾指出的，即使是自发文化，工人追求的也是“肯定的自由”，这是一种价值规范，而且还是一种具有普遍性的价值规范，而不是工具。因此，斯威德勒的工具论过于夸大了人们的“主体”程度，夸大了“文化”对于社会结构的理解程度和把握程度，也相应地过于夸大了文化的“工具理性”程度。事实上正如前面已经指出的，和后面将要指出的，文化在很多时候，尤其在受到强势文化的压抑的时候，不仅不能充当行动者的工具，恰恰成了一种虚假意识乃至虚伪意识。换言之，这样的文化不仅不能如斯威德勒认为的那样，起到工具的作用亦即帮助行动者实现其目的，恰恰相反，这样的文化，正如下面将要论证的，起到的正是否定和压抑的作用。

正因为工具论的文化理论有上述缺点，本书中使用的是价值论的文化理论。笔者认同的这一种价值论的文化理论尤其强调以下两个层面[③]。第一，社会不是一个符号性的、抽象的“开放”和“多元”的领域，而是一个具体的、充满着权力权威和宰制的领域——在这些权力和权威之中，最重要的就是阶层。因此，文化必然包含着对阶层亦即社会结构与社会关系的看法(Kraus, Piff and Keltner, 2011)。文化因此也不只是一个符号性的、工具性的范畴，而是拥有价值和规范含义的，是体现权力和宰制关系的。第二，因此，在这种理论

① 参见 Brian Barry：Culture and Equality。

② 当然这种“错误”指的是“虚假意识”意义上的错误。

③ 这一种价值论文化理论的基础是“批判实在论(critical realism)”。关于批判实在论，见 Andrew Collier：Critical Realism, An Introduction to Roy Bhaskar's Philosophy；Ted Benton Ian Craib：The Philosophy of Social Science，以及前述 Jeffrey Isaac 著作中的介绍。

的视角下，文化可以理解为一种"话语"，亦即表达一个阶层和社会结构之间关系的话语——一般来说，这是自觉或不自觉地将一个阶层的社会地位等设定为"普遍"的话语。这个方面的主要著作之一是安德鲁·萨耶(Andrew Sayer)的《阶级的道德意义》[①]。萨耶在本书中对价值的"主观"性质提出了批评，强调了阶级在社会地位之外的规范性意义等。萨耶的理论尤其对布迪厄的观点提出了批评，指出无论是文化还是社会斗争等都超出了布迪厄认为的"象征"和"外部"范围，而且有着实质的内容和意义。当然，强调文化的客观性并不意味着这一种价值论的文化理论认为所有"价值"和"文化"都是相当的，或者现有的"价值"是不会发生变化的。恰恰相反，正因为文化以社会为其客观基础，由于"社会"本身不是一个一盘散沙的万花筒，这些文化也不是无差别的相当；同样，正如前面说过的，这些文化受到客观结构的影响，并不代表这些文化和这些客观结构完全"适应"，这些文化也充满着矛盾和冲突，因而有着变化的可能[②]。

综上所述，笔者以为，文化并不是或者说不仅仅是斯威德勒所认为的工具性事物，而是具有价值范畴的事物。对于从事体力劳动的工人来说，这种"价值"最方便、最直接的来源就是他们从事的体力劳动本身，因此，世界各地的体力劳动者们首先从体力劳动中发展出一整套相应的文化价值规范[③]。更进一步，在大多数情况下，比如前面提及的世界各个地区的体力劳动者的状况所表明的，工人会运用这些文化价值规范去评价与评判他们周围的人和事物，为自己的诉求提供支撑和支援。但是，正如下面将要讲到的，在本次研究过程中，笔者发现，当前中国的新生代民工缺乏的正是这种自主的文化价值规范以及运用相应的文化价值为自己的诉求提供支撑和支援的能力。这种状况笔者称之为文化压抑。

二、文化压抑

通过以上的讨论，笔者将"工人文化"定义为：工人对其在客观的社会结

① Andrew Sayer: The Moral Significance of Class，这里使用的是万毓泽、陈妙芬的译名，特此致谢。

② 当然，价值论文化理论也有几个不同的流派和路径，由于篇幅问题，这方面的内容将在本书第三章中进一步进行讨论。

③ 笔者以为，这也是工人自发文化跨"文化"的根本原因。

构中所处的地位，他们是否应该处于这样的地位，以及他们与其他社会阶层之间乃至社会整体规范之间关系的表达。这种表达，正如上文指出的，是工人作为“主体”和客观的社会结构、社会关系之间相互作用的结果。因此，文化压抑就可以定义为：工人在文化层面也把他们表达为社会的客体，他们的表达受到了社会结构和社会关系——通常是捍卫这种社会结构和社会关系的价值规范——的抑制，无法把他们表达为他们所应当成为的主体。

其一，文化压抑意味着被压抑者不仅在现实社会中处于被支配和边缘地位，在文化上也处于被压抑地位。本书前面已经指出，任何一个阶层都要通过一定的话语，乃至“文化”表达本阶层的诉求。一般来说，这些话语中，这些阶层要么将自身表达为比其他阶层在道德上或者其他方面优越，要么说他们的诉求是社会性的、公共性的权利。而文化压抑意味着被压抑者无法把自身的文化塑造为拥有主体性的“文化”，他们的话语反过来压抑了他们自身。如果说，仅仅存在于文化领域的、形式上的自主价值规范不能抵消现实社会中的支配和宰制的话，文化压抑则更进一步，意味着被压抑者失去了自己的话语，失去了哪怕形式上的自主价值规范。由于压抑，他们的表达缩减到身体层面，失去了应有的“公共”性和“社会”特性①。因此，他们的话语复制了，并且进一步强化了现实社会中的权力关系，亦即排斥、压迫他们的这种权力关系。尤其对于新生代农民工而言，这样不仅使得他们难以提出强有力的诉求，而且极大地限制与压制了工人抗争的过程和实际效果。同时，这也使得被压抑者倾向于通过自我强制“退出”社会生活，亦即不再积极地、主动地参与社会生活，不再认为他们的生活有价值、有意义。

其二，文化压抑意味着一个阶层没有发展出本阶层特有的、应该有的自发性文化价值规范，而是使用其他阶层的文化价值规范进行表述，也就是被其他阶层的文化价值规范“压抑”了。这个方面的压抑又可以分为两个层面：

(1) 这意味着文化失去了“肯定”作用。如前所述，文化不仅仅是一种工具，而是有着价值和规范维度。对于在社会生活中实际地拥有权力的那些阶层而言，这种价值和规范维度就是为这些阶层已有的社会地位赋予正当性，并通过运用这种价值与规范对其他阶层进行支配和排斥。而对于新生代农民工

① 在本书后面部分，笔者将这种状况称为“社会”意识的被压抑。

这样的在社会生活中不仅不实际地拥有权力，而且已经处于边缘的、被压迫地位的阶层来说，他们更加依赖文化主张自身的“肯定性”，也就是自我肯定。新生代农民工没有发展出属于自身的自主文化，也就意味着他们因此没有办法通过他们的文化活动——包括话语，主张“肯定性”。

（2）文化压抑不仅仅意味着文化失去了“肯定”作用。正如本书前面部分指出的，文化和价值并不仅仅是一个工具，而是对自身地位的“肯定”，赋予自身的社会活动意义，尤其是“肯定性”意义。因此，其他阶层的上述文化价值规范是对其阶层地位的“肯定”，从价值与规范甚至理论层面表达其阶层现有权力和社会地位的正当性。相应地，这些文化价值规范实际上是在“否定”新生代农民工自身的地位，或者说，这些文化价值规范的目的是在论证新生代农民工为什么应该处于他们目前所处的被支配被宰制地位，并且掩盖底层在市场中受到的强制①。因此，新生代农民工援引这些文化价值规范的时候，事实上也是在否定他们自身的地位和价值，换言之，新生代农民工在援引这些文化价值规范的时候，他们实际上是在维护，并且再生产了自身的既有边缘和被支配地位。同时也是在自我否定。因此，文化压抑的这个维度实际上意味着被压抑者失去了肯定自身价值和社会地位的能力，只能被动地使用“主流”文化的一整套话语和价值规范。虽然这种使用不一定代表他们完全接受了这些话语和价值规范的内在含义，但是这种使用仍然是压抑性的。

总之，文化压抑可以被认为是“文化自主”的“反面”，或者说，是一种缺乏文化自主的状况。同时需要指出，文化压抑虽然表面上是一种“个人感受”，或者说通过个人感受得到表达，但是文化压抑是社会结构的作用结果。更进一步地说，文化压抑可以认为是通过个人感受表达的社会结构的作用②。

这里还需要说明一点，大家都知道，我国的新生代农民工在目前的社会中处于被压迫、被排斥的状况，他们的社会地位是比较低的。但是正如本章第一部分在回顾中国大陆以外地区的已有研究的时候指出的，以及本书第三章将要详细论述的，尤其是对于社会底层来说，社会地位和社会结构与文化之间并

① 强制的问题，见 Burawoy and Wright，1990。而且正如本书第三章指出的，我国新生代农民工的运用不是“反转”，亦即他们不是力图运用这些价值规范对社会上层进行“否定”。

② 关于这个问题，详见 Dave Elder-Vass：The Causal Power of Social Structures 中的论述。此处不赘。

不是简单的一一对应关系。恰恰相反，底层通常来说不会真的对自己目前的生存状况感到满意、欣然接受，而是会通过这样或者那样的话语将目前的状况设定为一种“不正常”的，或者“不应当”的状况。底层在社会中的位置的确属于“现实”，但是他们的文化、他们的话语并不会简单地以承认并接受这些现实为界限，在一般情况下，他们恰恰会自发地对这些“现实”表达不满——比如本书开始部分提到的女农民工模仿外交部发言人讨薪的视频就是一个例子。正如本书第一部分的文献回顾表明的，他们的“文化”、他们的话语恰恰“应该”是一种和“主流”价值话语不同的、有利于他们自己的话语，依据这种文化和话语提出自身的主张，并且进一步把自身的主张论证为一种“公共”性的、也就是说具有普遍意义和效力的规范。正因为本节之前部分论证的，现实社会并不是一个不存在权力和宰制的万花筒似的事物[①]，因此，如果一个群体，尤其是在社会中地位较低的群体的文化或话语仅仅简单地复制现实，这也就意味着他们很大程度上失去了通过“文化”表达不满，为自身的主张进行论证的能力。这种状况并不是“自然”的状况——因为社会并不真的是自然，始终包含着人的实践和行动[②]，而是文化压抑的标志——在这里，权力起到的正是有学者指出的抑制作用(Lukes, 2004)，也就是说，新生代农民工的这种状况是受到了抑制的结果。因此笔者使用了“压抑”这个词汇进行描述。毋庸讳言，我国宪法和法律中的工人的各项权利在落实上还有很多不完善、需要改进的地方，文化压抑也是这种状况的反映。

三、文化自主

本书之前部分曾经提出，无论是工人的自发文化，还是进一步的文化，都是文化自主的表现。文化自主和文化压抑也是相对而言的概念，因此这里对文化自主进行更进一步的阐释。

关于“自主”的含义。本书之前部分讨论文化问题的时候曾经强调了文化的价值维度，因此，“自主”更多地意味着价值层面的自主。同样正如本书之前

① 对这种社会观的进一步批判，参见 Richard Bellamy：Liberalism and Modern Society。

② 相反，“自然化”是意识形态的一种形式，见 J. B. Thompson：《意识形态与现代文化》。

部分指出的,文化自主有形式上的自主和实质意义上的自主两个类型。但是在这里,由于文化必然包含着主体的行动,因此笔者同意多亚尔(Len Doyal)与高夫(Ian Gough)的看法,亦即自主的关键词是"'发起'"(多亚尔、高夫,2008:78)。这就意味着,文化自主,无论是形式上的自主还是实质上的自主都意味着体力劳动者通过行动建立属于自己的文化。这意味着,文化自主,即使是形式上的文化自主,也必然是"肯定"的自由,而不是"否定"的自由[①]。就形式上的自主而言,这里的"属于自己"意味着这些文化所反映的价值规范应该是有利于体力劳动者的,也就是有利于体力劳动者把他们目前的状况表述为不正当、不应当,把他们未满足的、市场不承认的需要初步表述为一种公共性的、"社会"性质的权利,从而使得他们的需要,首先是物质性需要能够通过一种不损害他们的基本权利的方式得到满足。具体地说,这个层面的文化自主就是笔者在之前指出的工人自发文化。也就是说,虽然形式上的文化自主并不能真正改变底层体力劳动者目前所处的社会地位和他们的位置,以及相应的权力关系等,但是这种文化自主,正如本书之前部分讨论相关研究的时候指出的,是底层体力劳动者为自身争取权益的最基础资源。因此笔者认为,形式上的文化自主可以称为最低限度的文化自主。

正因为形式上的文化自主并没有真正地改变底层体力劳动者的社会地位、他们所处的位置,以及相应的权力关系,毋宁说是以这种权力关系自身的规范为基础进行的"自主表达",在笔者看来,这个层面的文化自主可以说是一种康德(Immanuel Kant)式的自主。众所周知,康德的自主意味着在"实践理性"(practical reason)的指导下行动,也就是"在规则下行动"(Baynes, 2002:3)。这些规则包括了"形式上普遍的客观理由(objective reasons),以及使得自我创造(self-creation)和自我创立(self-authorship)成为可能的实质性(substantial)空间"(Taylor, 2005:611-612)。或者说,康德式的自主是一种"以责任为基础的自由"(Bielefeldt, 1997:526)。这种责任固然不是服从哪个具体的个人,也不是一种等级制、家长制的规范,但是这种责任恰恰意味着服

① 事实上,正如本书之前部分指出的,柏林提出"否定"的自由的目的就是为了维护使得底层体力劳动者在底层的那个规范,他的所谓"价值多元主义"(value pluralism, 见 Kis, 2013)对于底层体力劳动者来说也是意味着否认他们的追求具有普遍意义,也就是把他们现状永恒化。社会学传统对"肯定的自由"的提倡见 Bowring, 2014。

从康德所主张、捍卫并且大力论证的"市民社会"的规范(Dodson, 1997),这些规范中最为主要的就是市场规范。第一,这是一种二元论[①]。第二,虽然康德和其他自由主义者极力把这个规范论证为一种自由的、非强制的状态[②],但是正如前面指出的,尤其对于底层体力劳动者来说,这种自主恰恰意味着服从一个从根本上来说否定他们、排斥他们的那种规范,也是一种结构性的强制[③]。诚然,在比较规范的市场经济中,这种否定与排斥在大多数情况下不及于人身,不过正如以往的历史已经表明的,这种服从底层体力劳动者并不真的愿意接受,这种服从也无助于真正改善底层体力劳动者的状况,正如本书第三章将要提及的,服从市场规范恰恰意味着他们的自我否定[④]。

因此,笔者以为,实质性的自主应该采取黑格尔式的进路[⑤]。这种进路意味着,自主是一种"社会"中的自主。康德式自主归根到底还是抽象个体的自主(Dodson, Ibid),而黑格尔式的自主的前提是承认"我们不可避免地、必然地作为一个社会的成员,我们的特性很大程度上是由这个成员属性构成的"(Westphal, 2006: 242),所以,这种自主是一种相互依存、相互依赖关系,也就是"由各种相互承认构建的主体间性的整体(unity)"(Pinkard, 2006: 164)中的自主[⑥]。正是由于这种自主是社会关系中的自主,同时这个自主意味着行动者不是被动地服从既有的社会规范(Wood, 2006: 227),所以,这个进路意味着人们充分地、广泛地参与社会生活。对于底层体力劳动者来说,这意味着他们的

① 这也就是卢卡奇在《历史与阶级意识》中揭橥的"二律背反"。此处不赘。

② 历史上用于论证这个问题的主要是社会契约论,社会契约论的一般状况见莱斯诺夫《社会契约论》中的介绍。自由主义的其他论证见 Norman Barry: The New Right,雅赛:《重申自由主义》等,此处不赘。不过需要指出一点,正如本文第三章将要指出的,这一点随着 20 世纪以来自由主义和非理性主义的结合已经受到了损害,也就是说,自由主义要人们服从的那个规范,越来越不是"理性"的了,这突出地体现在韦伯的"祛魅"概念中。

③ 虽然康德自己提出"要把人当作目的,不要当作手段"这个著名论断,但事实上自由主义者,比如康德自己排除的也只是"欺骗和不正当的强制"(Nelson, 2008: 97),换言之,市场本身的强制和其他相应的措施自由主义者恰好是认可的。此处不赘。

④ 以笔者所见,美国工人的状况可以认为是这个层面的文化自主,或者说只有这个层面的文化自主所导致的。除了本书之前部分已经提及的著作之外,相关情况见 Stanley Aronowitz: How Class Works,以及 Alan Brinkley: The End of Reform 等。对这种"自主"的批判 Michael Burawoy 等学者也进行了很多,此处不赘。另外,正是因为这个层面的文化自主没有改变相应的权力关系,也就是无法使得底层体力劳动者真正理解和把握,所以这种文化自主在很多时候反而成了前述"右翼民粹主义"(Right Wing Populism)的诱因之一。所以,这个层面的文化自主对于底层体力劳动者来说,并不足够。

⑤ 毫无疑问,这不意味着笔者接受黑格尔的所有观点。

⑥ 也就是黑格尔意义上的"承认",这个问题将在本书最后一章中进一步讨论,此处不赘。

需要不再仅仅是自然的欲望，而是“从个人意识向绝对伦理生活（ethical life，Sittlichkeit）前进”（Fraser，1998：59）的桥梁与中介。人们参与社会生活并不是随心所欲的盲动，因此这个层面的自主意味着“人们给出他们自己的原则、目标和意志的对象……通过合理地结合我们的需要、欲望、目的以及行动以避免自然律的作用”[①]（Westphal，2006：245）。自主不仅意味着人们的行动，更意味着这个行动的目的是“肯定性”，“行动的经验动机自身就是行动者自我理性（self-reason）的表达”（Wood，2006：219）。更具体地说，拜恩斯（Baynes）指出，黑格尔“把自主这个一般概念区分为包括自我实现（self-realization）和自决（self-determination）在内的若干重要范畴”（Baynes，2002：2）。换言之，黑格尔式的自主要求的是行动者实现潜能、理性[②]决定。总的来说，实质性的文化自主不仅要求形式上的自主，亦即要求行动者不受外在的、及于人身的强制，而且要求行动者能够理解和把握其行动所在的那个客观社会结构[③]。换言之，这个层面的文化自主强调的是主体性，亦即“知晓（knowing），行动和认同的结合”（Blunden，2007：85）。笔者以为，实质性的文化自主又包括以下两个方面的内容：

（1）实质性的文化自主意味着文化是起“肯定”作用的，而不是起自我否定作用的。也就是说，实质性的文化自主意味着新生代农民工能够在这种文化中把他们自己塑造为具有主体性的、有价值的、有尊严的行动者[④]。进一步说，在“主流”社会的价值规范中，底层体力劳动者只有“否定”特性，而没有，至少是缺乏“肯定”特性，而通过这种实质性的文化自主，新生代农民工能够在文化上把自己的活动赋予价值、赋予尊严。更加具体地说：① 这意味着新生代农民工的需要不应该成为他们被排斥、被歧视的理由，相反，这应该成为他们积极、主动地参与社会生活的出发点。② 这意味着新生代农民工能够有自己的集体认同。③ 这意味着在这种文化中，新生代农民工应该和社会其他阶层

---

① 毫无疑问，包括新生代农民工在内的底层体力劳动者处于相当严重的物质匮乏状态，他们的物质性、生理性需要也无疑是非常应当满足的。但是第一，这种匮乏并不真的是一种“自然”状态——底层体力劳动者并不真的生活在自然界中，本身就是特定的社会结构的结果；第二，这种匮乏的克服必须、必然在一定的社会结构中，通过一定的社会性手段完成，也就是他们不能通过“自然律”为自身争取权益。正如本书即将论证的，根据“自然律”行动，亦即把这个问题“自然”化对于底层体力劳动者恰恰是不利的。

② 而且需要指出的，这里的“理性”不能被缩减为、化约为工具理性，亦即功利主义。

③ 这意味着对康德式二元论的批判（Guyer，2006）。

④ 这个方面的一个例子是19世纪的法国工人，见 William Sewell：Work and Revolution in France。

尤其是社会上层平等地拥有“肯定性”。进一步地说，这意味着新生代农民工的非物质需要也应该得到满足。

（2）由于自主的文化是起“肯定”作用的，而不是自我否定的，实质性的文化自主意味着文化不再成为一种压抑，而是相反，文化能够成为新生代农民工和其他底层体力劳动者展现自身主体性的场所。也就是说，通过实质性的文化自主，包括新生代农民工在内的底层体力劳动者能够成为一个主体，他们和“社会”之间不再是单向度的绝对服从与跟随关系，亦即他们不再是“社会”的绝对客体。这意味着，这种文化不仅要主张新生代农民工的“肯定性”，而且这种文化应该得到社会的尊重和承认，不再处于边缘地位。

（3）除了上述内容之外，关于文化自主笔者认为还有两个问题需要指出：① 文化压抑表述的是行动与结构之间的关系，文化自主也是从行动和结构的角度表述的，亦即文化自主并不意味着把文化主观化，不意味着切断文化和客观的社会结构之间的关系：客观的社会结构并不会，也不可能因为主体的观念而改变、而消失[①]。因此，文化自主意味着行动者能够通过自身的积极行动和实践参与社会生活，真正地成为“社会”的成员。也就是说，文化自主意味着主体与客体之间、行动者与客观社会结构之间的关系发生了变化。② 虽然后现代思潮名义上也提倡“自主”，但是正如对后现代思潮的诸种批判[②]所指出的，后现代思潮提倡的那种自主在现实中不能也不可能实际地存在、不能也不可能实际地实现。在这个意义上，这种“自主”正是许茨（Alfred Schuetz）所指出的那种仅仅存在于“幻想世界”中的“绝对自由”。更进一步地说，这种“自主”不仅不是真正的自主，而且恰恰正是后现代主义所无视的那一种客观的社会结构以及相应的权力关系得以再生产，甚至强化的途径[③]。同时，正如本书

① 关于客观性的问题见 Margaret Archer and William Outhwaite(ed.)：Defending Objectivity 中的相关论述。

② 例如索珀（Kate Soper）《人道主义与反人道主义》、What is Nature?，John Bellamy Foster et al.：In Defense of History，以及前述 Archer、Outhwaite 所编论文集中的相关论文等，此处不赘。

③ 在这个意义上，笔者以为，后现代主义思潮提倡的自主“实际上是“听任”（resignation，见 Goeran Therborn，1999 中的相关论述）的进一步发展。另外，哈贝马斯在《认识与兴趣》中对马赫的批判也是适用于后现代主义者的。虽然马赫并不是后现代主义者，但是就“抛弃”所谓“形而上学”这一点而言，马赫以及整个现代西方哲学思潮和后现代主义思潮之间是一脉相承的。后现代思潮与“现代”社会理论之间的延续和继承关系参见 Riley：Durkheim contra Bergson? The Hidden Roots of Postmodern Theory and the Postmodern “Return” of the Sacred.

之前部分的文献回顾部分指出的，无论是自发文化，还是非自发文化，其目的都是证明工人有能力完成某项事物，因而优于其他社会阶层，在社会中应当得到尊重，这和后现代主义的思路直接相反。也就是说，后现代主义提倡的“自主”，不仅不是真正的自主，而且正是真正的自主的反面，亦即压抑[①]。

四、文化压抑的具体组成部分[②]

(一) 压抑和被压抑的“社会意识”

1. 被压抑的需要：弱化的“道德经济学”和不平等的承认

在访谈过程中，当笔者问到工友们觉得什么样的老板是“好”的时候，他们普遍的回答是，对待员工“好”的老板是好老板，甚至有工友提出了进一步要求。在这里，工人和老板以及白领之间已经不只是一种契约和利益交换关系，他们要求的是一种“共同体”性质的，老板能够“照顾”工人的一些“要求”的关系。但是，这种“共同体”中，老板或白领与工人之间并不是平等的关系，而是前者向后者施加恩惠的关系。很显然，前者对于后者的优势地位是这种关系的前提，并通过这种施加恩惠的手段而得到了维护和加强。而且由于事实上不存在这样的“共同体”，工友们的诉求也就变成了老板们的单向施加恩惠，亦即变成了私人性的，而非公共性、“社会”性的问题。

工友们的话语意味着工友们的“勤劳”已经变成了一种“有条件”的勤劳，换言之，他们已经开始用“关系性”的维度思考问题，哪怕这种关系是不平等的。

在这样一种关系中，虽然接受访谈者寻求的实际上是老板承认工人拥有某些超出工资支付之外的权利[③]，工人作为人的某些需要尤其是物质性需要[④]应该得到满足，但是这种承认，如前所述，是建立在老板和工人之间的不平等

① 事实上，在笔者看来，后现代主义思潮提倡的“自主”不仅是压抑，而且还是直接的或者间接的强制。

② 本部分内容中引用文献的讨论，详见各有关章节。

③ 亦即“社会权利”，social right，见 T. H. Marshall：Citizenship and Social Class。

④ 详见后面的相关章节。

地位之上的。这种承认不仅不否认这种不平等地位，而且恰恰以这种不平等地位为前提。因此，这种承认可以命名为“不平等的承认”。这种不平等的承认在历史上主要体现为“道德经济学”。这种“道德经济学”主要流行于近代早期的欧洲与世界其他地区，其主要内容是早期资本主义社会中的底层群众根据封建时期各个“共同体”①的所谓“契约”和“规范”向领主与地主提出要求，并试图用这些“契约”和“规范”对资本主义市场经济中的行为进行“约束”。在本书的案例中，首先，由于事实上不存在这样一种规范，工友们的期望永远不可能满足。其次，本来他们要求的是平等的权利和承认，但是在这样一种话语的作用下，他们的需要与权利不仅被压抑了，而且被扭曲成了承认和老板之间的不平等关系。最后，由于工友们援引的不是一种具有“公共性”的规范，而是老板的私人、单向恩惠，因此这种“道德经济学”事实上也是弱化了的。

2. 压抑的男性气质

正如本章之前的文献回顾表明的，在世界各个地区，体力劳动者的男性气质在大多数情况下是抗争性的，但是，对于工友们来说这样的男性气质所起的作用恰好是相反的。其一，体力文化是男性气质的一个重要方面，前述美国、中国台湾地区和智利等地的工人支持体力文化是把人的身体特性作为一种价值规范，借以表现自身的地位、价值和尊严②。

在笔者的访谈过程中，几乎没有一个接受访谈者认为体力在“肯定”意义上是一个人最重要的能力，或者一件特别值得自豪的事情，相反，在他们的话语中，体力劳动处于被压抑的地位，他们的身体也只是一个“否定”的消耗品，也就是说，处于被压抑的状态。

其二，男性气质的另外一个组成部分是男性的家长地位。但是，在访谈过程中，接受访谈的工友们基本上认为，男人就是应该成为家庭的首脑，承担“养家糊口”的责任。国外的“养家”通常意味着男性体力劳动者获得比市场承认的收入更高的收入，而 Q 村工友们的“养家”则变成了无条件服从的代名词。家庭内部的“权威”就这样变成了社会生活中的服从地位。因此，这样一种“男

① 这些“共同体”不仅包括了农村的各个“共同体”，而且包括了中世纪城市中的行会。

② 当然，如前所述，这也只能在非现实的世界中完成。

性气质”可以认为是一种“压抑”的男性气质。

这种压抑的男性气质和弱化的道德经济学共同构成了工友们的自我压抑。同时，由于这种自我压抑使得工友们无法把他们的诉求表达为一种公共性的、社会性的规范，他们的诉求和活动失去了“社会”的性质，因此笔者也将这种状况称为“被压抑的‘社会意识’”。

（二）自我否定的价值规范

1. 使用社会上层的价值规范

在调查中，笔者发现工友们对社会生活进行评判是运用这些“主流”的价值规范进行的，而且这种使用并不是通过“反转”这些规范对社会上层进行批判。

（1）对教育以及文化资本的强调。接受访谈与调查的多数人已经承认和接受了文化资本、社会地位之间的转换关系，并试图通过拥有这种文化资本改善自己子女的社会地位。

但是，在我国目前的户籍制度下，大多数农民工的子女是被排斥在城市的教育体制之外的，他们自己也没有接受过高水平的教育，换言之，他们首先被剥夺了获得足够数量文化资本的机会。② 即使他们进入了城市学校，由于各个方面的原因，绝大多数农民工子女也只能完成底层的阶层再生产，并不能真正地实现他们期望的向上流动。③ 即使对于城市居民来说，教育也很难成为向上流动的途径。农民工想要通过教育完成向上流动更是难上加难。事实上，正如布迪厄等学者的研究指出的，教育更多地是作为社会关系再生产的途径而存在的。而且正如本书已经引用、将要引用的大量文献说明的，体力劳动者和教育与文化资本之间的关系是相当紧张的。在现实社会中，教育与文化资本在大多数情况下是用来否定体力劳动者的价值和尊严的，将体力劳动者目前所处的状况论证为正当且不可改变的。也就是说，工友们运用的是一个否定与排斥自己的规范。通过运用这样一种规范，工友们把社会结构对他们的否定转化成了自我否定。

（2）跟随社会上层价值规范还体现在工友们对“素质”和“能力”的强调。对于社会上层来说，这是一个“两步走”的过程，亦即先将社会生活设定为、通过理论表达为一个“自然”的、按照社会达尔文主义认为的“适者生存”的规范运行的状态[①];然后通过一定的意识形态[②]将这种状态中的“成功者”归因于某种由个人占有的“素质”“能力”之类的特质[③]。

但是,社会上层已经在社会生活中实际占据了相当高的社会位置,他们使用上述话语是为了论证自身地位和权力的正当性,将这种地位和权力变成一个带有普遍性的范畴,并且通过各种手段将自身的社会地位变成一个排他性的社会组织[④]。而众所周知,和社会上层不同,工友们在社会生活中已经处于相当边缘的位置,而且他们已经被上述这些社会上层的文化价值规范和意识形态设定为“应该”处于这样的位置。在这种状况下,他们越是使用上述社会上层的价值规范进行表述,他们就越是在“论证”他们应该处于他们目前所处的这种地位,而且无法摆脱目前所处的这种地位,换言之,他们不仅不能通过使用社会上层的价值规范获得他们所想获得的向上流动,而且恰好使得他们目前的这种社会地位永久化了。这种对社会上层价值规范的使用也因此变成了一种自我否定[⑤]。

前面说到,工友们对体力劳动持贬抑态度,他们认为重要的是“谋生技能”或“智慧”,有的工友还认为“谋生技能”或“智慧”比书本知识更加重要。虽然这种说法听上去似乎和美国的“反智主义”(anti-intellectualism)相似,但是,美国的“反智主义”实际上是新兴的南方精英与东北部老精英进行对抗的措施[⑥]。工友们的说法还是在说明,他们并没有能力拥有任何维持基本的物质生存之外的思考空间。所以他们这样说实际上是复现了他们目前的社会边缘地位,以及除了维持物质生存之外几乎别无其他可能的状况。

2. “新工人”认同的软弱无力

近年来,“新工人”的提法在学界渐渐开始使用,已经有一些相关的书籍以“新工人”作为标题,而且笔者做访谈的地点有一个从事工人文化活动的“新工

① Richard Hofstadter: Social Darwinism in American Thought.

② Susan Brown: The Politics of Individualsm。另见 G. A. Cohen: Self-Ownership, Freedom and Equalty 中的批判。

③ 在历史上,这样一种“能力”话语曾经成为欧洲统治阶级对工人进行政治排斥的理由,见 Alan S. Kahan: Liberalism in 19th Century Europe.

④ 见 Frank Parkin: Marxism O and Class Theory。

⑤ 正如本书即将指出的,这种自我否定在某些工友那里已经超出了一般意识形态的范围,达致身体层次。

⑥ Richard Hofstadter: Anti-Intellectualism in American Life.

人艺术团”，因此笔者在访谈的时候特别询问了工友们对“新工人”和“农民工”这两个称谓之间是否不同，以及他们对这两个称谓具体含义的看法，并且在问卷中设计了相应的问题。笔者的访谈，以及问卷调查的结果是，不仅这些工友对“新工人”的理解特别杂乱，没有相对一致的看法，而且，笔者询问他们的自我认同的时候，回答也出现了明显的混乱，同样没有较为一致的答案。也就是说，与上述学界的研究和文献中的观点相反，“新工人”还没有被多数工友们接受为一个新的认同，并且还没有成为一个“肯定性”的价值规范。工友们还不能通过“新工人”建构出新的认同，并因此拥有新的、肯定性的文化价值规范。

3. 断裂、破碎的话语体系

当然，正是由于这些社会上层价值规范不仅不是农民工自己的价值规范，而且是将农民工从社会“主流”中排除的价值规范，所以当工友们试图通过一定的话语表达他们的诉求的时候，他们的话语中充满了断裂和不连续。无论工友们怎样力图通过一定的话语表达自身诉求，他们最终还是只能回到现实，亦即他们目前所处的边缘地位中来。这种话语也因此必然是一种“失败”的话语，亦即无法像他们所使用的社会上层话语那样，使他们目前的地位拥有正当性，为他们目前的生活赋予任何肯定性意义，更不用说使他们获得价值与尊严。他们的话语最终还是确认了、复制了他们目前所处的这种边缘地位。

4. 非文化

在笔者访谈的过程中发现，虽然工友们群体普遍地对城市流行文化极为熟悉，甚至不少人直接参与了街舞等城市流行文化活动，但是这种对城市流行文化的熟悉和参与并没有使得他们认同城市文化。接受访谈者全部表示，虽然参加了这些活动，但是他们和城里人的距离并未因此缩短。其中一位接受访谈者还公开地对笔者说，他们不会因为这样而认同城市文化。

在这种状况下，他们参与这种文化活动，不仅不再拥有任何价值和规范的维度，也不再是如斯威德勒认为的那样有什么“工具性”作用——因为所有的工友们都没有，也不能通过从事这些文化活动达到什么目的。这些文化活动事实上成了他们的劳动力再生产的一个环节。因此，这样的“文化”事实上失去了文化所应该具有的意义、功能和作用，不能成为一种“文化”，或者说，成为了一种“非文化”。

(三)“退出”

这个范畴指的是工友们不是积极地、主动地参与并融入城市生活，而是听任目前这种隔离和被排斥状态。这种“退出”有两种主要形式。

1. 物质生活上的“退出”

这个方面“退出”的表现就是相当数量的工友们不愿意一直生活在城市，而是打算将来回到农村。他们很清楚地知道，他们不属于这个地方。即使那些表示“愿意留在城里”的人，他们也只是为了生存，而不是因为他们接受了或者认同了城市。

2. 社会生活上的“退出”

这个方面有两种形式：

(1) 相当数量的工友平时除了必要的工作关系之外不主动和城市人来往，有意识地和城市居民——这里指的是城市中产阶层及以上阶层——保持距离，这实际上就是一种“自我隔离”。

(2) 工友们的生活被建构成没有任何实际意义的、简单机械重复的过程，也就是一个“祛魅”了的过程。不仅如此，在笔者的访谈过程中，当笔者问到“有什么印象深刻的事情”的时候，接受访谈的工友们几乎无一例外地回答“没有”，进一步询问的时候，尤其是问他们“是否遭受过不公正的待遇”的时候，得到的回答是“社会就是这样的”，或者他们并不把这些不公正待遇作为“印象深刻”的事情来叙述。换言之，这些侵犯，以及他们在劳动过程中遭受的种种不平等，已经纳入他们的叙事之中，成为他们“日常生活”的一个组成部分。就这一点而言，这样的“退出”就是一种自我强制。

这种叙事之所以可以认为是“退出”是因为，在这种叙事中，不仅生活失去了一切“肯定性”意义，而且工友们事实上放弃了一切评判它们的努力。同时，在这样的叙事中，社会性的生活，以及社会性的过程被“自然”化了。不仅如此，工友们遭受到的种种不公正待遇，种种支配宰制乃至侵犯，在这样一种叙事中就失去了“社会”特性，而变成了类似自然规律的东西。如果说对于处于支配和宰制地位的诸阶层来说，自然化意味着他们支配与宰制地位的永恒化和正当化，那么对于工友们来说，这样的自然化和日常化事实上意味着他们强迫自身接受自己的被支配、被宰制地位。他们“退出”了这样的生活，只是把这样一种生活作为一个“必然性”消极、被动地承受着，“听任”这个社会的种种。此外，由于工友们只能通过这样一种生活满足自身的基本生理需要，这样一种“退出”同样是强制自身接受这种生活，亦即自我强制的机制。

(四) 希望

由于农民工被排斥在城市社会之外，城市中产阶级“主流”社会对于他们来说已经成了一个可望而不可即的存在。同时，他们也没有任何替代“主流”社会的标准和价值，他们也就只能按照这个社会的标准和价值设定他们的希望。更进一步地说，由于他们自己事实上已经不可能实现这种希望，他们也只能把实现希望的可能性寄托在他们的子女身上。这样一种希望已经成了对现实的“补偿”，甚至成为他们生活在城市的唯一理由和目的。但是，这种希望又是特别脆弱的。因为这种希望实际上仍然存在于现实领域之中，比如工友们的子女能否实现他们的愿望，亦即进入城市“主流”社会，是一个必然在实际中发生，由实际得到验证的事情，因此他们的这种希望还是必须服从现实社会结构与机制的作用。

第五节 研究方法：话语分析，主体和客体的结合

笔者前面的分析指出，在目前国内的新生代农民工研究中，主体和客体之间是处于断裂状态的，为了克服这个问题，笔者认为话语分析是一个可行的途径。话语是当代社会理论的新思路之一。对于话语的定义大体上来说有“语言学”定义和“社会学”定义这两个大的类别，本书使用的是后一个类别的定义和思路。话语分析的总体思路是，“作为文本总体(entirety)，话语，就像其成分文本一样，不是物质性的。然而它是具体的，因为它是一个历史和社会

的实在”(Chalaby，1996：688)。也就是说，话语分析首先是将话语作为实在处理的。更进一步地说，话语是一个通过语言建构的实在，但是这种建构并非随心所欲，而是始终要受到物质世界的约束和制约。因此，批判话语分析的基础就是批判实在论(Critical Realism，Sims-Schouten and Riley，2007：102)[①]。

既然话语是一种社会实践，话语分析就不能简单地描述话语状况，而是进一步地进行分析，“批判方法与非批判方法的区别不在于描绘话语实践(discourse praxis)，而在于展现话语是怎样被权力关系和意识形态所形塑(shape)的，话语对于社会身份(social identities)、社会关系，以及知识与信念体系的建构性作用(constructive effects)”(Fairclough，1992：12，转引自Price，1999：581)。换言之，话语分析同时考察了话语的主体和客体两个向度。“批判的话语分析(Critical Discourse Analysis，CDA)主张，话语是社会地构成的(socially constitutive)和社会地调节的(socially conditioned)。不仅如此，在现代社会中话语是一种不透明的(opaque)权力客体，批判性话语分析的目的是使得它更加可见和透明”(Bloommaert，Bulcaen，2000：448)。这是话语分析的“客体”向度。这个向度强调的是，话语不是“主体”随心所欲、任意制造出来的，必然受到客观社会结构和关系的约束与影响。但是，话语并不因此成为一个和“主体”无关的领域。在“主体”方面，正如费尔克拉夫指出的，话语是运用话语者通过话语重新把社会实践置入语境中(recontextualise)的过程(Fairclough，2010：181)，也是运用话语者通过话语进行区分(Fariclough，2010：185)。换言之，话语是运用话语者通过话语建立“叙事”的努力过程，话语中的“秩序”实际上也是一个“人为”制造的结果。在这个意义上，话语能力，亦即运用话语者通过话语建立一个话语秩序的能力至少在一定程度上也依存于，并反映话语者的社会地位和社会权力[②]。

综上所述，话语分析的焦点，正如前面所指出的，不在于语言本身，而在于

① 关于批判实在论，参见 Andrew Collier：Critical Realism：An Introduction to Roy Bhaskar's Philosophy。

② 在这一点上，福柯的“话语形而上学”是不能够成立的(福柯的话语理论见 Miller，1990)，话语不可能如他认为的那样构成一个“无主体”的、与客观社会结构无关而又自我运行的事物。福柯的相对主义也使他无法判别不同“权力”的正当性问题(索珀，1999)，这样一来，福柯的理论实际上抹杀了社会中存在的压迫等，所以本研究不采用福柯的理论。

在这些语言“背后”的，并且通过这些语言表达出来的，在一定的社会关系中进行的人们的实践。因此，话语是“主体”方面亦即人的有意识实践，和“客体”方面亦即这些实践所反对的、所再生产的、所处的社会结构共同作用的产物，也就是说，话语是主体和客体结合并且相互作用的“场域”。就本书的研究对象来说，无论是Q村的工友，还是我国其他地区的新生代农民工，他们首先是生活在“客体”亦即一定的社会结构和关系中的，作为底层体力劳动者，他们必须通过出卖自己的劳动力换取货币以求基本的生存，也就是说，他们必须、必然和这个“客体”发生关系。他们每时每刻地都在和这个“客体”发生着这样或那样的关系。他们的观点、他们的生活的所有方面都是被这个客体强烈影响和形塑的——即使不是决定的。他们的“文化”必须、必然以他们自己这个“主体”和“客体”发生作用的结果为主要的、基本的内容。正如前面说过的，话语正是主体和客体结合并且相互作用的“场域”。所以通过运用话语分析方法，可以更好地分析他们文化中“主体”和“客体”中的结合方式、“主体”和“客体”之间的关系，从而更好地分析他们的文化状况。进一步地说，本书就是通过对工友们的话语进行分析，分析其中的“主体”亦即工友们，与“客体”亦即社会上层，乃至整个社会之间的关系在这些话语中是怎样被呈现的，从而指出工友们在文化层面上受到的压抑。由于工友们的话语体现出多重层次，涉及多个方面，因此本书在具体分析的时候将使用多种理论对工友们的话语进行分析①。这些理论将在各自章节中分别进行说明。

第六节　Q村简介以及研究过程

本次研究是在B市Q村②进行的。Q村位于B市东北角，从地铁站到Q村的公共汽车所经过的一路两旁，都是破旧、低矮的平房，或者拆迁后的废墟，

① 由于本书的关注焦点是阶层，亦即工友们和市场之间的关系，因此本书使用的理论主要是和市场、阶层有关的理论。

② 根据笔者在Q村所在的B市C区政府网站上进行搜索的结果，Q村设立的是村委会而不是居委会，换言之，Q村在行政建制上还是“农村”。

间或有一个“庄园”。Q村十分接近B市机场，在调查期间，笔者每天都可以看到天空中起飞不久，或者即将降落的飞机。Q村的主路是一个市场。主路边上有一条崎岖不平的土路，周围则是低矮、破旧的砖或水泥建造的平房，工厂和作坊[①]与工友们的住宅混合在一起。在土路的中间，几乎每天都在一个巨大的垃圾箱中焚烧的垃圾散发出刺鼻的臭味。到了晚上，土路上没有路灯，一片漆黑。路的拐角处有一个小院子，院子中的低矮平房分别是新工人剧场、工友图书室等文化设施，这里平时经常开展一些街舞、唱歌、文艺演出等文化活动。工友图书室里也总是有很多在工作之余来此休闲看书的工友。每当傍晚，下班的工友们陆续来到这里，他们或者在院子里的乒乓球台上打乒乓球，或者跟着音乐跳街舞，或者在院子里和孩子们戏弄、玩耍。这里时常举办文艺活动，或者工友们的联谊活动。这里举办的最有名的文艺演出是从2012年开始正式举办的打工春晚[②]。院子里平房的一间是一个创建于2008年的打工博物馆，里面收藏了大量打工者日常生活与劳动中的资料和事物，比如打工者的日常用品、劳动工具，各种证件，和打工者劳动有关的各种文件，还有打工者的住房等。这个博物馆不仅保存了由荷兰艺术家马泰拍摄的记录打工者生活的影像资料——“中国工人的1 000个梦”，这里还有为周围打工者设立的培训班，以及社区二手商店、农民工子弟小学和幼儿园等设施。每天晚上，有不少工友来到社区二手商店购买旧货，农民工子弟小学的学生们也有不少在院子里玩耍。非常令人遗憾的是，就在本书即将付梓的时候，传来了Q村工友之家可能被迫搬迁的消息。

现在，Q村已经成了一个在全国甚至世界范围内有相当名气的地方。笔者在Q村进行调查的时候，几乎每天都会碰到来自全国乃至世界各地的NGO人士、调查者、参观者。因此，这个地方可以认为是我国目前工人文化比较发达的地方之一，以这个地方为研究对象和调查地点可以更好地了解我国新生代农民工文化的现状。笔者通过朋友的介绍认识了Q村的工友活动场所的负责人之一许多。在许多的带领下，笔者首先参加了工友们的一些娱乐活动和其他活动，逐渐和工友们熟识，并进行了几个初步的访谈，之

① Q村的工厂以小型工厂和作坊为主。
② 这个晚会还邀请到了崔永元、杨锦麟等名人做主持人。

后进行了进一步的深入访谈和问卷调查。本次研究是从2013年1月—5月进行的。在此过程中,笔者对在Q村工友文化活动场所活动的30名工友进行过深度访谈。需要说明的是,按照学术规范,本书涉及的人名全部以字母缩写代替①。

就NGO的作用和影响而言,笔者认为需要厘清以下两个问题:

其一,目前的NGO组织的确对农民工的维权活动起了很大促进作用,但是就笔者的观察而言,在工人文化这个方面,NGO的作用不一定都是正面的。比如笔者在调查期间发现,Q村工友图书室中的图书,都是社会上白领等阶层的"成功学""励志"等方面的图书,或者描写白领生活和城市"主流"社会生活的图书,恰恰没有工人们自己的图书——无论是小说还是其他类型图书。换言之,在这个意义上,NGO恰恰成了文化压抑的源头之一②。

其二,的确,许多和孙恒及其组织在Q村进行了很多年的活动,不能说这些活动没有影响。但是他们的活动目前还受到很大的限制,正如本书中将要指出的,这些活动更多地还停留在休闲娱乐的层面。笔者当然不是说工友们的文化中不应该包括这个部分,但是很显然这个部分的文化,正如笔者在本书之前部分提出的,并不是真正意义上的"工人文化"。根据笔者调查期间观察到的情况来看,比较深入地参加他们组织的进一步文化活动的工友数量和比例都不多。笔者在调查期间也观察到,Q村的工友流动性也非常大,并没有形成真正意义上的社区,他们组织的影响因此不大容易持续、积累。许多等人的组织叫作"新工人艺术团",他们也的确作了很多努力向工友们提出"新工人"的观念,但是正如本书即将表明的,工友们对"新工人"这个范畴还是相当陌生。这说明了许多他们组织的影响力未必像一些人认为的那么大。从另外一个角度看,即使在许多和孙恒他们的组织进行了这么多年的努力与活动的情

① 这里还需要指出一个问题,虽然本书的主旨是指出工友们的文化压抑,亦即尚未达致文化自主,但是这样做并不代表笔者对Q村的工友活动组织有任何负面意见。笔者深知他们为工人自主文化付出的努力,并且对他们的努力表达高度敬意。笔者在本书中所分析的文化压抑状况并不能归咎于他们。

② 当然,在这个问题上,笔者也不认为NGO有太多的"特殊"之处,事实上,我国目前的书籍及其他文化产品市场上,无论是新生代农民工自己的文学作品,或是描写工人文化生活的文化产品,其数量都是很少的,而且并没有进入"主流"。换言之,在文化压抑这个问题上,NGO起的作用和我国整个社会并没有根本性的不同。Q村以外的新生代农民工很显然也一样处于一定的权力关系中。

况下，Q村的工友们还是处于文化压抑状态，那么很难想象B市其他地方的工友们的状况会特别乐观。

其三，笔者和Q村工友文化组织的负责人许多在微博上已经互相关注，通过微博上的表现，笔者发现，许多和当地工友们的思想状况差距是很大的，也就是说，许多和孙恒的组织的观念并没有成为工友们的观念。在调查期间，笔者和许多也进行过聊天，他恰恰对目前工友们文化中的一些状况颇为不满。最后，既然工人文化始终是特定权力关系作用的结果，这种文化就一直处于变动中，这种文化因此就不是文化人类学意义上的哪一种"文化"(Foley，1989)。具体地说，研究工人文化的目的不是为了研究一种所谓"本真"(authentic)的文化，工友们的"本来面目"等——事实上，正如笔者在本书中即将论证的，这样一种"本来面目"已经是特定的权力关系的结果，更准确地说，是工人在现实社会中受到的压迫等状况的结果。正如本书前面引用的殖民地时期的印度工人的状况，以及宪章运动失利之后的英国工人文化所表明的，仅仅是"本来面目"的工人文化对于工人自身恰恰是不利的。因此，这种"本来面目"恰恰不是工人们的自发文化和进一步的文化自主所要保存的、所要捍卫的，恰恰是工人们的自发文化和进一步的文化自主所要克服、所要改变的。

本研究使用的是访谈法。因为本研究的目的就是要让工友们自己说出来他们自己对他们生活的看法。他们的叙述、由这些叙述形成的话语，正如本书开始部分说过的，反映了他们和整个社会之间的关系，体现了他们目前在文化上所处的状态。本研究还使用了问卷法作为辅助。问卷调查是在笔者的朋友李建明博士的帮助下于2013年5月进行的，特此致谢。问卷调查中，共发放问卷120份，收回有效问卷102份。总体而言，由于本书的研究对象属于质性范畴，因此本书主要使用质性研究方法，问卷调查所得材料及其结果只是配合质性方面的材料，说明这种情况在当地具有一定代表性和普遍意义。笔者实施的问卷调查中，71.6%的被调查者是男性[①]，2/3的被调查者是初中程度的文化，84.3%的被调查者是高中及以下学历。

虽然学界目前对"新生代农民工"的界定略有不同，但是"这些界定都强调

① 除了当地人口的性别结构之外，这也是因为笔者有意识地考察男性工人的文化。

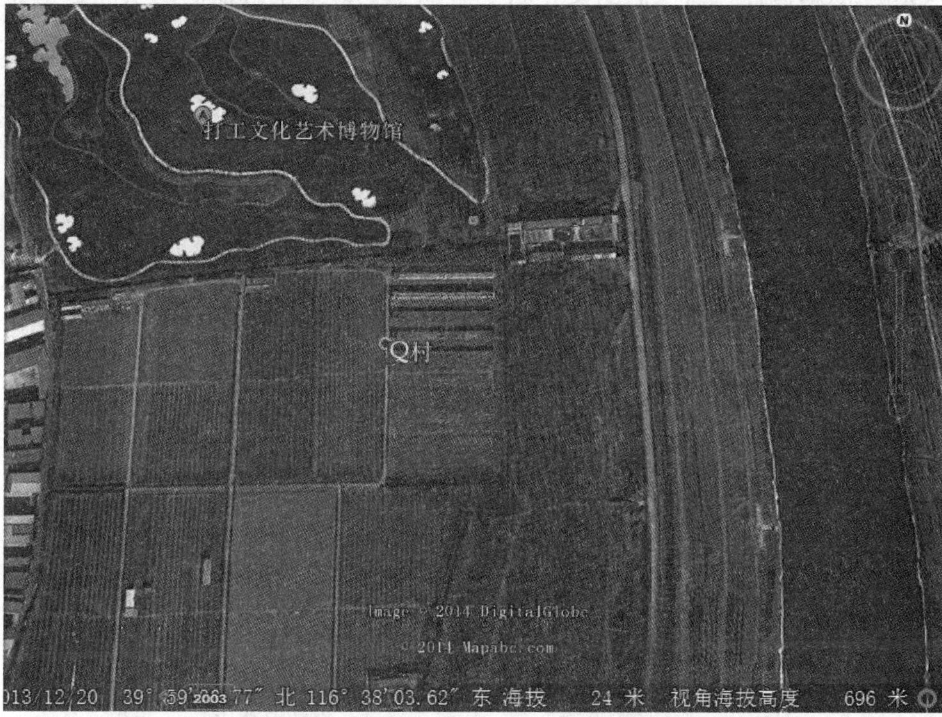

图 1-6-1 Google Earth 上的 Q 村和 Q 村工友文化活动场所

两个时间尺度和一个户籍标准，即出生于 1980 年代以后，于 1990 年代开始外出务工和具有农村户口的农村青年”（张淑华等，2012：1），本书将使用这个界定①。随着我国经济和社会的发展，新生代农民工在我国社会中所起的作用也越来

① 在正文中，为了行文的方便笔者将主要使用“工友”这个提法对本研究的研究对象进行称呼，但是除了笔者明确说明的情况之外，这两个提法所指称的是同样的人群。另外，正如笔者在回顾国内已有研究的时候指出的，国内以往的研究强调的是户籍方面的问题，也就是说，强调的是农民工的（户籍意义上的）“农民”这个层面，而笔者在本书中强调的正是他们的“工人”这个层面，因此笔者在本研究中更多地是从工人阶级的文化这个角度对他们进行研究的。笔者采用这个角度首先是因为，获得城市居民的身份，成为真正的“工人”，拥有相应的最少自发性文化，本来就意味着我国的新生代农民工在一定程度上、初步得到解放。从这个视角进行研究因此也就有助于更加凸显他们目前所受到的压抑的深刻程度。以往的研究强调的是户籍制度的作用，但是我国新生代农民工受到的是户籍和市场的双重作用，户籍制度固然对我国的新生代农民工造成了排斥，但是市场关系的“影响”并不是中性的——笔者前面引用的陈光金的研究，以及 Burawoy 和 Wright 的理论分析都说明了这一点，从工人阶级的文化这个角度进行研究有利于更加凸显市场关系的作用，弥补以往研究的不足。

越无法忽视，因此探讨他们的文化状况有助于更好地了解他们的状况。正如以往的研究已经指出的，他们面临着维护自身权益，乃至争取更进一步的改善等繁重任务。在这个过程中，他们的文化是他们的重要资源，也是可能的扭曲的来源，所以研究他们的文化有助于更好地了解这些方面的状况。虽然本书在国内率先使用了多种理论对新生代农民工群体进行研究，不过，由于我国幅员辽阔，各个地区社会经济发展的程度存在一定差异，我国的新生代农民工群体内部也存在着一定差异，这就影响了本研究所得出结论的普遍适用性。这是本研究主要的不足之处。

表 1-6-1　问卷调查样本的基本情况

性　别					
		频　率	百分比	有效百分比	累积百分比
有效	男	73	71.6	71.6	71.6
	女	29	28.4	28.4	
	合计	102	100.0	100.0	28.4
教　育　程　度					
		频　率	百分比	有效百分比	累积百分比
有效	小学及小学以下	2	2.0	2.0	2.0
	初中	68	66.7	66.7	68.6
	高中	16	15.7	15.7	84.3
	其他	16	15.7	15.7	100.0
	合计	102	100.0	100.0	
其他教育程度					
		频　率	百分比	有效百分比	累积百分比
有效		86	84.3	84.3	84.3
	大学	3	2.9	2.9	87.3
	大专	7	6.9	6.9	94.1
	高职	1	1.0	1.0	95.1
	中技	1	1.0	1.0	96.1
	中专	4	3.9	3.9	100.0
	合计	102	100.0	100.0	

第七节 全书主旨与篇章结构

本书在结构安排上共分6章。全书的主旨是要回答这样一个问题：在目前这种户籍和阶层共同作用的情况下，尤其是阶层因素所起的作用越来越大的情况下，在与这样一种制度和社会结构的互动中，工友们发展出了怎样一种文化？他们眼里的世界和社会是怎样的？他们认为自己在这样一个世界、一个社会中处于怎样一种位置？或者应该处于怎样一种位置？这样一种文化又产生了怎样的影响？众所周知，文化是一个涵盖面很广的概念范畴，有着很多侧面和组成部分，因此需要运用多种理论从不同角度进行研究。通过文献阅读和实地调查，笔者将使用需要理论、性别理论、承认理论、意识形态理论等[①]对工友们的文化状态进行研究，并且在此基础上提出，当前的工友们处于“文化压抑”状态。

第一章是导论，首先介绍了本研究的缘起，以及提出本书研究的问题。在文献综述部分，回顾并评述了国内外学者对工人文化问题的研究，指出本书的核心概念、分析框架，以及本书的研究对象、研究方法，并交代了本书的篇章结构。

第二章从“道德经济学”和“男性气质”这两个角度对工友们的文化状况进行了分析。根据笔者的分析，当前工友们有一部分还是跟随市场规范，另一部分人初步提出了弱化的“道德经济学”的主张，但是无论是哪种主张，在这些话语中工友们都是处于被压抑的地位。此外，工友们的男性气质也是压抑性质的。这两者共同构成了工友们的文化压抑。同时，笔者提出，这样一种状况也可以称为“社会”意识的被压抑。

第三章分析的是工友们目前使用的价值规范。其一是他们在教育和文化资本，以及社会上层的素质和能力这两个问题上，他们只是跟随目前的“主流”

---

① 除了一般的社会学理论之外，本文还将涉及一些有关的哲学、政治哲学等方面的理论。这些理论将在之后各章的讨论中具体说明。

价值规范，而这样一种规范恰恰是否定他们、排斥他们的，这样社会结构对他们的否定就变成了一种自我否定。其二是自我肯定的缺乏，这方面首先是他们缺乏建构一种能够表达自身价值尊严等的话语的能力，并且他们也缺乏认同——这突出地表现在“新工人”认同的软弱无力上。

第四章分析的是工友们“退出”的问题，这个部分从物质生活和社会生活两个角度对“退出”进行了分析，重点探讨了后一种“退出”。并指出，工友们“退出”实际上是一种自我强制机制。

第五章分析的是工友们的“希望”状况，并提出，工友们的“希望”在现实的再生产机制面前是受到很大束缚与限制的。

第六章是全书结论，总结了之前几章的讨论，并从承认和需要，亦即文化自主的角度提出了克服目前状况的途径。

第二章
被压抑的"社会"意识[①]

第一节　被压抑的需要："道德经济学"和不平等的承认

一、"道德经济学"、需要和权利

"道德经济学"是英国学者汤普森[②]提出的概念，最先针对的是18世纪的英国社会，所指的是"传统上关于社会的准则和义务，及关于共同体内几种人员的特有的经济功能的一贯见解，把这些加在一起，可以说就构成了穷人的道德经济学"（汤普森，2002：289）。更具体地说，这个范畴指的是从前资本主义的中世纪社会，比如农村的中世纪共同体，以及城市的行会尤其是当时的劳动

---

① 在本书中，笔者用"社会化"这个范畴描绘以下过程：工友们的需要和诉求应该超出个人欲望的层次，进入"公共"领域，真正地成为"社会"问题。这个问题还可以参考 Tom Bottomore 对 T. H. Marshall 的评论。在历史上，这种"社会化"的一个突出案例是1830年代—1840年代的法国，根据塞威尔（William H. Sewell）的研究，在这个时期，"社会"的含义变成了和劳动与贫困相关的范畴（Sewell，1980：222）。也就是说，劳动问题不再是一个"私人性"的问题——无论这种"私人性"指的是前资本主义社会中领主与农奴、师傅与学徒之间的关系，还是自由主义规范中老板和工人之间的契约，而是成了一个"社会"亦即公共性质的问题。反过来说，哈耶克等自由主义右翼为了剥夺底层群众的抗争权利，并否认市场经济中存在"正义"问题，就必须把市场经济和相应的社会机制自然化、永恒化，同时将社会碎片化。就自由主义而言，这个过程是从韦伯开始的，见 Steven Seidman：Modernity，Meaning，and Cultural Pessimism in Max Weber。另外这也是自由主义的"私有化"策略（Barry，2002，Kasagiri，1992）。本章的"被压抑的'社会'意识"则是指称相反的状况。

② E. P. 汤普森《共有的习惯》。

者组织(Sewell, 1980: 40 - 61)中遗留的,然而又被早期资本主义社会中的抗争者继承的一些规范——这些规范通常是家长制的。在这种规范中,社会上的强者被认为有照顾弱者的义务[①]。在实际的历史中,“道德经济学”针对的是18世纪在英国和法国等西欧地区,以及19世纪—20世纪以来在世界其他地区盛行的资本主义市场经济的原则与规范[②]。众所周知,在现代资本主义市场经济奉行的这一套规范中,上层和底层之间被认为是平等的、自由的契约交换关系,上层也就没有任何照顾底层的义务。但是很显然,现代资本主义市场经济中,底层群众的货币收入不可能满足他们的基本需要,以及进一步的、更高层次的需要——这些需要,正如后面指出的,也不被资本主义市场经济承认。因此底层群众必须诉诸市场规范以外的某种规范,从而提出相应的、有利于他们自身的诉求[③]。同时,这也是赋予他们的诉求以“公共”性、“社会”特性。具体到汤普森、鲁德以及塞威尔的研究,就是18世纪—19世纪的英法群众运用“道德经济学”抗议现代资本主义市场经济中食品价格上涨,使他们无法承受,因而使他们无法满足基本需要等问题。在汤普森之后,美国学者斯科特进一步具体化了“道德经济学”的含义[④],用他的话说,“道德经济学”的内容是:“不论穷人的公民能力和政治能力如何不行,他们都有生存的社会权利。”(斯科特,2001: 41)。斯科特运用这个范畴对东南亚农民进行了研究。与前述的18世纪英法底层群众相比,东南亚的农民生活的村落共同体纽带更为强大,因此,东南亚农民诉求的“传统”特征更为强烈一些。斯科特的研究指出,东南亚农民对剥削的认识是,“在农民询问被拿走多少之前,他先要问的是还剩下多少,他要问涉及农民利益的制度是否尊重其作为消费者的基本需要”(斯科特,

---

① 正如汤普森指出的,这种“道德经济学”体现在英国的Spennhamland制度中,后来的《济贫法》则是基于自由主义原则设立的。而且这种“道德经济学”,或者说中世纪的各种“共同体”对财产权的种种限制,正是古典自由主义所反对的,并在实际中撤除了的。参见Sewell,1980: 114 - 142,另见C. B. Macpherson: The Political Theory of Possessive Individualism, Hobbes to Locke。正如本章后面部分将要指出的,这也构成了“道德经济学”的困境。

② 相关内容见George Rude: The Crowd in History中对英法早期现代社会中群众抗争的描述,法国革命中的“无套裤汉”(sans-culottes)的状况见William H. Sewell: Work and Revolution in France,以及Albert Soboul: The Parisian Sans-Calottes and the Freuch Revolution 1793 - 4对这一时期总体状况的描述见Henryk Grossman: The Beginnings of Capitalism and the New Mass Morality。

③ 因此自由主义者一直十分警惕这种来自底层群众的“强制”,见Renato Cristi: Carl Schmitt and Authoritarian Liberalism.

④ J. C. 斯科特:《农民的道义经济学:东南亚的反叛与生存》。

2001：39）。也就是说，在“道德经济学”中，底层群众的标准是自身的基本生理需要，以及满足这种需要的权利。这两个也是“道德经济学”的核心内容。在这个意义上，“道德经济学”在历史上第一次把底层群众的生存问题作为一个公共性的，而非私人性[①]的“社会”问题提了出来。[②] 当然，正如下面将要讲到的，“道德经济学”是以一种扭曲和压抑的方式提出这个问题的。在汤普森和斯科特之外，波兰尼（Karl Polanyi）也提出了“道德经济学”的概念（Polanyi，2001，另见 Bolton and Laaser，2013）。波兰尼强调的主要是“社会”在市场面前的自我保护，实际上就是社会及其成员如何完成自身的再生产——虽然波兰尼的“社会”指的并不是前资本主义的中世纪共同体，但是众所周知，波兰尼所捍卫的那一个“社会”远远不是一个无分化、没有权力关系的整体，因此这样一种再生产也是原有权力关系的再生产。换言之，无论何种“道德经济学”，其前提都是对特定的、非普遍的权力关系的服从，因而都不是真正意义上的“公共性”，因此，无论何种“道德经济学”，压抑和扭曲都是不同程度存在的[③]。

笔者以为，道德经济学成为历史上底层群众提出自己主张和诉求的第一个范畴的原因还在于，在进入近现代社会之前，底层群众生活的农村处于“共同体”状态，底层群众可以依据这种状态提出自己的诉求。事实上，不仅是历史上的底层群众通过“道德经济学”提出自身的诉求，当代的劳动者也有这个方面的倾向。我国的新生代农民工不仅是体力劳动者，也是广义的底层的组成部分，他们也长期在农村生活，他们在提出自己的主张和诉求的时候也不可避免地带有这方面的影响。因此笔者以为，“道德经济学”也是一个适用于我国新生代农民工的分析范畴。

既然“道德经济学”的核心是“需要”，以及“权利”，那么下面笔者将从这两个角度对“道德经济学”作进一步分析。

（1）“需要”的问题。“需要”是一个有很多争议的概念，在目前的几个主要需要理论中，“需要”都是通过和其他概念范畴的区别而界定的。这种区别主要是在“需要”与新古典经济学的“偏好”，或者“想要”（want）之间，以及人的需要和动物的需要之间的区别。第一个区别主要是强调需要的客观性和必然

① 这里的“私人性”包括了中世纪领主和农奴、行会的师傅和学徒之间的关系。

② 见 Agnes Heller，Ferenc Feher：The Postmodern Political Condition。

③ 根据知网的搜索结果，目前国内对“道德经济学”只是简单地译介国外已有的概念，比如汤普森的概念，尚没有运用这个范畴对中国社会与历史进行具体研究。

性，这种客观性和必然性来自人的自然特性和社会特性①。第二个区别强调的则是人的需要的丰富特性。也就是说，人有超出简单生理欲望之外的、更高层次的需要。对于黑格尔来说，这些更高层次的需要是在“伦理生活”(ethical life, Sittlichkeit)中通过理性的相互承认而自我实现的需要，以及审美需要(Fraser, 1998)；对于马克思来说，这些更高层次的需要则是摆脱异化、使人获得全面、充分的发展的需要(Ibid)。除此之外，马克思进一步区分了“社会需要”(social need)和“真正的社会需要”(true social need)。前者指的是“社会能够支付其市场价值的商品数量”(Fraser, 1998: 134)，后者指的是“当商品价格发生变化，或购买者处于不同的财政或生活境况时可能需求的商品数量”(Fraser, 1998: 134)。简言之，“社会需要”是被市场所承认的、有支付能力的那些需求。而“真正的社会需要”指的是那些人们没有支付能力，因而不被市场承认的那些需要。很明显，前述“道德经济学”针对的就是那些“真正的社会需要”，也就是不被市场承认的，无法通过市场中的交换得到满足的需要。因为这些需要在市场经济中得不到承认，底层群众必然诉诸市场以外的规范、话语提出他们的需要，在底层群众刚开始提出诉求的时候，这种规范和话语就是“道德经济学”。

(2)“权利”的问题。上面已经指出，“道德经济学”要求的是底层群众满足自身需要的权利。这样一种权利所要求的已经不仅仅是自由主义式的保护人身自由，而是进一步地限制乃至超越市场规范。这种权利就是英国学者马歇尔(T. H. Marshall)提出的“社会权利”(social right)②。根据马歇尔的定义，“社会权利”指的是“从拥有一定数量的经济福利与安全的权利到拥有社会传统之一份额的权利，以及过上一个社会中公认为文明的生活的权利”(Marshall, 1992: 8)。这种权利不仅是物质上的再分配，而且也是社会地位上的“承认”③，也就是说，底层群众首先被承认为社会的平等成员，其需要也被社会承认为应

---

① 很明显，这是与新古典经济学以来自由主义经济学和社会理论一以贯之的把人和自然、人和社会切割的做法对立的。见高夫和多亚尔《人的需要理论》中对新古典经济学的批判。

② T. H. Marshall and Tom Bottomore: Citizenship and Social Class. 毫无疑问，这样一种“权利”也是自由主义所不承认的、所反对的，见雅赛《重申自由主义》、埃斯平-安德森《福利资本主义的三个世界》等。事实上，新自由主义从理论到实践都是反对这种权利的，理论问题见 Norman Barry: The New Right，新自由主义的实践见 Paul W. Posner: State, Market and Democracy in Chile，以及 Nam-Kook Kim: Revisiting New Right citizenship discourse in Thatcher's Britain 等。

③ 参见 Nancy Fraser and Axel Honneth: Recognition or Redistribution? 这个问题在本书结论的时候还会提到并进一步阐述。

该满足的、而且可以满足的需要——用阿格尼斯·赫勒(Agnes Heller)的话说，就是：“所有的社会苦难尤其是贫困，必须被认为是可治愈的疾病，而不是永远与人类存在相伴的问题”(Heller and Feher，1988：107)。然后底层群众才能通过公共的手段满足这些需要。实际上这就是底层群众提出他们的需要，以及满足需要的手段获得“正当性”的过程。

“道德经济学”提出了底层群众的需要问题，但是提出这些问题的方式又是压抑而扭曲的。

(1) 社会权利意味着底层群众有权在不损害自己的社会地位的前提下，亦即他们的公民权利不受到损害的情况下，通过公共的方式满足自身的需要；而“道德经济学”援引中世纪共同体家长制规范的表述方式恰恰让底层群众仍然受到上层的支配和宰制，并承认、确认了底层群众在这种秩序中的服从地位。也就是说，底层群众的社会地位在这种话语中受到了进一步的损害。同时，“道德经济学”仍然把底层群众满足需要的途径设定为家长的恩赐，而不是公共行动，这实际上是确认了社会上层的权力和地位。

(2) 因为“道德经济学”把社会上层的恩赐设定为满足需要的途径，在这种话语中，底层群众仍然不是处于主体的位置，而是仍然处于客体位置。

(3) 正如前面说过的，人除了基本的物质性需要之外，还有其他的、更高层次的需要①，而“道德经济学”的话语中，其他的、更高层次的需要由于物质性需要而被牺牲了。换言之，在“道德经济学”中，底层群众在相当程度上失去了“肯定性”的特征，只剩下了“否定”的物质需要和身体特征。因此，总的来说，“道德经济学”的话语中，底层群众仍然处于受到压抑的地位。“道德经济学”确认了上层的权力和权威，并成了底层群众受压抑的象征和标志，并在一定程度上反过来再生产了这些压抑，这就在很大程度上限制了“道德经济学”的意义和作用②。

---

① 参见前述高夫和多亚尔《人的需要理论》，Ian Fraser：Hegel and Marx，The Concept of Need。

② 除此之外：“道德经济学”还有另一个相当根本性的问题，“道德经济学”面临着的是一个“德性之后”的时代(参见麦金泰尔《德性之后》)。也就是说，“道德经济学”诉诸的规范，从一开始就被新的社会亦即市场规范摧毁，也就是不存在(这个过程参见 Sewell，1980：62－91)。正因为以上种种原因，随着社会运动的逐步展开和深入，“道德经济学”的话语逐渐失去原先的地位，“正义”话语开始被动员，也因此形成了政治哲学领域诸种正义理论，比如罗尔斯、诺齐克以及社群主义正义理论之间的冲突。哈耶克等自由主义右翼之所以否认“正义”问题的存在也正是出于这个原因。当然，“正义”话语也有其局限性，参见 A. E. Buchanan：Marx and Justice，James Daly：Marx，Justice and Dialectic。在这个意义上说，近几年来“道德经济学”在西方的“复兴”，见 Patrick Sachweh：The moral economy of inequality：popular views on income differentiation，poverty and wealth，是 20 世纪七八十年代以来新自由主义兴起的一个直接结果。

二、徘徊于弱化的“道德经济学”和市场规则之间：话语分析

众所周知，工友们从事的是雇佣劳动，他们和老板之间的关系对于他们来说也是一个非常基本的，甚至可以说是核心的关系。同时，这种关系并不是一种个人关系，而是结构性的、“社会”性的关系。工友们对这种关系的理解，直接关系到他们对整个社会的理解。但是以往我国学者并没有针对这个问题进行考察，因此在这次调查中，笔者专门就这个问题进行了研究。在笔者的访谈过程中，发现他们对这个问题并没有相对一致的看法，而是徘徊在弱化了的“道德经济学”与市场经济的规范之间。

针对这个内容笔者在问卷中设计了相关的问题，结果如表 2－1－1 所示：

表 2－1－1　道德经济学相关问题

		频　率	百分比	有效百分比	累积百分比
无论老板如何对待都应该勤劳工作					
有效	很同意	8	7.8	7.8	7.8
	同意	19	18.6	18.6	26.5
	不同意	61	59.8	59.8	86.3
	很不同意	14	13.7	13.7	100.0
	合计	102	100.0	100.0	
只会在待我好的老板手下勤劳					
有效	很同意	8	7.8	7.8	7.8
	同意	62	60.8	60.8	68.6
	不同意	25	24.5	24.5	93.1
	很不同意	7	6.9	6.9	100.0
	合计	102	100.0	100.0	
老板和白领有义务照顾工人					
有效	很同意	23	22.5	22.5	22.5
	同意	56	54.9	54.9	77.5
	不同意	20	19.6	19.6	97.1
	很不同意	3	2.9	2.9	100.0
	合计	102	100.0	100.0	

很显然，多数被调查者在这个问题上开始倾向于道德经济学的观点，例如他们认为勤劳是一种有条件的勤劳，但是仍然有相当数量的被调查者不持这样的观点。

对于工友们的话语状况，笔者也通过访谈进行了了解。工友们大致有两类看法。

(1) 跟随市场规范。比较有代表性的观点是这样的：

> 现在都是私营企业嘛，它没办法盈利就没办法养着你，那和国营企业那时候养工人不一样！那时候你干不干都照样发你工资，现在私营老板都是以盈利为目的的，当然不一样。他看到有效益就养，看不到效益就不养。人勤劳一点，到哪里都行，是不是。你多做一点，给老板多创造一点，他就养你。(HLY)
>
> 额外的好处也得看你做的工作你的表现了。你要是打比方说，说一个例子，你做的时候节约成本，创造的效益更高，他肯定要奖励你，对不对？要是你干的还不够你(消耗)的，他肯定要开了你。这个吧，要公平点，你就干这些，我为什么要多付给你，对不对？但是人他也不是冷血动物，都是有血有肉的，心情的问题。他从内心里想奖励你。但是他不奖励你也得干，因为你拿人家的钱了，你给人家打工，一个月挣多少钱了，人家要是出自内心地奖励你，那是因为你干得好。你付出了就有收获，你没有付出就没有收获，没有轻松的，他没有这种义务。现实生活是残酷的，你为别人创不了财富，带不来利润，人家还养着你白吃啊？说白了都是互惠互利的，都是利益的关系。再大的老板他也是给别人打工的。(GSC)

很明显，上述两位工人的观点只是简单地重复了主导的市场规范，甚至更进一步。在他们的话语里，工人和老板之间，不仅是一个形式上平等、自愿、自由的契约交换关系亦即市场关系，而且更进一步，是后者“养”前者的关系。在这样一种关系中，甚至市场规范下的正常工资给付都成了老板的恩赐。换言之，在这样一种关系中，老板拥有绝对的权力和权威，工人只能被动服从。毫无疑问，在这样一种关系中，Q村工友就是完全的客体，完全没有主体性可言。这样一种关系也对工人构成了非常强的压抑。

进一步地说，在这样一种规范下，工友们甚至无法确认他们处于被剥夺的状况。他们失去了判断他们处于何种社会地位和状态的基本依据。很显然，这样一种话语只能阻止他们的进一步抗争，并阻碍他们争取自身的价值和尊严。

(2) 工友们话语的另外一个类型是“道德经济学”，在这样一种话语中，老板和工人之间的关系有了变化，工人不再是完全服从市场规范的客体，而是有了自己的要求和诉求。这些要求和诉求既有物质性的，即工资之外的货币收入，也有非物质性的，即认同感和归属感。

例如下面的观点：

> 我觉得好的老板应该体谅员工，就是要学会认可下边的员工吧。有认同感，有这种感觉，会更好一些。你的付出他能肯定，我会觉得这会更好一些。跟发不发工资其实没有太大的关系，我觉得最需要的其实还是……因为现在的就是，(从)员工的……打工者的角度来看，我觉得还是老板对这种就是认同和赞同比较重要。但是如果老板缺乏这一点的话，很多员工……因为现在的话大家并不缺少最基本的吃和穿。这种认同感对于大家的影响我觉得还是更重要一些。(YXZ)
>
> 老板我接触的也不少。最好的那是我在威海的时候，我在威海的第三年吧，我在厂里面，我不工作了，就是跟着出海打渔吧，我晕船，那时候干了半个月吧，我干不下去了。当时签的合同是，我干了一个月才给钱的，我只干了半个月，他没法给我钱。我就说我半个月，你也别给我钱了，我实在干不了了，那时候每天是80块钱，出海工资高，也危险。我也没说什么，我还没出舱门，老板出来了，说，都是干活的，不容易，给你嘛，给你一点。给了我1500块钱。最起码打工都不容易，不是说不愿意，实在干不了，都要互相体谅吧。(NH)

有的工人则对老板提出了进一步要求。“道德经济学”已经不止限定在经济范围内，而是扩展到了经济以外的领域：

> 好的老板，在生活上会对你好一点，对你嘘寒问暖之类的，没事的时

候，比如星期天，有时候领导我们去搞些活动啊之类的。有时候你生活上有困难，给你点资助，帮帮你啊。有什么不懂的，帮你指导一下之类的。有时候会对你人生道路上有些帮助的这些老板。能让你从一个农村小伙变到一个能在城市里有发展的。(JFM)

这些话语首先比之前那些完全服从市场规范的话语向前迈进了一步，开始提出了他们的需要，他们作为人的、市场不承认的基本需要。他们希望这种需要能够得到老板的承认，能够得到满足。但是正如上面的话语显示的，在这种话语中，他们的需要并不是公共性、"社会"性的权利和规范，而是老板的恩赐，是老板的个人行为。同样，在这种话语中，他们和老板之间并不是处于相对平等的关系，而是被老板所支配、被老板宰制的关系。

(3) 为了更加充分、全面了解工人们的观点，笔者除了询问工友们认为"好的"老板应该是怎样的，也询问了他们认为"不好的"，或者"坏的"老板是怎样的。他们的回答也有两个层面，亦即物质性的经济活动，尤其是工资发放问题，以及非物质性的认同等需要。例如以下这些观点：

具体的情况是，我们从 9 月份吧，没发工资。就是押一个月的嘛，押一个月，到"十一"，十月一，就是该发工资了，(加上)押一个月的工资，那时候的工资不是两个月嘛，两个月的工资就是大约……我们那个服装厂大约有 300 来个人，两个月没发工资，也就是欠了十几万元。老板就跑了……那是韩国的老板。(ZCZ)

不好的老板嘛，他就是说，比如说你出去干活，一个人去组装，然后他就把你放那里不管了，吃饭什么的，你没有钱他也不管你。你什么时候干完了打电话给他，他过来接你。有的时候很晚了嘛，11 点钟他还不过来接你，打电话呼他也没什么用。一等等到 12 点才过来。(GWY)

我去广东东莞，在厂子里打工，一家机器厂，我的手受伤了，受伤了然后就是当时包扎一下，然后就不让我干了。受伤后你得有补贴吧。行，补贴一个月。后来我手痛，干不了活。(老板说)不用干。我钱多得是，我不可能给你一分钱。随便你到哪去都行，我都不会给你一分钱，就是这样子。当时我去劳动局，劳动局讲你的手能赔偿 3 万块钱左右，当时我们正常工资一个月600块钱左右。当时我二十八九岁，不懂事我就没闹，回老家了，回老家半年，生活不好。后来我们闹罢工，逼他干，保安打人，(老板说)你不干活不行，别说钱，就是没钱你也得把活给我干好了。台湾老板真的一个一个说话啊。不挣钱也得干，就是这样子。(XYX)

上述话语中除了有"道德经济学"的共同弱点，亦即劳动者的基本权利，甚至按照市场规范他们也享有的权利变成了老板的单向施加恩惠之外，还有一个弱点，就是他们自己也知道，老板实际上并没有任何义务对他们"好"。也就是说，他们也知道，现实社会中不存在这样一种规范，他们也没有任何能力将自己的主张和诉求设定为一种老板也必须服从的规范，从而付诸实施。以下这几位工友的观点更加明确：

问：你觉得老板有义务要做(注：指照顾工人)吗？

答：我觉得如果他没有义务这样做的话，那我觉得很多的员工可能在某些方面觉得老板太不近人情……

问：不近人情？你觉得老板还是应该近人情是吗？

答：是吧，虽然说老板应该更狠一点儿，然后对待下属的员工……因为我知道站在他的角度肯定是利益至上，但是人肯定是有感情和交流的。

问：刚才你说，站在老板的角度肯定是利益至上，但是你觉得这样对吗？

答：我觉得肯定不对啊。

问：为什么不对呢？

答：因为你作为一个老板来讲……可能在每个阶段老板不一样吧。我现在就说一点在外面的东西。其实我觉得老板应该有两个角色，一个角色是作为这种挣钱，有自己的这种想法，为自己的事业去奋斗；另外一个，他可能会还有这个承担这个社会就是……就是有些规范的这种义务。因为他雇用人，肯定会增加社会的就业率，从这个角度来讲，他应该是承担了一种为社会服务的义务。

问：你看你说你觉得老板有两个角色，那你觉得第二个角色老板有义务吗?

答:有。

问:为什么呢?

答:因为任何人都会从义务方面来看这个问题,站的角度上不一样。(YXZ)

这倒没什么义务,就是都是打工的,老板也是打工的,我们也是打工的,对不对?只是说,我们为老板打工,老板也是为我们打工,如果说老板挣了钱,他们还会爽快地把工资发给我们,是不是?如果老板挣不到钱的话,他肯定一抹屁股走啦,我们一分钱也拿不到。对不对?现在社会都是互利的嘛,对不对,只要你给老板好好干活了,老板看到你好好干活了,他工资、奖金什么的也会多给你一点嘛。(GWY)

问:你是否觉得企业的老板也好,老总也好,是否应该以利润为唯一的追求、目的呢?

答:不是,第一是应该追求利润;第二,说白了,怎么说呢,也得人性化,对待职工这一块儿,弄好了,不能违法,是不?不能违法,你对上面要负责,你对下级,对你的职工负责。你还得把安全等各方面都弄好了。

问:你的意思是说,第一位的还是利润。

答:对,他亏损了,亏钱了,其他的都没法说了,第一他得考虑利润,第二他才是维持下去,怎么发展壮大起来。(LQS)

体贴工人他挣得更多啊,体贴工人,工人可以给他好好干活啊。你要是在哪里打工挣钱,(老板)一天到晚给工人脸色看,打工的肯定对你不一样,是吧。(LJQ)

总有人会干的,你不干,总有人会干的。中国最不缺的就是人,对吧,13 亿呢。你工资开得这么高,总会有人干的。有人不怕死,有人不怕别的。一涨工资老板肯定想,你每天干这么些活,又没有给我创造更大的效益,我凭什么给你涨工资。老板首先会看你值吗,看你值多少钱,然后每个月能给你多少,看你干得好的话。因为你给不了他这么多效益,他也是靠别人赚钱,他为什么要给你开(更高的工资)?假如说一个月你只能给他创造 3 000 块钱的,你却找他要 5 000 块钱,他就每个月赔 2 000 块钱,

这是不可能的事儿。老板是不愿意吃这样的亏的，有些小亏吃吃也就罢了，但是这样的亏长久吃他不会干的。(JLF)

(4) 从前述“需要”和“权利”两个角度进一步分析可以发现，这种话语首先意味着工人们的需要还是没有办法成为社会普遍承认的需要，也没有办法成为具有公共性和“社会”性的规范，仍然只是他们自己的主观诉求。也就是说，他们的诉求能否满足，他们的需要能否得到满足，并不取决于老板们也必须遵守的社会规范，而是老板们的主观意愿。其次，从上面的3个对话中可以看出，工人们也力图为他们的需要取得“普遍性”，使自己的需要超出个人诉求层面，以此获得老板以及社会的承认。但是他们这样做的时候，使用的理由恰恰是“这样做对老板也好”，换言之，他们根据的仍然是对老板有利的标准，也正是否定、排斥他们的标准；他们寄予希望的，仍然是老板的行动亦即恩赐，而不是他们自己的行动，或者任何公共性的规范。在这种话语中，正如上面一位工友直接说出来的，老板的利益仍然是处于最优先地位的，他们以及他们的需要仍然处于从属地位和被压抑的状态。再次，因为他们的需要的满足仍然是由老板们的主观意愿决定的，虽然他们已经表达出了对“承认”的要求，但是这种承认还是一种不平等的承认。也就是说，这种承认意味着他们接受了、认可了老板对他们的支配。他们所希望的，只是这种支配不那么严苛，比较缓和，例如这些支配更多地不是体现为直接的强制，而是较为温和一些，老板能够多考虑到一些他们的各方面需要，等等。因而老板的支配更能让他们接受，也因此比较容易延续。最后，他们的话语的基调还是想把老板和工人之间的关系设定成一种“个人关系”。

毫不奇怪，有的时候，这种“道德经济学”不仅不能成为工人提出诉求乃至采取进一步行动的依据，反而反过来成了他们“体谅”老板的理由：

他们也是为了钱吧，经常让我们加班，为了完成订单，什么都不顾，(我们)觉得很累。但是后来想想，如果完不成订单，他们就毁约了，以后可能就会赔得更多。双方面都有。当时加班的时候，身体承受不了的时候真的很生气，但是后来想想，可能就是觉得，老板自己本身也很难。因为毕竟的话，一个订单下来他完不成就要赔钱。所以不能以这

> 个来区分老板的好坏。有的老板的话，又让你超时加班，工资给得又低，又不和你签合同，明显看不起你。有些老板就不一样，很难，想让你加班，不是看不起你，就是对你有种抱歉的感觉，要加班的时候那你没办法。(QYF)

正如伊萨克指出的，权力“必然包括使权力关系模糊化、神秘化的其他信念”(Isaac, 1987: 78)。也就是说，“道德经济学”已经成了老板权力的组成部分，以及工人们被支配地位的标志与象征。综上所述，正如在西方和东南亚等地一样，“道德经济学”的出现首先意味着工人们已经开始尝试援引不同于市场经济的规范去理解这个世界，并且提出自己的主张和诉求。他们希望他们的需要能够得到承认，能够得到满足。“道德经济学”也给了他们初步的判断他们自己处于何种社会地位，处于怎样的生存状态，以及他们想要怎样的生活状态的依据。但是，和前述西方、东南亚地区的“道德经济学”一样，工友们的“道德经济学”仍然是他们的需要被压抑，尚未成为被全社会所承认的权利，也因此没有成为老板必须遵守的规范的表现。此外，工友们的“道德经济学”所要求的承认，仍然是不平等的承认。这种不平等的承认显然也是对老板的权力和权威，以及工友们自身被支配地位的确认乃至强化。何况，正如我们看到的，还不是所有的工友们都发展出了这种“道德经济学”观念，还有相当一部分工友们仍然简单地复制了市场经济的规范话语。因此，这种徘徊于“道德经济学”与市场经济规范之间的话语复制了、再生产了工人们在当下的社会地位和生存状态，说明了工人们的被压抑状态。而且需要进一步指出的是，由于工厂老板和工人之间并不存在现实意义上的“共同体”关系，也就是说，并不存在相应的、较为“公共性”的规范。工友们诉诸的也是老板的个人行动，在工友们的话语中，他们的物质性生存需要仍然是一个私人性的问题，而不是公共性、社会性的问题。这不仅是因为这些问题仍属于他们的个人领域，而且是因为工友们的需要是否得到满足，仍然主要取决于老板的个人意愿。因此笔者以为工友们的“道德经济学”与前述世界其他地区相比，毋宁说更为弱化一些，具体地说，Q村工友们引用的“道德经济学”还不是某种具有公共性的规范，而是老板们的个人意志，因此，工友们的需要和权利更加由老板的权力决定，因而可以认为是进一步的压抑。

第二节　被压抑的男性气质

一、男性气质的相关问题

男性气质(masculinity)[①]是一个随着性别研究的深入而得到不断探讨和深化的概念。传统的性别研究主要集中于对女性的研究，强调的主要是性别之间的不平等问题。康奈尔(Raewyn Connell)等学者的研究(Connell, 1992)让人们意识到，"男性"并不是传统性别研究特别是女性主义研究认为的一个无分化的整体(Cornwall, 1997)，而是存在着相当的社会分化，"男性气质"也因此不仅仅有传统性别研究认为的"霸权性男性气质"(hegemonic masculinity)[②]这一种表现，而是一个有着多种内容和表现形式，因而也有着多种意义的范畴。众所周知，性别研究的对象并不是生理意义上的男性或女性，而是社会意义上的性别。在这个范畴中，性别是"一个持续的过程，在这个过程中，人们通过社会实践建构意义，并对社会实践赋予意义"(Bird, 1996: 122)，也就是说，性别是社会结构和社会关系的产物，人们通过与性别相关的话语和实践、互动等建构出来了这些范畴。当然，这种建构并不是随心所欲的虚构，就在这个建构过程中，形塑这些话语和实践的社会关系与社会结构也得以展现，并通过这些话语和实践完成了再生产过程。男性气质作为性别的一个组成部分，也因此成了社会关系与社会结构展现的途径和载体，所以，探讨男性气质有助于分析相应的社会结构和社会关系。

康奈尔的《男性气质》一书对"男性气质"这个概念进行了全面而深入的探讨(Connell, 2005)。康奈尔对过去将男性和男性气质作为一个"自然""客观"的对象进行研究的实证科学进行了批评，与之相对，康奈尔强调的是"性别不是在社会互动之前即已确定，而是在社会互动中建构的"(Connell, 2005:

① 以笔者所见，在汉语日常词汇中表达"男性气质"含义的词是"爷们儿"。

② 对这个概念的探讨见 Donaldson: What is Hegemonic Masculinty?, Connell and Messerschmidt: Hegemonic Masculinity: Rethinking the Concept 等。

35)。正因为男性气质是社会关系、社会结构的产物，它并不是一个固定不变的事物，而是随着社会关系、社会结构的变化而变化。同时，男性气质还是一种社会实践。换言之，男性气质在具体实践过程中是通过“身体”的行动表现出来的，更准确地说，男性气质是借助于“身体”以及和“身体”有关的各种意象、象征、反思与符号等表现出来的。毫无疑问，男性气质的实践过程，也是各种权力关系的运用和展现过程。这些权力关系具体地体现为霸权、服从、边缘化等(Connell, 2005: 76-81)。分析男性气质，也就是为了分析上述这些权力关系。正因为上述原因，男性气质因为其反映的权力关系、社会结构等问题的不同而有不同的表现形式和种类，比如同性恋的男性气质(Kahn, Goddard and Coy, 2013)，包容性男性气质(Anderson, 2008)，中产阶层的男性气质与底层从事体力劳动工人的也不一样(Falabella, 1997)，以及宗教团体(Bartkowski, 2000)，印度喀拉拉(Kerala)邦的移民(Osella and Osella, 2000)等。

本研究所要探讨的具体问题是从事体力劳动的工人和男性气质之间的关系。本书第一章已经引用了一部分相关研究，这个问题是世界其他地区工人运动史研究关注的主要问题之一。从历史上说，随着19世纪资本主义经济和工业化的不断扩展，传统的农村式、手工业者式男性气质发生了危机，中产阶层的男性率先用他们自己的身体表明他们“运用纪律和自我控制将原材料转化为一幅美丽的景观的优越能力。白色、强壮有力和肌肉发达的身体从这种身体与不同种族、族群和阶级的‘他者’们原始、野蛮、动物似的身体的对比中获得了意义”(Baron, 2006: 149)，工人则采取了相应的措施，把上述中产阶层男性的身体观反转用于嘲讽中产阶层，并抗议他们在生产过程中所处的地位。这样一种男性气质，因而成了对体力劳动者所处状况的抗议，因此这样一种男性气质也就成了规训与反规训互相作用的场所(Walker, 2006)。除了身体之外，早期工人组织大量使用的“兄弟”称呼也是工人运用男性气质的结果(Baron, 2006)。总而言之，男性气质是世界各地工人自发文化的重要组成部分。

本书第一章曾经提及，在改革开放之前，我国社会也是十分推崇工人文化的，体力文化在工人文化中的位置和世界其他地区是同样突出的。例如，在改革开放之前，不仅男性工人的男性气质在宣传和文化中被突出强调，而且女性工人也被赋予了“男性”特征(陈俊倩,2007：21)。有人把当时文艺作品中的工农兵形象总结为“质朴健康、身躯健壮、‘不爱红妆爱武装’……浓眉毛、大眼睛、方形脸、男女‘同一性别’”(郑玫,2007：69),这些都是典型的男性气质,尤其是体力劳动者的男性气质的要素。武杰山对毛泽东时代大庆石油工人形象的研究也指出,在当时塑造的大庆石油工人形象中强调石油工人特别是“铁人”王进喜的力量、克服恶劣气候的能力也就是“男性气质”的诸要素占据相当比重(武杰山,2009)。不仅如此,有论者指出,当时的文艺作品中,“‘劳动’(在此首先特指‘体力劳动’),取代了‘读写能力’成为崭新的文化权力标准和伦理评价准则”(卢燕娟,2012：103)。也就是说,与世界各个地区一样,在改革开放前的时代,我国也是通过“男性气质”表现体力劳动者的,甚至将这种体力文化塑造成了整个社会都要遵守的伦理标准和规范。那么,在经过了30多年的改革开放和相应的经济社会变迁之后,工友们的状况又如何呢?尤其是大家都知道,新生代农民工和原先的国营企业工人在社会构成上以及文化上并没有传承关系,那么他们的男性气质和改革开放前的时代的那些又有什么区别或相似呢?令人感到遗憾的是,根据笔者在知网上的搜索结果,国内此前的男性气质研究主要针对的是对影视作品和文学作品中出现的男性形象的研究,而且主要针对对象是中产阶层的男性。而正如第一章中说过的,目前国内对于新生代农民工性别文化的研究主要集中在女性工人领域。因此,国内目前对这个方面的研究尚未开展。

在中国大陆以外的研究中,前述何明修对台湾地区工人的研究强调指出,台湾工人的话语中,阶级剥削和压迫转化为了一套“性别”叙事。在这套叙事中,台湾工人们把体力劳动设定为“男性”的工作,而把办公室工作设定为“女性”的工作,他们对上层的抗争也因此成了性别话语的展现。同时,台湾工人通过为体力劳动赋予“男性”特征,并将办公室工作赋予“女性”特征而赋予体力劳动比办公室工作更高的价值和意义,并通过这样做为他们自己赋予尊严。在抗争的过程中,台湾工人也大量使用男性身体意象与符号作为他们的“话语”以表明他们的力量和尊严(何明修,2006)。不仅台湾地区的工人如此,加拿大北安大略省和布雷顿角岛(Cape Breton)的钢铁工人与伐木工人也是将男性气质作为自身尊严及荣誉的来源。和前述台湾工人一样,加拿大的男性工人也将男性身体和他们自己的工作连结起来,通过前者为后者赋予尊严和意义。当然,正如前面已经提出的,男性气质在不同的社会关系和社会结构中的具体内容也不尽相同。比如,加拿大的男性工人将他们的女性同事也赋予"男性"的符号,他们还将工人的劳动生产能力、技能作为男性气质的标志。除此之外,他们还运用男性气质作为规范谴责破坏罢工者们(Maynard, 1989)。不过,这样一种男性气质并不都是解放性质的,比如同样在加拿大,男性气质中包含的"民兵神话"变成了加拿大当局灌输种族主义思想的载体,以及加拿大中产阶层对工人进行意识形态规训以及分化的载体(O'Brien, 1998)。不仅欧美发达国家、东亚地区经济发展较为快速的国家和地区如此,即使是在一向被认为经济落后、工人运动也不甚发达的非洲,体力劳动者的男性气质也有相当程度的发展。例如,20 世纪上半叶尼日利亚东南部埃努古(Enugu)地区的煤矿工人们运用男性气质作为判断并争取"公正"工资和更好的劳动条件,以及开展进一步斗争的依据。不仅如此,他们还运用男性气质,更具体地说,就是他们从事长时间、危险的矿业劳动的能力,塑造出自身的"新人",亦即比较有能力的、比较"现代化"的、能够自我改进的人的形象。通过这种形象,该地区的煤矿工人发展出了相当程度的自我认同,以此抵抗殖民者把工人视为"男孩"亦即进行宰制的企图,以及该地区农村家长制中他们所处的较低社会地位(Brown, 2006)。不仅"土著"工人如此,而且移民工人在发展出男性气质方面也有所成就。在美国的墨西哥移民工人塑造自身的主体性、自身的团结,并进行抗争的过程中,男性气质也发挥了很大作用。具体地说就是这些工人把他们自己的工作称为"男人的"工作,从而把自身塑造为"工人",而不是农民,完成了从农民到工人的转变。他们还通过饮酒、寻找女朋友等方式保持自身的男性气质和男性地位(Cohen, 2006)。很明显,这些行动都是为了维护自身的价值和尊严。除了上述研究之外,本书第一章中提及的敦巴尔·穆迪对南非的研究等也得出了相同的或相近的结论。在这个意义上,保存男性气质也成了劳动者维持自身尊严的途径,除了本书之前部分已经指出的那些之外,比如英国公共汽车司机对乘客的反社会行为尽量不予记录,因为这类行为的存在被司机们认为表明他们的男性气质没有得到承认,受到了威胁,而且司机们认为,他们自己处理这类行为,亦即自卫的过程实际上也是一个建构工人阶级的男性气质的过程,司机们也通过这样一个过程表明他们的工作对于办公室工作的优越性(Bishop, Cassell and Hoel, 2009)。

综上所述，无论在世界的什么地方，也无论处于何种“文化”中，工人等体力劳动者通常是以自身的身体等作为基础，通过将体力劳动赋予较高价值和意义，尤其是将体力劳动，更具体地说，他们忍受艰苦与危险的能力视为自豪和荣誉的来源，从而寻求尊严。如康奈尔指出的：“工业劳动者强调男性气质既是在剥削性阶级关系中生存的办法，也是主张男性对于女性的优越地位的手段”(Connell，2005：55)。也就是说，男性气质的要义在于其“社会”性质，不仅仅是男性体力劳动者的活动，例如喝酒或者其他展现男性体力的活动，而是把这些活动赋予“社会”意义，使得这些活动具有较高的“社会”价值和“社会”地位。简言之，男性气质是社会表达的载体。

由于男性体力劳动者工作的性质，“学习努力劳动在‘生产’男性特质的等级式模式中是个习语”(Chopra，Dasgupta and Janeja，2000：1608)。也就是说，无论处于何种“文化”和社会中，底层群众、体力劳动者通过体力表现自己的尊严是共同的，并不受“文化”的束缚。这首先是由于近代以来，尤其在西方，随着社会结构的根本变化，宗教逐渐衰退，“自然”逐渐取代各种宗教而成为社会的主导意识形态：“自然的统治被认为是永恒的和不可改变的，因此反对变革是社会权威的首要目标。而且，自然的与善的是等同的，因此任何对既定条件的背离只能给整个社会带来灾难”(莱斯，1996：158)①。很明显，对于任何人来说，身体和体力就是最为“自然”的事物，也因此超越了“文化”的限制。而且，近代社会中，“占有性个人主义”(possessive individualism)②逐渐占据了主导意识形态的地位。在这样一种意识形态中，一个人要通过他(或者她)所有的“物”而获得相应的社会地位。对于从事体力劳动的工人来说，体力和身体就是他们唯一拥有的“物”，他们必须、必然，而且事实上是没有任何选择地以自己的身体和体力为基础建构他们的认同与相应的观念。由于以上两个原因，自发性的工人文化也拥有了普遍性③。另外，在体力劳动者聚居的地

① 这种意识形态首先体现在17世纪—18世纪的各种启蒙学说里，比如所谓“苏格兰启蒙”和法国启蒙运动。然后体现在现代自然法学说，比如社会契约论中。见Chris Thornhill：Natural law，state formation and the foundations of social theory。另见卢卡奇《历史与阶级意识》中的分析。

② C. B. Macpherson：The Political Theory of Possessive Individualism，Hobbes to Locke。另见Peter McCormick：The Concept of the Self in Political Thought。

③ 当然，由于身体和体力的“否定性”特征，这样一种自发性文化的普遍性也是“否定性”的，这意味着这种自发性文化并没有能够超越这种文化诞生的那个社会结构和社会关系，这也是这种自发性文化脆弱性的来源。

方，体力也成了劳动者"文化"的来源（Baron，2006）。这样一种体力文化，实际上可以认为是体力劳动者将他们的身体赋予社会性的价值和意义，从而为他们自己赋予价值和意义的努力。不过，由于这样一种男性气质是以身体和体力为基础的，这种观念仍然停留在身体和体力层次，并没有能够真正地达到"肯定性"，因此始终不能真正地补偿、克服工人在现实中受到的压迫。不仅如此，由于体力劳动者更加依赖男性气质，这使得中产阶层的人士容易成为"开明""进步"等价值的象征（Lamont，2000），换言之，这进一步巩固了中产阶层人士的地位。所以，正如本书第一章指出的，这种自发文化是起点，但不是终点。

正因为男性气质是社会关系和社会结构的产物，也正因为男性气质不能真正地获得"肯定性"，随着社会结构和社会关系的变化，男性气质也会发生变化。尤其是近年来，西方国家传统制造业中从事体力劳动的工人人数下降，服务业劳动者比例上升，同时工人的组织出现弱化（Pollert，2005），因此体力劳动者的男性气质也发生了变化，一些学者甚至认为男性气质出现了危机（McDowell，2003，Nixon，2009）。这方面的例子首先是香港地区的非体力劳动者。这些劳动者的工作时间长、强度大，但是和上面提到的从事体力劳动的工人相反，劳动不仅没有成为这些人士主张自身价值和尊严，乃至塑造自身形象和认同的依据与来源，相反，成了压抑他们，使得他们无法主张自身的价值和尊严的原因。其中某些人士甚至把女性指责为他们所处状况的原因。同样，下面将要提到的男性作为养家者的传统模式也反过来成了这些劳动者的负担（Leung and Chen，2012）。其次则是美国工人。在"新经济"条件下，随着整个白人工人阶级的重构，美国工人原先持有的霸权性男性气质，尤其是他们通过反学校文化[①]习得的霸权性男性气质由于他们离开学校后的新社会分层发生了变化。比如，传统上被认为由男性完成的养家以及进行再生产的活动必须由男性和女性双方共同完成，同时由于他们收入的下降，他们也不再把体力劳动赋予男性特质，而把脑力劳动赋予"女性"特质（Weis，2006）。最后是英国劳动者，他们的男性气质也发生了变化，例如，从事服务业工作的劳动者不再把身体力量与体力劳动作为自身价值和尊严的依据，家庭内部界限也开

① 亦即 Paul Willis 在 Learning to Labor 中描述和分析的那一种文化。

始模糊(Roberts, 2012)。另外,根据研究,失业者也丧失了其原有的男性气质(Nayak, 2006)。总的来说,上述这些劳动者没有摆脱剥削和压迫——事实上这种剥削和压迫还在强化(Standing, 2011;Wacquant, 2009;Klein, 2002),却又在相当程度上失去了主张自身价值和尊严的途径。不过,这些情况和本书将要讨论的情况不同,因为上述例子探讨的是不从事体力劳动的,主要是从事服务业劳动的劳动者,在这种情况下,体力也就难以成为他们文化的基础。Q村从事体力劳动的劳动者们的状况与上述状况不一样,正如本书将要论证的,这些工友的状况是体力本身受到了压抑。

总之,从事体力劳动的工人自发文化中,"男性气质"是非常重要的组成部分,他们通过这种"男性气质"主张自身的尊严,赋予自身的活动以较高的价值和意义,抵抗来自上层的种种结构性的和文化性的强制。大家都知道,工友们目前从事的主要是体力劳动,那么和世界其他地区的体力劳动者,以及我国改革开放前的时代的体力劳动者一样,他们对体力劳动的看法实际上也是对自身的看法。在调查期间,笔者参加了一次工人师傅们的活动,这个活动中有一个小节目,内容是参加活动的工友师傅们互相介绍自己的优点。绝大多数工友师傅们说的都是自己的诚实、善良等品质,只有一位看上去十分年轻的师傅很腼腆地说"我很男人",并引起了参与活动的师傅们的哄笑。这引起了笔者的注意:从这个表现可以看出,男性气质对于这些工友来说并不是一个很值得自豪的,可以在公开场合理直气壮地说出来的事情,那么,Q村工友们的总体状况如何呢?此外,如前所述,男性气质是通过社会实践建构和表达的(Bird, Ibid),也就是说,男性气质是通过向外的展现而得到表达的"外向"的文化,此次调查的地点中绝大多数的活动者都是男性体力劳动者,但是笔者在调查的时候并没有感受到特别强有力的男性气质和体力文化。这和前述世界其他地区的体力劳动者大相径庭。下面将根据笔者本次调查的结果对这个问题分别进行具体的分析。

二、压抑的男性气质(一):被压抑的体力文化

在笔者的访谈过程中,笔者感受最强烈的是工人们对体力劳动的看法与前面说过的几乎世界所有地方的体力劳动者,以及我国过去的体力劳动者不

同。笔者认为,工友们的话语可以分析为下列三个层次:

第一,体力劳动不是值得他们自豪的事情,体力劳动也不能使他们的工作更有价值和尊严。以下是几种比较有代表性的看法:

他再自豪和(靠)脑袋干活肯定不一样,有些靠脑袋挣钱,有些靠体力赚钱。笨的人靠体力赚钱,聪明的人拿脑子赚钱。没有人喜欢干体力活,没有人喜欢干那活儿,所有人都喜欢坐在办公室里,每天吹吹空调,到时候按月发钱。喜欢体力活的都是那些文化不高,也不是说没有能力……网上一篇报道,农民工一个月有挣 7 000 的,比白领还高。一般的农民工他没有白领的脑子好吧。他挣的就不如白领多。脑子最重要。头脑,你头脑要灵活,想到什么敢干什么,有这个决心。(JLF)

谁不想着不出力还能挣钱啊,你看我们干一天活,下班的时候也挺累的,坐那里都不想动。我感觉就是说,你只有付出力气才能得到一些回报,如果我现在不出这个力的话就一点回报都得不到,你如果不出力的话肯定没钱。文化又不高,又没什么技术,你如果再不出力气的话肯定不行。(GWY)

在外边,现在的社会你光靠蛮干,没有智慧没有脑子是不行的。你光有些蛮力,也不行,还得有智慧,真的。因为现在社会发展需要这个体力的时候越来越少,现在都是机械化了。我感觉用力不如用脑。(LQS)

不骄傲。本身现在年轻吧。什么都是练出来,不上学的这几年,每天出苦力。必须得有体力活。要是到五十多岁六十岁,想干也干不了。上学好,有文化,有才,年纪大了也不怕。有文化的人,什么时候都能做事情,你要干点苦力,到五十多岁六十岁想让他干也干不了了。自己身体到了出毛病的时候了。(LJQ)

不自豪。这样的,人,这就像一个机器,一个发动机,你出的力大了,你打比方说就像一货车,每天得拉很多的东西,你要到快报废的时候,他的毛病就多了,今儿这坏,明儿那坏。你要是我的身体始终,像白领坐办公室那样,他一年下来,至少能比这个出体力的人多活 10 年到 20 年。这就像一台机器一样,你比方说那车吧,要是一直出力,不闲着,拉的东西很

重，它能用的年限就少。你要是说拉一天晃荡一天，它不怎么用，它这个寿命就比较长。(GSC)

以上这些工人的观点可以总结为：相比于办公室白领的工作，体力劳动的价值和社会地位都是低下的。也就是说，在以上这些工人的话语中，与前述世界各个地区的体力劳动者自发文化相反，体力劳动并没有得到体力劳动者的高度评价，而是处于较低的地位，亦即被办公室工作等非体力工作压抑的状态中。同样，与前述世界各个地区的体力劳动者自发文化相反，这些被调查者认可了白领、办公室工作的优越性。他们的话语同样非常清楚地表明，体力劳动不属于社会承认的、认可的"才艺"之列，也就是说，体力劳动并不是一个"肯定性"的事物，不能产生价值和尊严，而是一个原始的、野蛮的因而社会地位比较低的事物(工友们的话语里，体力劳动并不是主体的活动，而是一种"客观"的事物)。这无疑使得体力劳动者，也就是工友们自己处于一个较低的社会地位上。在上述话语中，工人们评价体力运用的标准并不是他们的"主体性"，而是能在市场中获得多少收入，以及体力劳动带来的消耗和疲劳这两个标准。在这种话语中，市场的规范与标准处于权威和宰制地位，作为主体的工人在市场的规范和标准面前只能服从——最多只能指望通过老板的个人意志获得一些额外的"好处"，而没有讨价还价的余地。这样一来，工人也就难以把自身的现实状况视为"不正当"，并进而争取到改善。进一步地说，这样一种市场的规范与标准处于权威和宰制地位的状况是纯粹客体化的状况，这种状况实际上也是一种工友们的"社会"意识被压抑的状况——因为在这里，市场及其规范是以他们无法干预、无法影响、只能顺从的"自然"的名义出现的。正如有关学者的研究(陈光金前引论文，Burawoy and Wright Ibid)指出的市场对底层群众不利，底层群众的需要不能通过市场手段满足，必须诉诸市场以外的"社会规范"，也就是必须将这些问题表述为社会性的问题，寻求"正当性"，从而使得他们能够运用社会性的手段改善自身的状况。这个过程必然是社会性的。因此，这样一种"社会"意识被压抑的状况也使得工人难以提出、建构这样市场之外的社会规范作为他们自己的、为自己争取各项权利的依据。他们的"社会"意识受到压抑也意味着他们自己受到压抑，因为他们并不是真的处于自然界中，他们处于拥有一定权力关系的社会中。这样一种"社会"意识受到压抑的状况就是他们被压抑的结果，而不是"自然"的状态，他们的一种男性气质也就成了压抑的男性气质。

第二，抗争性男性气质之所以是抗争性的，是因为这种男性气质的话语中蕴含的价值规范等和现实社会实际奉行的规范之间存在着明显的张力与冲突。很明显，在工友们的话语中，上述的张力和冲突并不存在，体力和体力劳动并不是抗争的来源，而是相反，成了服从既有市场规范的象征。

当然，正如这些话语表明的，工人的这些观念是从现实中"习得"的，他们说的也确实是市场经济规范的"现实"。但是很显然，前述世界各个地区的体力劳动者并不是处于市场经济的规范之外，他们同样在这个规范中处于极为不利的地位①。换言之，前述世界各个地区的体力劳动者强调体力文化与男性气质并不是为了强调而强调，或者说他们强调男性气质并不是为了表明他们在市场经济中已经占据了相当的社会地位，他们强调男性气质本身就是一个抗争性的范畴。正如前面所引用的国际上的有关研究指出的，世界其他地区的体力劳动者强调男性气质是为了反击中产阶层对他们的歧视和压制，并为自己提出的诉求赋予"正当性"。Q 村工友们的男性气质则与之相反，这种男性气质基本上复制和再生产了他们在市场中的被压抑地位，因此是压抑的。这样一种压抑的男性气质也构成了工人文化压抑的组成部分。

第三是身体维度，亦即工友们话语中的第二个标准。在访谈过程中，虽然有一些被调查者也认为"体力很重要"，但是笔者进一步询问之后发现，这个

---

① 就本次调查所涉及的工人和世界其他地区体力劳动者在男性气质方面的区别还需要指出下面几个问题：首先，正如本书第一章中已经指出的，即使是处于被隔离地位的旧南非的黑人体力劳动者以及美国南方的黑人，以及本章中提到的殖民地时期的尼日利亚工人，也发展出了相当程度的男性气质。也就是说，男性气质的产生并不是因为体力劳动者获得了相当的社会地位，更不是因为他们已经获得了承认，而是恰恰相反，男性气质是他们争取承认的一个途径、手段和资源。其次，男性气质和福利无关，而且恰恰相反，正如本章中提及的，恰恰是在二战后福利国家变成广泛实践之后，这种男性气质开始受到威胁、开始削弱，并最终随着新自由主义的到来而出现危机。也没有理由认为世界其他地区的男性体力劳动者的货币收入会比相同国家或地区的白领更不要说老板高。这意味着男性气质不是较高经济地位的产物，而是正好相反。再次，正如本书第一章和本章前面部分引用的研究表明，这样一种抗争性的男性气质是跨文化的。最后，显然没有任何理由认为，世界其他地区的男性体力劳动者的体力是取之不尽用之不竭，不会随着年龄的增大而逐渐衰退的。也就是说，在上述这些基础性条件方面，Q 村工友们和世界其他地区的体力劳动者并没有任何差别。这意味着工友们的压抑的男性气质并不是"自然"的结果。总而言之，工友们的这种压抑的男性气质不能仅仅归因于工友们的现实生存状态和社会地位，因为这种社会地位在其他国家恰恰是抗争性男性气质的源泉，也不能归因于某种特殊的"文化"，因为正如本文第一章和本部分指出的，这种男性气质，由于其基础是体力劳动者的身体，也就是说，男性气质的基础是跨文化的，从而这些差别不能用这个意义上的"文化"及其差异来解释。

“重要”并不是因为体力劳动本身有各种价值或者尊严，究其原因，还是因为身体的“否定”特性①：

身体健康是一件很重要的事儿。好像有一句名言，身体是革命的本钱，所以身体还是很重要，只有你有健康的身体，你才能去做老板，才能去学习，才能为社会作出贡献。你有身体才能去赚钱。(XYL)

我最近几年做这个雕刻，坐在那儿就感觉啊，那些白领啊，一天到晚坐在那里啊，就跟坐牢似的。坐在那里有的时候可以站起来干一些体力的活。劳动嘛，对你的身体也好，对身体啊对人的所有方面都好。(HLY)

很明显，上面这些被调查者认为体力是重要的，不是因为体力劳动能够在市场上获得承认，并为他们获得价值和尊严，而是因为体力是他们赖以生存与活动的“否定”的、自然的基础。一旦问题超出这个领域，而涉及“肯定性”，亦即他们能否被市场和“主流”社会的规范所承认的时候，他们就必须指望体力以外的东西：

现实来说就是技术吧，我们呢，技术工基本上一个月能挣1万多块钱，像我们小工，一般都是(每天)100元、120元，一个月——不管吃不管住嘛——也就是3 000元到4 000元。有技术的话没有1万元也有8 000元，这是人家基本工资吧。(XYX)

笔者就这个问题在问卷中设计了相关的问题进行了进一步调查，结果如表2-2-1所示：

总而言之，在这种话语中，工友们的身体只是一个“否定”的、自然的消耗品，而不是一个他们可以借此获得价值和尊严，获得承认的依据与基础。价值和尊严，也就是“肯定性”，只能从体力劳动以外的事物中找到。第一，这样一

① 这里的“否定”的含义是身体在这里是作为一个只有负面意义、限制和阻碍他们取得成就的因素而存在、而被呈现的。

表 2-2-1 取得成功的主要因素

取得成功的最主要因素					
		频　率	百分比	有效百分比	累积百分比
有效	身体状况	8	7.8	7.8	7.8
	能力	43	42.2	42.2	50.0
	教育程度	31	30.4	30.4	80.4
	道德品质	20	19.6	19.6	100.0
	合计	102	100.0	100.0	

种身体观是前面说过的,中产阶层对于底层群众的身体观的复制[①]。前面已经说过,身体和体力事实上是体力劳动者唯一的"所有物",唯一的可以用于建构自发性文化的基础,这样一来,工友们如果要提出一种能够主张自身的价值和尊严的公共性、"社会"性规范,就因为缺乏必要的基础而受到了很大阻碍。第二,这样一种身体观无疑还是把工友们置于"自然化"的状况中。因为在这样一种身体观的作用下,工友们的"身体"只是作为一个自然的事物存在着,身体出现的各种事实上是由"社会"导致的,也必须通过"社会"手段克服的问题也被"自然"化了,这些问题因而也被这样一种话语限制在了主观领域。因此这种自然化的身体观事实上在相当程度上使得工友们失去了把他们的问题表述为"社会"问题的能力。不仅如此,"任何对于身体的建构也是对于所呈现出的自我的建构"(Synnott, 1992: 105),也就是说,工友们把他们的身体呈现为"否定"的事物,事实上也等于把他们自己呈现为"否定"的事物,这正是一种压抑[②]。

正如本章开始部分指出的,底层劳动者要改善自身的生活状况,主张自身的价值和尊严,必须提出一种相应的社会规范——因为他们在现实的规范里无法做到,也就是说,他们必须首先将自身的问题表述为社会问题,上述这种身体观则阻碍了这一过程。这样一种身体观的结果就是,工友们,正如他们的话语所显示的,也只能非常被动地服从"自然"的市场规范,而难以提出有利于自身的、与这种规范相抗衡的、能够赋予自身价值和意义的新的规范,也就难以为自身的诉求赋予"正当性"。总之,这样一种"社会"意识被压抑的状况首先使得工友们的

① 这样一种身体观和劳动观也是"占有性个人主义"的产物,参见前述 C. B. Macpherson 的著作。

② 当然,这也是一种自我否定,本书下一章将深入讨论这个问题。

身体受到了压抑，这样一种压抑的身体反过来又会加剧并恶化工友们的压抑。

三、压抑的男性气质(二)：服从性的家长

除了体力文化之外，“养家”(breadwinning)也被认为是体力劳动者男性气质的组成部分。根据研究，这种模式首先兴起于19世纪中期的英国，并与“家庭工资”(family wage)①等因素一起，在很长一个时期内构成了欧美等国男性体力劳动者男性气质的组成部分，并且还是西方各国社会政策的出发点和依据(Creighton，1999；Clark，2000)②。这种模式通常被认为是“霸权性男性气质”的组成部分，因为这种模式把男性设定为有能力获得足以养活整个家庭的收入，并把女性设定为在经济上依赖于男性的群体。本书第一章引用的相关研究中曾经提到过19世纪后半期英国工人阶级的“再形成”，如前所述，这种“再形成”之后的工人文化强调的是工人与中产等社会其他阶层的不同，甚至是与社会其他阶层的“隔离”——英国工人的男性气质就是这种不同的组成部分。这种文化一直延续到了1980年代。事实上，直到1950年代，英国工人仍然维持着一定程度的男性气质作为自身的认同基础。随着英国社会的变迁，这种模式受到了冲击，英国工人对这种模式的怀旧情绪、把这种模式英雄化，甚至对侵略性的男性气质的赞扬和欢呼也成了保持这种不同与自身价值、尊严的手段(Brooke，2001)。一直到相当晚近的时期，随着英国工人的“现代化”，这种区别才逐渐弱化(Brooke，2006)。不仅英国如此，前述科法拉斯对美国芝加哥郊区的工人的研究(Kefalas，2003)、克卢伯克对智利特尼恩特铜矿的研究(Klubock，1998)等都表明了这一点。毫无疑问，这些社会权力与地位也是男性工人价值和尊严以及获得社会承认的体现。由于近代资本主义以来家庭结构发生了变化，亦即家庭被划分为男性工人作为领工资的养家者

① 事实上，在很长一个时期内，“家庭工资”曾经是美国等国白人男性工人的诉求，见Mann：What's a penny worth? Wages，prices，and the American working man。虽然社会经济结构已经发生了相当变化，男性和女性的收入差距仍然存在，见Johanna Kumlin：The Sex Wage Gap in Japan and Sweden：The Role of Human Capital，Workplace Decomposition，and Family Responsibility。换言之，男性气质的危机并不意味着男性劳动者和女性劳动者更为平等，更加接近解放，而是相反。

② 不仅西方发达国家如此，而且在一些向市场经济转型的国家，社会政策的制定也是以这种模式为依据进行的。参见Silke Staab：Maternalism，Male-Breadwinner Bias，and Market Reform：Historical Legacies and Current Reforms in Chilean Social Policy。

(bread-winner)和作为家务劳动从事者的女性这两个领域。正如学者指出的，这样一种以男性作为家长，全力从事经济活动，而女性专门从事家务劳动的结构是市场经济基本结构的要求(Pyke, 1996)。也就是说，这样的诉求一方面是为白人男性工人争取一些经济上的改善，另一方面实际上是肯定并巩固了市场经济的基本结构①。不过，随着 1970 年代以来，尤其是 1990 年代以来西方国家社会经济结构的变迁，这种模式和前述的男性气质一样出现了危机(Lewis, 2001)②。不过，即使是在这样一种状况下，这种"养家者"话语仍然没有消失，仍然被劳动者——已经不仅仅是体力劳动者——使用(Kelan, 2008)。

因此，在笔者的调查过程中，笔者也特别询问了工友们对这个问题的看法，比较有代表性的看法有以下这些：

……一个男人最重要的应该是顾家吧。出来打工吧，然后把老婆孩子照顾好，孝顺父母，就是这样吧。就是养家糊口吧。

问：比方说为了养家，有些事情你不愿意，比方说前面说过你干到 12 点，你还会干吗？

答：那肯定会啊。你出来打工嘛，干那些活，半路上就走了，你肯定一分钱也拿不到嘛，对不对。干至少要干一个月吧，再苦再累的活也要干。(GWY)

问：你觉得，作为男人，应该是怎样的呢？

答：现在我感觉，过去说男女平等，其实也不平等，因为现在一个家庭光靠男人赚钱，在农村也不够，也是很困难的。必须两个人分着赚钱。就我们那儿啊，我们那儿工厂比较多一点。有钱了以后带动了村民盖房子。

问：你家里情况是怎么样呢？

答：我家里的话就是我赚钱，我老婆在家里带孩子。

问：那你觉得男人应该这样吗？

① 见前述 Mann 的论文。因此这个问题也成为女性主义者批判的重点之一，见 Barbara Laslett, Johanna Brenner: Gender and Social Reproduction: Historical Perspectives.

② 虽然如此，男性和女性的收入差距仍然存在，见前述 Johanna Kumlin 的研究。换言之，这种模式的危机并不意味着男性劳动者和女性劳动者更为平等，更加接近解放，而是相反。

答：我不认为，因为一个家庭的话要两个人负担。

问：即使是这样，你还是认为男人最重要的责任还是养家糊口是吗？

答：嗯……是这样，每个家庭不同，妇女赚钱就妇女养，男人赚钱男人养。

问：那你认为男人最主要的责任是什么呢？

答：赚钱嘛，还是为了养家糊口。(HLY)

我认为一个人最重要也是最基本的能力是成立家庭，养家，如果一个男人成家立业，养不起孩子养不起老婆，的确是……不行。为了生存没有别的办法，不想干的也得干。只要是对的，不违法的，比如说我们打工，跟人家说说有些事情我们不愿意干，就不干，那不行。说白了谁愿意在这儿干哪？都愿意在家躺着，是不？谁都不愿意，但谁都得干，为了生存嘛。(LQS)

我认为的男人，我的思想比较老一点，我就是认为好的男人是能撑起家的男人，对自己家庭有贡献的男人。在生活方面，反正在好多方面。因为你没有一个好的家庭，你就不算一个好的男人。你要繁衍你的下一代，你要把你这辈子没有办到的告诉自己的子女：你们一定要加油。我自己做不到，你们能做到。你并不需要时时刻刻都在干活，你只需要干好自己的，但是你要时刻想好就是你明天该怎么办，知道吧？你要充满思想，你每天干活你是为什么你要想好自己的未来，为了自己的家庭和孩子。(高声)你埋头干活是为了什么，赚钱到底是为了什么？你赚钱的理由是什么？还不是自己的家和孩子。不要一味赚钱，为了钱而赚钱。(JFM)

顾家，你得让自己的媳妇、孩子过上幸福的生活。这种幸福的生活从哪里来，就得付出，就得多挣钱嘛。就算不愿意做也会做，任何人都会做的，你要不做那就是圣人，但是没有圣人，只有凡人。(GSC)

为了进一步了解这个问题，笔者在问卷调查中也设置了相应的问题，结果如表 2－2－2 所示：

从以上的话语和问卷调查结果可以明显看出，Q 村男性工友的语言形式上和世界其他地区的男性工人一样，把养家视为男性的职责。正如前面说过的，这可以认为是“寻求霸权”的表现。他们和世界其他地区的男性体力劳动

表 2-2-2 男性气质问题

对于男人最重要的是					
		频 率	百分比	有效百分比	累积百分比
有效	养家糊口	55	53.9	53.9	53.9
	身强体壮	11	10.8	10.8	64.7
	道德品质	36	35.3	35.3	100.0
	合计	102	100.0	100.0	

为了养家不愿意的事情也得做					
		频 率	百分比	有效百分比	累积百分比
有效	很同意	14	13.7	13.7	13.7
	同意	44	43.1	43.1	56.9
	不同意	33	32.4	32.4	89.2
	很不同意	11	10.8	10.8	100.0
	合计	102	100.0	100.0	

者一样，希望能够通过"养家"证明自己有能力——而且这种能力被社会承认，证明自己有一定的社会地位，等等①。这种观念并不因为女性参与劳动市场而发生大的变化②。不过，前述国外劳动者提出这个话语的目的更多地是为了伸张自身的权利，亦即通过"家庭工资"等要求获得比市场承认的收入更高的收入(Clark, 2000;Mann, 2005)。换言之，这种观念原本也是作为男性体力劳动者的抗争性资源，也就是争取获得比市场承认更高的收入，争取市场不承认的权利而被提出的、被使用的。与之相反，在Q村工友的上述话语中，这种关系发生了逆转③，原本主张自身权利、权益的话语变成了对现实的无奈服从。或者说，原本用来限制市场经济的规范变成了对市场的服从。在工友们的上

① 就工友们而言，还有一个比较"特殊"的方面，就是他们非常期望使自己的子女实现社会向上流动。这个部分的内容将放在本书第五章讨论工友们的"希望"的时候阐述。此处不赘。

② 见 Susan Speakman and Mick Marchington: Ambivalent Patriarchs: Shiftworkers, "Breadwinners" and Housework.

③ 在这里同样需要指出一个问题，显然世界其他地区的男性体力劳动者并不处于一个不存在权力关系的社会真空状态之中，事实上他们很显然也是受到了社会结构的强制的(见前述 Burawoy 和 Erik Olin Wright 的论证)，他们发展出这样一种文化就是为了与这些强制抗衡，至少缓和这些强制，而不是跟随、顺从这些结构性的强制。因此，和前面的体力劳动文化一样，不能简单地用工友们所处的社会状况和社会结构去解释双方的差异。

述话语中，争取社会的承认不是使自身的主体性得到承认，而是通过放弃自身的主体性达到的，这与其说是承认，不如说是否定。虽然他们确实可以运用这样的话语对比如老板不及时发放或者不发放工资的行为和做法进行抗争，表达不满，但是众所周知，按时足额发放工资是市场经济规范本身的要求，而不是超出或者限制市场经济规范的要求。而如前所述，市场经济的规范本身对体力劳动者就是极为不利的、压抑性质的[①]。因此，这样一种逆转强化了，而不是限制了市场经济的规范，这种状况毫无疑问地对工友们争取自身的权益是极为不利的。也就是说，和前面的体力劳动文化一样，抗争性的、为自身争取权益的资源变成了对工友们自身的压抑。

四、压抑的男性气质(四)：小结

综上所述，工友们的男性气质是压抑性质的。这种压抑性质突出地体现在传统体力劳动者男性气质的两个方面都发生了逆转，即原本作为抗争资源的体力劳动文化变成了压抑的、否定的身体观；同时原本作为男性工人争取权益手段的对家庭责任也变成了无条件服从市场权力的理由。这样一种压抑的男性气质复制并再生产了工人的被压抑地位，并且构成了工人进一步争取自身权益的障碍。

当然，需要指出的是，这种压抑性并不意味着工友们因此就不会抗争，毋宁说，这样一种压抑的男性气质意味着他们的抗争的内容和范围出现了变化，只能针对那些直接侵害他们身体的行为。这和前面提及的弱化了的“道德经济学”共同作用，极大地限制了工友们的抗争，比如下面这位工友的叙述：

> 出来的时候，那么大的一个小孩，啥也不知道，别人不给钱也不敢去要。现在不给我钱行吗？就咱俩说，你是老板，你黑我的工资，你必须得给我，你不给我你走得了吗？现在这样，找一个刚出来打工的给你干活你不给他钱跑了，他也不找你要。他打工十年以后你再不给他钱试试，他来

① 见本书之前引述的 Michael Burawoy and Erik Olin Wright，1990。

收拾你。这就是社会的东西。(GSC)

笔者还记得，这位工友在接受访谈的时候是非常大声地、非常愤怒地说出来这段话的，并且伴随有相当剧烈的肢体动作。不过，在笔者看来，他的这些表现并不是他拥有力量的表现，恰恰相反，这说明他，以及其他工友们事实上没有真正的保护自身权利不受侵犯的手段，亦即他们还没有办法将自身的应得权利阐述为相应的、得到全社会承认和接受的规范。他们所能阻止的，只是对自己身体的侵犯。他们的应得权利，尤其是满足自己的直接物质需要以外的需要的权利，在这样一种话语、这样一种界限中即使存在，也是处于非常微弱的位置的。众所周知，市场经济的规范，恰恰是将身体和劳动能力建构为“自我所有”的商品进行交换，在绝大多数情况下并不对身体构成直接侵犯。因此，这样一种界限所导致的，与其说是对现实的抗争，不如说是现实秩序的再生产。这样一种受到极大限制的抗争也难以真正改善工人的生存状况。毕竟正如本章前面提及的，他们的大多数需要并不被市场所承认①。在以往的研究(汪建华，2013)中，研究者往往强调我国新生代农民工的抗争行动，对这些行动受到的限制与约束注意得不够，因此，笔者以为，这是今后的研究需要注意的地方。

从另外一个角度看，如果把“道德”理解为广义的社会规范的话，男性气质和体力劳动文化实际上也可以认为是“道德经济学”的组成部分之一。前面已经指出，世界其他地区的体力劳动者强调体力劳动的价值和尊严不是为了强调而强调，而是要通过强调体力劳动的价值和尊严对抗市场经济的规范，提出与市场规范不同的、有利于他们的规范，并建立“我们”即体力劳动者和“他们”即社会上层之间的区分也就是认同，为自己的抗争争取“正当性”，争取自身的主体性。工友们的上述话语在这个方面也是属于压抑性的，因为他们在这样做的时候，事实上也是否认了体力劳动应该获得比市场承认的、给予的收入更高的收入。这样一来，他们也就失去了一个很重要的抗争资源。或者更准确地说，原先作为他们抗争资源的男性气质反过来变成了压抑他们的观念。例

① 这正是“弱者的武器”(斯科特，2007)的局限性所在，由于篇幅的关系，笔者将在本书第四章结尾部分详细讨论这个问题。

如下面这两段话：

> 这个东西，他每天都这样，你不适应也得适应。为什么？你能耐有限。你就得一点一点弄。小工每天100多元，大工每天200多元。小工挣小工的钱，大工挣大工的钱。要是大工说，我想挣的钱和老板一样多，你挣得了吗？你水平有限。你没有这么高的能耐，你挣不了。你就得适应了，你不适应你说我不干了，你不干了在家待着，谁给你钱。你吃什么去。你吃个馒头都不行，谁给你天天送馒头去？就是这样。(GSC)
>
> 但是如果只是读书，不接触社会的话，那么肯定还有很多不符合这个社会的需要，毕竟它跟现实还是有区别。呃……如果非要这么说的话，我觉得现实可能“更现实”一些(笑)。(YXZ)

在上面这两段话中，工友们很明显地知道，并且承认，他们贬抑体力劳动的价值和地位并不是因为他们愿意，或者他们能够通过这些行为获得任何利益，而是因为他们受到了社会的、市场的结构性强制而不得不贬抑。正如前面指出的，世界其他地区的体力劳动者也处于这样一种社会的、市场的结构性强制中，和这些地区的体力劳动者相比，本次所调查的工人的压抑突出地表现在面对这样一种不利于他们的规范的时候不仅缺乏抗争的资源，而且他们抗争的潜在资源发生了逆转，变成了强化他们所受到的强制的载体。他们摆脱目前受到的强制就更加困难。正如前面指出的，这样就构成了一个互相加强的恶性循环。这样的恶性循环对于工友们来说，显然是非常不利的、亟须摆脱的。

根据以上的分析可以看出，男性工友们的压抑的男性气质对他们构成了很大的障碍，而且正如已有的研究(何明洁，2007)表明的，这并不是因为我国新生代农民工内部已经彻底实现了真正的男女平等，或者说女性工友们没有受到压迫。恰恰相反，这意味着男性工友们受到了更大的压抑。他们无法主张一种能够给自身的活动与存在赋予较高意义和价值，也就是给自身以尊严的自发文化，只能根据市场的规范去评价自身，而市场规范恰好是将交换所获得的货币作为评价商品的“价值”——这里的商品包括了劳动者的劳动——的最主要依据，他们在市场交换中必然处于非常不利的位置，他们这样做实际上是压抑自身。在这个意义上，这样一种压抑的男性气质加剧、恶化了工人的状况。不过，从另外一个角度说，如前所述，男性气质尤其是霸权性男性气质本身是一柄双刃剑，既能成为男性工人争取解放的资源，也能成为强化性别压迫的手段。由于男性气质的这种双刃剑特质，同时正如前面已经指出的，这种男性气质在市场规范面前的作用也相对有限，因此，工友们所面临的问题毋宁说是如何不重蹈其他国家和地区男性工人的覆辙，亦即通过霸权性的，或者战斗性的等类型的男性气质在抵抗来自上层男性的压迫的同时又不对底层女性造成压迫，通过自身的实践发展出一种非（性别）压迫性质的，但又能够主张男性农民工自身的权利和主体性地位的男性气质作为他们自身的资源，以主张他们的价值和尊严，并且建立认同。这也是他们争取文化自主的一个必不可少的组成部分。当然，工友们的男性气质将来如何发展，能否克服、突破目前的这种压抑状态，只能由他们自己将来的实践来回答。

第三节　本章小结

国内外的研究表明，体力劳动者在市场经济中是处于不利地位的，他们无法按照市场规范获得比较高的货币收入和社会地位，他们超出直接的生理物质需要之外的各种需要也不被市场所承认①。虽然我国宪法和有关法律对工人的地位、权益等因素做出了相关的规定，但是毋庸讳言，这些规定有些时候遇到了这样那样的障碍，落实情况不尽如人意。因此，我国的新生代农民工等体力劳动者仍然必须通过非市场的、限制市场规范的规范捍卫并主张自身的权益，他们的自发文化中也就必然、必须包含着一些限制市场规范，为自己争取权益的因素。正如本章和上一章所引用的海外研究表明的，世界各国各地

① 甚至这些生理需要中的一部分都不被市场所承认，必需通过非市场手段实现。理论上的情况参见前述埃斯平-安德森《福利资本主义的三个世界》。实际中的状况除了本书前面已经引用过的，和后面将要引用的各种文献之外，还可以参考 Julia Paley：Marketing Democracy：Power and Social Movements in Post-Dictatorship Chile。

区的体力劳动者们就是通过这些规范抵抗市场规范，主张他们自身的价值和尊严，建立他们的认同①，争取更大的权益，为自身的抗争主张“正当性”的。在历史上，这种因素主要有前述的“道德经济学”和“男性气质”两个组成部分，前者诉诸“共同体”的或者“社会”的规范，亦即寻求市场之外的、社会“整体”的约束性规范；后者则诉诸体力劳动者的“特殊”规范，并试图将这种“特殊”的规范普遍化，使这种“特殊”的规范具备普遍的、被整个社会承认的约束性。不过，无论是哪一种路径，其核心与要义都是体力劳动者的这些诉求要超出个人主观感受与痛苦的领域②，通过一定的、具有公共性和普遍性的“话语”建构成社会性的，亦即公共性的“问题”。这样，体力劳动者的需要才能够首先被承认为一种应得的、应该满足的权利，这种需要和权利才能够通过社会性的手段而获得满足。除此之外，正如本章前面多次指出的，体力劳动者需要一种“话语”为他们的诉求争取“正当性”，而“正当性”本身也正是一个“社会”的范畴。“社会”意识被压抑的状况则与之相反，把体力劳动者的困境变成个人性、身体性的事物。

本书第一章已经提及，陈光金的研究说明，市场已经成为我国收入不平等的最重要影响因素，也就是说，我国的新生代农民工所面临的问题和世界其他地区的底层体力劳动者是一样的。但是，对于本次调查所涉及的工友们而言，他们的文化和世界其他地区的体力劳动者恰好相反。第一，“道德经济学”在诉诸市场之外的约束性规范的时候，因为这种思路诉诸的这个规范本身中的家长制因素而使得诉诸规范本身变成了确认工友们的不平等地位，也就是对他们的压抑过程。同时，正如本章前面的分析表明的，Q村工友们的“道德经济学”处于弱化的状态，不仅有相当数量的工友们还只是简单地追随对他们不利的市场规范，即使那些使用“道德经济学”话语的工人们，在很大程度上也只能把希望寄托在老板的单方面行动而不是相应的、具有普遍性的社会规

① 因此，底层体力劳动者的认同问题是不能用“融入”克服的。

② 因为这些问题如果仅仅表达为个人的痛苦或者“先赋性”的个人体验的话，那么这些痛苦等就变成了一种“永恒的人类生存状态”——事实上近代以来西方的非理性主义哲学就是这么做的，参见卢卡奇《理性的毁灭》。这样首先还是一种“否定”的普遍性；其次，在这样一种意识形态中，这些问题被塑造成所谓“人类”共有的问题之后，底层群众的这些问题也就失去了解决的必要，因为这些问题不再是特定的社会的权力关系的产物，而且既然这些问题是所有人包括社会上层在内也存在的问题，也就无所谓“正当”与否；最后，这样一来，很显然这些问题在永恒化了之后就变成了一个无法解决的问题。这个问题将在本书第三章中进行进一步讨论。

范——哪怕是“共同体”的规范——之上。第二，工友们男性气质也成了压抑的，在很大程度上失去了世界其他地区体力劳动者男性气质所共同具有的抗争性内容。也就是说，在这样一种文化中，工人缺乏强有力的话语主张自身的主体性、自身的价值和尊严，以及建立认同，并争取相关的权益，等等。社会的压抑通过这些话语转化为了自我压抑。自我压抑的另一个突出表现是工友们的“社会”意识受到了压抑：除了前述压抑的男性气质中自然化的身体观之外，前述“道德经济学”中工友们把老板和工人之间的关系视为“个人关系”这种看法使得老板和工人之间的关系失去了公共性意义，也就是失去了“社会”特性。很显然，这样一种状况与体力劳动者为了改善自身状况要求正好是背道而驰的，因此进一步恶化了工人的状况。不摆脱这些的话，工友们就难以摆脱目前的被压抑地位，也难以为自身进一步争取权益，这显然对于工友们和整个社会经济的健康发展都是极为不利的。因此，如何克服这种压抑文化，达致文化自主，主张自身的价值和尊严，为自身进一步争取权益创造更加有利的条件，并从而改善自身的生活，对于工友们来说，就是一个亟待解决的问题。毋庸讳言，工友们目前所处的社会地位和生存状态是不能令人满意，不能令人接受的，他们不仅需要满足自身的一些基本的、物质性的、生理性的需要，他们还有许多更高层次的需要应该得到满足。总而言之，这样一种压抑不仅成为了他们这些需要无法得到满足的表现，而且成为了他们进一步满足从基本的生理、物质需要直到更高层次需要的障碍。正如本章前面部分指出的，在现代社会中，满足这些需要也是包括工友们在内的一切社会成员的应得权利，因此，克服上述压抑，努力争取文化自主不仅是工友们自身的诉求，也是我国社会经济进一步健康发展的要求。

第三章
自我否定的价值规范

第一节 文化和价值规范，文化自主与肯定：进一步讨论

一、文化和价值规范与社会阶层：进一步讨论

本书第一章曾经对文化理论进行了初步讨论，本章将对这个问题进行进一步的深入讨论。本书第一章的讨论中将文化理论区分为工具论和价值论两个大类，并指出了工具论文化理论存在的问题。不过，价值论文化理论只是一个比较粗略的整体性称呼。正如本书第一章已经指出的，价值论的文化理论有不同的流派和层次，以下两类价值论文化理论值得深入讨论。第一类文化理论强调的是文化的"主观""主体"特性，以及意义的赋予①等问题，目前在理论界比较流行的就是这一类理论。在哲学上，这一类理论主要是受浪漫主义的影响②，

---

① 见 Eduardo de la Fuente：The place of culture in sociology：Romanticism and debates about the "cultural turn"。除了下面提及的许茨(Alfred Schuetz)，这一路的文化理论的代表还有格尔茨(Clifford Geertz)等文化人类学理论。戴维·莱廷(David Laitin)虽然也认为格尔茨的文化理论存在问题，但是他的研究结合的理性选择理论一样强调主观性，只是主观性的不同侧面，因此他并没有真正超出这个范围(Laitin，1986)。这种理论的问题另见 Reed，2008。

② 除了文化人类学，这一类文化理论的渊源主要是近代以来的各种浪漫主义和非理性主义思潮以及卡西尔(Ernst Cassirer)等哲学思潮，参见前述卢卡奇《理性的毁灭》，以及 Ted Benton：Philosophical Foundations of the Three Sociologies。这一类文化理论也通常会有"后现代"倾向。对这些理论的批判另见前述 Ted Benton，Ian Craib：Philosophy of Social Science 等。

因而这一类理论有一个非常明显的缺点，就是这种理论夸大了主体赋予意义的能力和作用。主体赋予客体的“意义”并不总是能够展现主体的主体性。正如这种文化理论的代表之一许茨承认的，所谓“绝对自由”只能在幻想世界中实现(许茨，2001)。主体必然存在于一定的社会结构和社会关系中，主体赋予客体的“意义”不可能真的只停留在主观领域而不受客观的检验和作用，更不可能不产生客观的效果——这种效果或者是维护、再生产乃至强化“主体”在客观的社会结构与社会关系中的地位，或者是对这些社会结构和社会关系构成批判或挑战。这样一种客观社会结构与社会关系也会反过来作用于“主体”之上，完全可能对“主体”造成束缚等作用。这些问题显然不可能溶解在“主体”赋予“客体”的意义之中。事实上，主体的“意义”不仅不能溶解客体，这些“意义”在更多时候完全有可能成为“虚假意识”[①]，也就是说，主体赋予客体的“意义”反过来变成束缚主体的事物。因此，虽然这一类理论通常强调主体性，但是如前所言，由于主体的“意义”并不是在任何时候都能够支持主体性，所以这种“主体性”在现实中是受到很大限制的，在绝大多数情况下并不能真正实现。这一类文化理论的价值和意义也就受到了很大限制，这种理论解释现实的能力尤其有限。与之相对，另一类文化理论则是帕森斯式的强调文化以及各种价值规范的客观性、结构性。这种理论问题和上面一种理论的问题恰恰相反，那就是过于夸大了文化对社会结构与社会关系的依存程度，以及文化自身的稳定性和不变性。同时，这种理论还夸大了社会成员对“规范”接受的程度。众所周知，帕森斯本人的社会理论就有这个问题，亦即过于强调、夸大社会结构的稳定性和不变性，严重忽视了社会冲突等问题[②]。在这一点上，这两种文化理论——实际上是这两种文化理论背后的社会理论和相应的认识论——是一致的，都是“去历史化”的结果(Zaret，1980)。更具体地说，这两种

① 参见前述 Pines 和 Therborn 关于意识形态问题的著作。这个问题不仅无法像这一类文化理论认为的可以用主观性、主体性溶解，也不可能像后现代理论认为的那样把一切权力画上等号，认为一切权力都是等同的而得到解决。对后现代理论的批判已经很多，此处不赘述。

② 当然，这不是偶然的失误，事实上，1960 年代以来冲突论等社会学理论对帕森斯的批判已经指出了这个问题，另见米尔斯在《社会学的想象力》中对帕森斯的批判。事实上帕森斯对韦伯的翻译就是这样刻意强调“规范”的，见 Jere Cohen，Lawrence E. Hazelrigg，Whitney Pope：De-Parsonizing Weber：A Critique of Parsons' Interpretation of Weber's Sociology.

文化理论虽然互相攻讦争论不休[①]，但是其出发点和支撑这两种理论的认识论是不谋而合的，就是主体和客体、主观与客观、结构与行动的分离。前者是脱离客体的主体，后者是没有主体的客体。在这两种理论中，都不存在主体与客体之间的运动和关系，没有了这种运动和关系，也就没有了“历史”(History)，其结果或者是第一种文化理论中停留在“幻想世界”中的“主体”，或者是第二种文化理论中没有任何断裂、冲突和矛盾，可以无限制再生产的既定社会结构和社会关系——在这个意义上，这两种结果与其说是相互冲突抵牾的，不如说是相辅相成的。因此，这两种理论都陷入了困境。所以，文化理论不能将主体与客体割裂，而是必须讨论文化以及各种相应的价值规范和客观社会结构之间的关系以及相互作用。就本研究来说，就是文化与价值规范和社会阶层之间的关系。下面从理论和实证两个角度对这个问题展开讨论。

在理论方面，工人文化是工人研究的重点领域，随着社会学的“文化转向”，尤其是布迪厄理论的影响，近年来对社会阶层和文化之间关系的研究通常强调社会阶层的文化维度，比如各个阶层的“习性”等。根据阿特金森的观点，这一类研究是因为传统的理论，比如赖特(Erik Olin Wright)和戈德索普(Goldthorpe)强调阶层和职业之间关系的研究无法理解阶层和更广阔范围内的社会变迁之间的关系，因此这些理论将赖特和戈德索普的理论进行了倒转，尤其是弱化了传统研究强调的阶层和职业之间的联系(Atkinson, 2009)。但是这一类理论存在以下问题。首先，这些理论一般也都受到浪漫主义和后现代主义影响，强调阶层和社会性别之间的“差异”，并把这种“差异”本质化，也就是把各个社会阶层之间的“文化”固化成各个阶层的本质性特质变成无法改变也不需要改变的绝对事物。因此这些理论如上面所批评的第一类文化理论那样，割裂了主体和客体，忽视了客体对主体的反作用，也就是意识形态和虚假意识的问题。各个社会“阶层”的“差异”并不仅仅是“差异”，而是社会中的权力和宰制关系。把这些“差异”本质化、固定化了，也就是把社会中的权力和宰制关系本质化、固定化了——虽然这类理论通常声称对“权力”采取的是批

① 比如1940—1941年发生在许茨和帕森斯之间的争论，见 Wing-Chung Ho：Understanding the Subjective Point of View：Methodological Implications of the Schutz-Parsons Debate。

判态度[①]。这类理论在批评赖特和戈德索普理论的时候走得太远，也就是过于弱化了社会阶层文化和职业之间的联系。正如本书前一章引用的对于体力劳动者男性气质的各项研究表明的，各个社会阶层的“生活世界”(life world)，是他们“文化”最直接、最基础的来源[②]。本书第一章提到的萨耶的《阶级的道德意义》对上述这些理论进行了批判。萨耶指出，社会阶层首先是一种客观的社会经济地位和结构，并不能简单地化约为“文化”或者“认同”。事实上，产生并再生产社会阶层的具体社会机制本身并没有特定的“文化”或“认同”含义，因此萨耶反对对社会阶层的“文化化约论”，也就是说，社会阶层有相应的“文化”和认同问题，但是社会阶层与种族、性别不一样，还是一个社会经济问题而不是一个“文化”问题。因此，社会领域中的冲突也不仅仅是布迪厄认为的“象征”的冲突、对“象征”的斗争，而是包括了更为根本性的、社会行动者对“内在善”的认识的冲突。“文化”可以对社会阶层，以及性别等社会范畴的再生产起辅助作用，但是“文化”并不是决定这些社会范畴，尤其是社会阶层的根本因素。总之，“文化”不能脱离客观的社会结构与社会关系而存在，毋宁说，“文化”是这些客观的社会结构与社会关系通过符号而进行的表达——当然，正如本书指出的，这种表达有的时候是扭曲的、压抑的。同样，客观的社会结构与社会关系在这种表达中得到了再生产。不过，一般来说，文化也不是客观社会结构和社会关系的简单复制，因为正如本书前面部分指出的，一般来说，文化尤其是底层体力劳动者的文化不是为了文化而文化，而是或者力图利用上层的观念为自己服务，或者力图建立一种不同于“主流”规范的、有利于自身的规范。也就是说，文化始终有主体性层面，始终包含着主体的行动——哪怕这种行动是扭曲的、自我否定的。实际上，正是因为文化始终包含着主体的行动，所以才有“自我否定”的问题。

针对这个问题，米歇尔·拉蒙特的《劳动者的尊严》对美国和法国的工人的文化观念进行了比较研究(Lamont，2000)。在美国，拉蒙特特意区分了白人工人和黑人工人，并且把这两个人群的道德、价值规范与美国的职业人士和经理进行了比较。众所周知，长期以来种族主义在美国社会中相当猖獗、盛

① 正如本书之后讨论阿多诺理论的相关问题时指出的，这种“批判”并没有实际的效果和作用。

② 当然，正如本书第一章指出的，这些文化并不总是能够促进某个阶层的主体性。对于较低位置的各个阶层来说尤其如此。

行，虽然1960年代民权运动之后公开的种族歧视已经不存在，但是种族主义在美国社会仍然持续存在着。根据拉蒙特的研究，美国的白人工人认为他们比黑人工人更加勤劳，更加遵守各种传统道德规范，因此美国白人工人认为他们比黑人工人在道德上更加优越[①]。反过来，黑人工人则运用市场规范，更具体地说是他们的货币收入主张他们自己的平等地位，并认为白人是道德败坏的，以此主张自身的价值和尊严。一部分黑人工人则诉诸特殊论。除了这些之外，白人工人和黑人工人都使用了上一章说过的“男性气质”作为他们自身的资源。在社会地位方面，拉蒙特的研究得出的结论是，相当部分的美国白人工人接受了美国社会的主导意识形态亦即美式社会达尔文主义。因此，他们只能通过“道德”范畴来肯定自身，批评美国社会上层，也就是认为美国社会上层虽然取得了成功，但是他们在道德方面存在着大量的缺陷。在这个问题上，美国的白人工人和黑人工人的态度相当一致。区别在于，所谓“美国梦”对于美国黑人工人来说更多地是一种希望而不是现实[②]。而且众所周知，美国“内城”(inner-city)的黑人(以及拉丁裔等少数族群)社区处于极其贫困、混乱的状态[③]，黑人工人必须通过货币收入等因素将自己与这种状态相区分。在对待社会底层的时候，多数美国白人工人采取的是排斥态度[④]，在这样做的时候，他们使用的也正是美式社会达尔文主义的价值规范；虽然美国黑人工人更理解美国社会贫困的结构性原因，但是他们对底层还是采取了冷漠和回避的态度。与美国工人相比，法国工人保留了更多的社会主义意识和观念[⑤]。除了拉蒙特之外，卡舍菲(Kashefi)也对美国不同种族“工作价值”(work value)进行了研究，认为近年来，美国不同种族劳动者的“工作价值”差距有所缩小(Kashefi，2011)。亚当斯(Adams)和莱斯博罗(Raisborough)的研究则指出，英国的白人工人通过强调“自我控制气质”(self-control ethos)，也就是在社会生活中表明他们有控制自己身体、意识和消费行为等方面的能力，以此反击中产阶层把

① 正如本书第一章中指出的，这种“文化”在一定条件下会转化成右翼民粹主义。

② 这一点上美国黑人工人和白人工人们还是相当一致的，本文将在第五章探讨“希望”的问题。

③ 参见 Wilson：Why Both Social Structure and Culture Matter in a Holistic Analysis of Inner-City Poverty 等论文中的分析。

④ 这也是美国右翼民粹主义的重要基础和来源之一。

⑤ 这也是19世纪以来法国工人文化的余绪，见 Ira Katznelson，Aristide Zolberg(ed.)：Working Class Formation 法国部分的分析，以及 William H. Sewell Jr.：Work and Revolution in France。另外，法国社会主义思潮和运动历史悠久也是众所周知，参见 Stuart：Marxism at Work。

他们塑造为非理性人的做法(Adams and Raisborough, 2011)。

毫无疑问,正如前面已经说过的,上述这些"文化"和价值规范已经反过来成为束缚"主体"的意识形态。比如在拉蒙特的研究中,白人工人使用的传统道德规范,以及黑人工人使用的市场规范,事实上都是对工人自身不利的。白人工人对底层的排斥,黑人工人对底层的冷漠与回避,更不用说白人工人的种族主义态度显然不利于他们的团结抗争[①]。使用自我控制气质的白人工人在这样做的时候,使用的正是中产阶层的价值规范,这样做虽然是为了表明自身的"肯定性",但是这样做已经赋予了中产阶层规范"普遍性",因而承认了这种规范的权力和权威,而这种权力和权威不用说是不利于工人自身的,这就成了进一步维护乃至强化了他们目前的地位的虚假意识。因此工人们自我肯定无法在现实社会中实现,而且会反过来束缚他们自己。这个方面最直接的例子还是美国白人工人。根据学者的研究,美国白人工人一方面使用自身的道德价值规范认为美国社会中的富裕阶层配不上他们目前实际享有的社会地位[②],从而主张他们自身的价值和尊严;另外一方面,美国白人工人阶级所持有的,在家庭、婚姻和性等方面更为保守的,更接近共和党的道德价值观念,以及他们认为小布什更加"平易近人"等看法,使得他们在社会和政治问题上作出了违背他们的切身利益的决定,亦即投票支持一般认为更加照顾美国资本家和社会上层利益,推行不利于美国工人政策措施的美国共和党。而他们使用上述这些道德和价值规范正是为了将自己与美国社会上层比如来自这个阶层的克里区分开,并认为社会上层的道德较为低下,不配拥有财富和相应社会地位(Prasad et al., 2009)[③]。也就是说,白人工人用于抗争的资源,在现实中,在

① 当然这里需要指出,这种状况并不是浪漫主义思潮或受其影响的诸种理论,以及前面提及的帕森斯理论认为的是某种相对固定、稳定的"价值"或"文化"之类,而是美国社会权力关系形塑的产物。这里不展开讨论。Berlet, Lyons, 2000 中对美国种族主义的非种族根源提出了初步观点。

② 这个可以认为是美国工人运用自身的价值规范对美国社会上层将他们塑造为"不值得(帮助)的穷人"(Michael B. Katz: The Undeserving Poor)的抗争。

③ 这里还有一个问题就是,美国民主党虽然从罗斯福新政之后收编了美国工会,并且在一段时期内采取了有利于美国工人和其他底层群众的社会改良措施,但是这个党并不是真正的工人政党,而且在 1990 年代以后也和共和党不断趋同。这个过程见前述 Alan Brinkley: The End of Reform,以及 Ann Shola Orloff: Explaining US welfare reform: power, gender, race and the US policy legacy。正如本书第一章指出的,这方面更严重的问题是美国以及欧洲的右翼民粹主义,Right Wing Populism,此处不再赘述。

客体的作用下，反过来变成了压抑和束缚他们的意识形态、虚假意识[①]。这样一种状况首先很明显地说明，文化与价值规范，是和社会结构社会关系尤其是其中的权力和权威密切结合的。这种状况同样说明，各个社会阶层都会力图使用各种各样道德和价值规范为自身服务。对于那些已经在社会中占据较高地位的阶层来说，他们就是力图用这些道德和价值规范论证本阶层所处社会地位的合理性、正当性，巩固本阶层已经拥有的权力和权威；而对于在社会上处于较低地位的那些阶层来说，他们运用这些道德和价值规范就是像前面说过的美国和法国等国的工人那样[②]，提出一种不同于“主流”社会价值观的、有利于自身的价值观，通过这些价值观肯定自身的价值和尊严，并为自己争取更好的生活获得正当性——也就是形式上的文化自主[③]。也就是说，无论社会的哪个阶层，就他们的主观意图来说，他们使用这些道德与价值规范都是为了肯定自身的价值和尊严，肯定自身的存在意义——这一点对于社会地位较低的那些阶层来说更为重要，因为他们更需要这样的价值观自我肯定，并以此抗争。因此接下来将对文化自主的“肯定”意义进行进一步讨论。

二、文化自主的肯定意义：进一步讨论

本书之前部分在定义文化自主的时候曾经指出，实质性的文化自主采取的是黑格尔式的进路，这里将进一步对其肯定意义进行阐释。众所周知，黑格尔哲学强调的就是实现潜能，实现自主（Beiser，2005：198）。正如本书之前部分阐述的，这里的“自主”并不是随心所欲的，而是建立在主体对客体的理解、把握，就黑格尔哲学来说是主体和客体的结合的基础之上的。也就是说，“肯定性”意味着“历史性的、社会性的成就，现实的创立”（Pippin，2006：190），自主也因此并不意味着随心所欲，而是意味着“在行动中，经验动机自身就是行动者理性的自我表达”（Wood，2006：219）。事实上，黑格尔的实践哲学就是这样一个从“否定性”出发最终达致“肯定性”过程，黑格尔的历史也是这样一个达致“肯定性”的过程。这意味着，新生代农民工的文化自主应该追求的是

① 事实上如前所述，黑人工人也是如此，虽然其程度比白人工人要轻一些。

② 本书第二章中分析的道德经济学和男性气质也可以认为是劳动者这种努力的一个组成部分。

③ 就美国工人而言，他们采取的路数主要是反转社会上层的价值规范为自己服务。

自身的自我实现，而不是追随社会上层的自我实现。此外，在这种思路中，社会生活固然有人们满足基本的生理需要这一层面，但是更重要的层面则是人们通过积极参与社会生活实现“肯定性”，也就是说，通过积极地参与社会生活，每个人才能够自我实现(Wood，2006)。总之，这种自我实现是人的全面、充分发展。这是因为只有通过这些“肯定性”，社会各个阶层的人们才能确认自身的生活是有意义的、有尊严的、有价值的，并确认他们的活动和诉求是正当的，他们的需要是应该得到满足的，也就是说，他们需要通过话语确认，他们的诉求和需要不再仅仅是个人的主观欲望，而是一种社会性的、公共性的“权利”。他们的“成就”，也是被社会普遍接受、认可的，而不是个人的孤芳自赏。相应地，他们就必须通过一定的“文化”和“话语”去确认这种“肯定性”，也就是说，他们必须通过这些文化和话语自我肯定，而不是自我否定。对于社会上层各个阶层来说，这种“文化”上的“肯定性”更多地是进一步、辅助性地确认他们已经享有的地位以及权力权威。对于包括体力劳动者在内的处于较低地位的社会阶层来说，因为他们缺乏现实的“肯定性”因素，现实规范也无法使他们实现“肯定性”，这些规范甚至是否定他们[①]的一种因素，他们更加依赖一种不同于现实规范的规范去实现自身的“肯定性”，去自我肯定——事实上，本书上一章提出的男性气质就是世界各国体力劳动者广泛使用的自我肯定的规范之一。也就是说，体力劳动者等处于较低社会地位的阶层更加需要争取文化自主。同时，这种自我肯定的规范也是为自身的诉求争取正当性的非常重要的手段。因此，这个路径是新生代农民工争取文化自主，尤其是实质性的文化自主的必然组成部分。

与黑格尔理论相反，近代以来的浪漫主义和非理性主义[②]塑造了一个“非理性的人”的形象(参见 McCormick，1979：707－710)，这种思潮不仅否认了

① 这种否定可以是结构性的，例如前述美国社会中的，或者直接的。也就是说，实质性的文化自主不仅要克服直接的强制，也要针对本章上一节提到的意识形态的问题。

② 非理性主义的问题见前述卢卡奇《理性的毁灭》。浪漫主义的问题参见 Dieter Sturma：Politics and the New Mythology，the turn to Late Romanticism，以及 Guenther Zoeller 等学者的分析。而且自从韦伯以来，自由主义和非理性主义日益结合，参见 Mark Warren 对韦伯的分析，以及 Gillian Rose：Hegel contra Sociology 中的相关部分。关于韦伯理论中的非理性主义因素另见 Wolfgang Mommsen：Max Weber and German Politics，1890—1920，以及 Mackinnon：Max Weber's Disenchantment：Lineages of Kant and Channing。事实上本书之前部分提及的殖民地时期印度的工人“社区”可以认为是浪漫主义反面作用的一个例子。

人们把握客体与实在的能力，并进一步否认了人通过比如形式逻辑或者数学符号等机制把握客观现象的能力[①]。这种思潮的结果就是一种主客观分离的、否定人的能力尤其是理性能力的"否定的人类学"。相应地，浪漫主义与非理性主义虽然也提出"理解"，但是这种理解是"对人类过去的主观处理，根据这种处理，历史知识是以想象的活动为基础的"(Kooy, 1999: 717)，在社会问题上，这种理解强调的意思"强调直接经验是理解的基础"(Cotgrove, 1978: 360)。也就是说，非理性主义与浪漫主义的"理解"的基础是和客观实在不必然发生关系的主观活动[②]。在这样一种理论中，人和社会、主体与客体是完全分离的。正如本书第一章和本章开始部分提及的强调主观性的文化理论的基础就是这个思潮。本书之前部分已经指出，这种思潮不仅不能带来任何意义上的解放，恰恰是西西弗斯式的循环(Edelman, 2007)，以及绝望。对于底层体力劳动者来说这意味着什么显而易见，所以，非理性主义是新生代农民工争取文化自主应该反对的对象[③]。

此外，笔者以为还要指出一个问题，虽然阿多诺(Theodor Adorno)的理论强调的也是"否定"与"批判"，亦即所谓"崩溃的逻辑"(张亮，2003)，但是正如学者指出的，阿多诺的"否定辩证法"并未提出一个更好的、值得追求的目标，也就是阿多诺的"否定"是没有"肯定"的"否定"(Verdeja, 2009: 502 - 503，另见 Belmonte, 2002，以及 Baumann, 2011)。这样一种"否定"，到了最后实际上就变成了个人的主观意愿表达，回到了"幻想世界"中，也就是同样无力肯定。这种"为了否定而否定"，"只有否定，没有肯定"在后现代思潮中达到了高潮[④]。事实上，正如本书第一部分指出的，虽然工人的社区并不是浪漫主义的

---

① 进一步地说，在这种理论思潮中，"理性"实际上只是工具理性，比如理性选择理论，"理性"在这里只是为非理性服务的手段和工具，参见 S. M. Amadae: Rationalizing Capitalist Democracy。事实上，韦伯的非理性主义正是这种"理性"只是工具理性的必然结果，他提出的"卡里斯马"这个范畴(相应的工具理性是官僚制)。相关分析见 Christopher Adair-Toteff: Max Weber's Charisma，以及前述 Mommsen, 1990: 166 - 171。此处不赘。

② 浪漫主义和非理性主义思潮在社会学领域的影响见前述 Shalin: Romanticism and the Rise of Sociological Hermeneutics，以及 Jules-Rosette, 1986 和 Aspers, 2007。这个影响在社会学领域的最主要代表正是韦伯。参见 Herva, 1988。

③ 不仅非理性主义和浪漫主义如此，实证主义也是这样。见本书前面部分已经引用过的霍克海默、哈贝马斯、Ted Benton、Michael Katz 等学者的批判，此处不赘。事实上正如学者指出的，这两种思潮在新自由主义 (Neoliberalism)中结合起来了(Gane, 2014)。

④ 阿多诺和后现代思潮之间的联系见 Dallmayr, 1997 以及 Brunkhorst and Farrell, 1988。

"共同体",但是仍然是以"认同"为基础的,阿多诺的"非同一性(non-identity)"哲学拒绝的不只是浪漫主义的"绝对同一",也包括了黑格尔的"具体普遍(concrete universal)"(Baumann, 2011),这对于新生代农民工建立认同的过程很明显不会起促进作用。所以,笔者不认为阿多诺这一系的思想是文化自主应该遵循的理论范式。

工人通过文化寻求"肯定性"并不是晚近才提出的问题,在近代工人运动的早期,工人文化就在寻求"肯定性",也就是寻求文化自主。法国工人在这个方面尤其突出。塞威尔(William H. Sewell Jr.)的研究表明,法国大革命时期的无套裤汉(sans-culottes)们就已经把"劳动"视为他们在道德上优于社会上层的标志,亦即"劳动"成了"肯定性"的标志,以及划分文化边界的标志(Sewell, 1980: 110 - 111)。在此基础上,19世纪的法国工人运动中,"劳动"这个词具有了生产和创造的含义,而不再是中世纪时的痛苦、负担与忏悔(Sewell, 1980: 22)。也就是说,劳动从"否定"特性变成了"肯定"特性。到了1830年代,法国工人更进一步,他们借用法国革命的话语,把工人阶级塑造为所有财富的生产者、事实上的"主权者",这些话语"在19世纪30年代成了工人话语的口头禅"(Sewell, 1980: 199)。这些都是法国工人文化自主的标志和象征。那么,我国的状况又如何呢?本书上一章的分析已经指出,工友们的男性气质已经转变成了压抑性质的,并指出,这也是自我否定的。那么工友们在其他方面表现如何呢?他们能否通过其他的价值规范自我肯定呢?本章接下来将探讨这个问题。这个探讨是从4个方面进行的。首先是工友们和"主流"社会价值规范的关系,其次是近年来越来越多人士使用的"新工人"范畴,再次是工友们的话语体系状况,最后则是工友们与城市流行文化的关系。

第二节　自我否定的价值规范(一):对教育、文化资本和市场的顺从

本书上一章已经提及,工友们目前持有的是弱化的"道德经济学",男性气质也成了压抑性的,也就是说,他们还没有能力提出一种与现实社会不同的、

有利于他们自己的规范。那么,他们又是怎样看待现实社会中的规范呢?以下将从教育与文化资本,以及对老板和白领成就的评价这两个与工友们关系最为密切的角度进行讨论和分析。

一、教育、文化资本与自我否定

笔者首先探讨教育和文化资本的问题,这也是国内外相关研究的重要对象之一。对于工人、体力劳动者与教育和文化资本之间关系,威利斯在《学做工》(Willis, 1981)中进行了经典的研究,本书第一章中已经提及,此处不再赘述。这个方面的研究也是国外学界研究的热点问题。比如法利就对社会学本科生中的工人子弟进行了研究(Farley, 2002)。哈肯则研究了英国谢菲尔德的工人子弟教育与再生产的关系(Hakken, 1980)。众所周知,威利斯的研究针对的是工人和体力劳动者的反学校文化,也就是说,威利斯的理论和大多数此类研究一样,关注并解释的是工人的教育失败,以及工人反抗教育和文化资本的问题。英格拉姆则另辟蹊径,对教育领域中获得了成功的工人子弟进行了研究,根据这个研究,在教育上取得成功的工人子弟在认同上出现了混乱,产生了矛盾和暧昧状态(Ingram, 2011)。以上的研究可以说明,教育和文化资本虽然能够在市场中交换到较高货币收入乃至社会地位,但是国外的体力劳动者并不因为这样而接受并认可教育文化资本的价值和正当性,正如本书上一章提及的,国外的体力劳动者恰恰通过男性气质等观念不认可、不接受教育和文化资本,以及社会上层用教育和文化资本进行的正当化和自我肯定。在另外一方面,帕金(Frank Parkin)的研究证明,教育和文化资本事实上已经成为社会上层进行排斥的手段与机制(Parkin, 1983),布迪厄的研究也说明,教育是再生产社会分化和社会阶层的机制(布迪厄、帕斯隆,2002)[①]。我国学者刘精明的研究也说明,我国社会中,优势阶层在教育获得方面也拥有了很大优势(刘精明,2005),而工友们,尤其是他们的子女们在教育方面受到的种种歧视和排斥也早已众所周知。也就是说,总体而言,教育与文化资本在市场经

① 所以底层体力劳动者要争取自身的权益,也就是要说明他们是否应该处于这样的地位,就必须对这个问题作出反应。他们的反应也是他们文化的重要组成部分。

济中和体力劳动者是相互冲突的，不仅就我国目前的状况而言是体力劳动者难以获得的，而且是否定并排斥体力劳动的。在这种相互排斥与相互否定的过程中，国外的体力劳动者不仅不承认教育和文化资本的作用，如前述威利斯等学者指出的，一部分体力劳动者甚至发展出了“反智主义”(anti-intellectualism)情绪。他们这样做的理由并不复杂：其一，教育和文化资本是他们没有的事物，如果强调他们没有的事物，认为这些事物应该成为标准，他们就只能自我否定，也就是等于认为他们应该处于目前的这种状况。其二，国外的体力劳动者很清楚，将教育和文化资本设定为具有较高价值的事物是市场的规范，这个规范对于他们是不利的，承认这样的规范的正当性，不啻于还是承认自己应该处于目前的这种地位。这不仅是一种自我否定，同时也剥夺了他们的抗争与诉求的正当性。因此，国外的体力劳动者与教育和文化资本之间的冲突，实际上也是他们自我肯定，争取自身价值与尊严的自发情绪和行动，在一定程度上是他们的主体性，争取文化自主，打破客观社会结构对他们的限制的努力的体现①。

但是，令人遗憾的是，到目前为止，国内学界对这个问题的研究只是简单地了解新生代农民工已经接受了多大程度的教育，他们想要子女接受多大程度的教育等问题。工友们对待一般意义上的教育和文化资本是怎样的态度，这种态度具有怎样的具体含义等问题在我国学界并没有得到充分研究，而正如前文指出的，这是工友们与整个社会关系，以及工人文化的非常重要的一个方面。所以笔者在研究过程中专门对这个问题进行了调查。笔者记得很清楚，在笔者进行访谈的时候，有一位在B市出生长大的工人一听说笔者来自清华大学，就表现出极大的热情和兴趣，并且一再对他自己没有能够考上大学而感到极为遗憾。很明显，他是认为教育和文化资本的地位非常高，并且为自己没有拥有足够数量与质量的这类资本感到非常遗憾和惋惜。那么其他被调查者对这个问题是怎么看的呢？笔者进一步就此问题进行了询问，以下是他们

① 因此，下面将要讲到的工人们对待教育和文化资本，以及关于相应价值规范的态度不能简单地用“客观事实”来解释。因为这个“客观事实”本身就是一定的社会结构和权力关系作用的结果，对待这个“客观事实”的态度也就成了体力劳动者展现自己主体性，或者更准确地说，他们与客观的社会结构之间的关系的地方。此外，正如本书之前部分提出的，被认为和大陆文化传统相同的台湾地区的工人也发展出了强烈的抗争性男性气质，因此这个问题并不能归结为所谓“文化传统”的作用。这个问题和上一章谈的“男性气质”的问题是一样的。

的回答：

上学用处大了。第一，你到那儿接触的东西多了，你接触的高科技的东西多了，你没有文化了以后，你就生存不了，你就是被淘汰的人了。你就在最低层，你啥都不会，干也没用。你要挣钱多，还要享受高的待遇，没有文化不可能。你没有钱，你也没有文化，你就始终在最低层。像我这种，要文化没文化，你和别人同时在一块儿聊天，你比别人反应慢一秒钟，你就吃亏。你要文化高了，接触的东西多了，就不一样了。当时你出去打工，你肯定受欺负。但是你要有一定的社会经验，一定的文化程度，你的素质上各个方面，反应能力，都比这个没文化的要高得多。对不对？上学的人看，老是反应得特别快。说话的方面吧，同样是说话，有文化的和没文化的他就两个概念，说出来的话都不一样。素质就是学来的东西。你接触的东西，生活的环境不一样，素质就不一样。

头脑。比如说文人和当兵的，到哪一朝哪一代，他还是这文人领导着当兵的，他体力再好，也架不住这脑子好使。头脑可以创造出一个东西，让你生产制作去，他给你画图，设计一个模型，你给他做去，他动的是大脑。对不对？这叫什么正常不正常呢？这是人的生活方式不一样。他有文化的，层次肯定也不一样，他学的那个方面就干那个方面。你出体力的吧，你就得受别人摆布，别人让你做什么你就得做。为什么，让你做那个设计和研发的东西你也搞不了。就是书本知识。你没有文化你就是不行。要不我让我小孩上学干什么。上大学，他上不了花钱，买！为什么？你在学校待一年，就多学一年的东西。没有文化就是不行。再过10年，20年，社会发展这么快，不想淘汰，想生存，就得有本事，没有本事谁要你？社会越发展，文化越吃香。你说这出体力的，中国10多亿人，有文化的人少……在自己的定位上，我觉得要有追求，上学的人文化学得多了。你看出国，出国接触的新鲜东西多，回到本国，别人不知道他知道的东西，领导人知道，他就是一个佼佼者。他就能挣到更多的钱，他的条件不就好了吗？（GSC）

肯定有用。不说别的，就现在虽然说大学生也比较多了，一般的公司也不太要本科毕业啊怎么样的。现在来说的话……我弟弟啊，他也是自学的，也没有大学毕业，应聘了几家，就看你大学毕业了没有。他也打了10多年工了，各种机器啊用得很好，就是没有文凭，人家就是不用你。(HLY)

当然有用啊。最起码我们文化不高，自己了解不多，将来……以后国家的发展或者你要干什么都得有文化。国家都得靠科技，靠知识，你没有这个怎么发展怎么生存呢？所以我现在为什么要努力，为孩子提供一个好的环境，我当时没上过学，给孩子提供好的条件，让他完成我没有完成的学业啊心愿啊。学了知识，你可以找到更好的职业，说白了，你看，不用出力，你还可以多挣钱呢。你看那白领啊什么的，人家坐在办公室里。现在一句话怎么说，挣钱不出力，出力不挣钱吧，是不？有文化你不用出力还可以多挣钱呢。是这个道理。(LQS)

那肯定有用，现在城里找工作什么的都得要文化。你要是上高中上初中的，他肯定要(上过)高中的，高中的不够了才要初中的，最起码说话素质什么的都不一样。有文化的人，该说的说不该说的不说，没文化的人不该说的瞎说。可能就是说的话不标准呗，不应该说呗。有文化的人说出来的话靠谱，没文化的人说出来的话不靠谱，不沾边。说什么一件事吧，根本理解不透，不合标准答案。(LJQ)

因为，怎么说呢，出来打工吧，如果自己学历高点，就可以……干点什么事儿就可以轻松点吧。你看出来打工这么多年了吧，什么手艺也都会了对不对。现在……和别人的交流什么的还是不行。自己做什么东西也做不成啊。(GWY)

为了进一步考察工友们的想法，笔者在问卷中设计了相关问题，上一章提到，几乎没有被调查者认为体力强壮是取得成功的最重要因素，与之相应，相当一部分被调查者认为，教育和文化是取得成功的最主要决定因素，本章不再重复。相应的，被调查者们对于教育和文化资本的“正当性”评价非常高。结果如表3-2-1、表3-2-2所示。

以上结果非常明确地说明，多数被调查者认同并接受了教育和文化资本的正当性。正如工友们直截了当地指出的，首先，这是因为这些知识、学历等能够在市场上交换到更高的收入，在社会上也能够交换到更高的地位，教育和

表 3-2-1　教育和文化资本

高考状元是有能力的表现					
		频　率	百分比	有效百分比	累积百分比
有效	很同意	13	12.7	12.7	12.7
	同意	60	58.8	58.8	71.6
	不同意	28	27.5	27.5	99.0
	很不同意	1	1.0	1.0	100.0
	合计	102	100.0	100.0	

能否上大学主要取决于个人努力					
		频　率	百分比	有效百分比	累积百分比
有效	很同意	31	30.4	30.4	30.4
	同意	54	52.9	52.9	83.3
	不同意	16	15.7	15.7	99.0
	很不同意	1	1.0	1.0	100.0
	合计	102	100.0	100.0	

表 3-2-2　教育、文化与社会地位

教育和文化知识能否提高个人社会地位					
		频　率	百分比	有效百分比	累积百分比
有效	能	78	76.5	78.0	78.0
	不能	22	21.6	22.0	100.0
	合计	100	98.0	100.0	
缺失	系统	2	2.0		
合计	102	100.0			

统　计　量		
教育和文化知识能否提高个人社会地位		
N	有效	100
	缺失	2
均值		1.22①

① 本书使用的量表中，1 表示“很同意”，2 表示“同意”，3 表示“不同意”，4 表示“很不同意”。

文化资本甚至能够在社会中交换到更大的权力和权威。而他们自己也十分清楚,这些标准恰好是对他们不利的,是否定并排斥他们的,并且使他们目前所处的这种社会地位正当化,乃至永恒化、自然化的。换言之,这些工人在认同教育和文化资本的作用的时候,只是被动地追随一个否定他们、排斥他们的标准,同时也否定了自身的"主体性"。因而这种认可是自我否定性质的。其次,这些工人在承认教育和文化资本的作用的时候,已经把相应的规范尤其是市场规范设定为一个绝对正确的,他们除了绝对服从,也就是处于绝对客体地位之外没有任何可能的事物。简言之,这些工人的话语中,他们自己是完全没有主体性可言的,处于绝对的客体地位。最后,工友们强调教育和文化资本的地位的时候,他们实际上是在强调一个他们没有,而且事实上是不可能拥有的东西的规范性,也就是他们承认了他们应该被"否定"。总之,在这个层面,工友们奉行的是一种自我否定,而不是自我肯定的价值规范。社会对他们的"否定",通过他们的话语转变成了自我否定。毫无疑问,这种价值规范不仅不能主张他们自身的价值和尊严,以及相应的社会地位,反而正当化了他们目前所处的社会地位,使他们失去了争取价值和尊严的依据与理由,因而限制并束缚了他们的抗争。

不过,众所周知,目前我国大学生和研究生的就业形势并不理想,也就是说,文化资本在我国并不总是能获得市场的承认,并不总是能获得较高的货币收入和社会地位,因此笔者在访谈的时候特意进一步询问了这个问题,笔者得到了以下回答:

> 这关键在哪儿呢?说找不到工作,那都是眼前的,现在都是私人企业,都是个人的,它不像国有单位。他要你,你就得给我创造利润。你得先付出,有的大学生他不想付出,就想挣钱,这可能吗?好多大学生去应聘,刚毕业的,人家说,我工资低,他感觉到,我文化这么高,我不能接受,你不能接受就被淘汰。你要能接受,在社会上干个三年五年的,你再上别的单位,工资啪地就上去了。大学生找不到工作那都是临时的,到将来最后的发展,肯定比这个出来打工的,待遇各方面,高多少倍,这是肯定的。(GSC)

这位工友用的是将来的发展作为标准进行评价,他还是认为教育和文化资本最终能够交换到更高的货币收入，他的话语中也蕴含着这样的意思："只要跟随市场规范，最终还是能被这个规范所认可"。当然，并不是所有被调查者都如此看：

> 现在有知识的人太多了。现在大学生，很多呀，一抓一大把，找不到工作的也很多，和我们做同样工作的就有很多大学生。有谋生技能，有技术的人就不一样了。适应环境，不适应的话，能力再大也发挥不出来。适应的话就不会慌张。这个环境不能改变，只能靠自己去适应。上进心，挣钱呗。现在这个社会，太现实了。你再有梦想，穷了吧唧的，能行吗？(JF)

这位工友对于市场规范的追随更明确一些。不过很明显，无论工友们的看法如何，他们的标准始终只有一个：那就是市场的规范，亦即能够在市场中能够交换到多少货币收入。无论他们的观点如何，他们最终都要承认，对于这种规范他们并没有提出疑问和怀疑的余地，只能被动地，事实上是没有任何选择地跟随，实际上是附着在社会上随波逐流。其实他们已经承认，只有跟随"主流"社会的标准，他们才有可能获得较高的收入。由于他们在现实社会中并没有获得较高的货币收入，也不掌握权力或具备较高的社会地位，他们在这样做的时候实际上也是在确认他们"应当"这样，亦即自我否定。

毫无疑问，并不是所有的被调查者都如此看重教育和文化资本，有的工人更看重其他的方面，比如"智慧"，比如谋生技能等方面：

> 就是因为他们说考得不好的话，在大学里也没意思，出来还是要打工，白混了。我现在又后悔了，就是感觉各方面吧，要是上学的话，肯定有用，各方面强一点，都会提高一点。一脑子全部是书本知识，我感觉就跟以前那种书生似的，整天就是"之乎者也"，在社会上没有办法生存下去的呀。知识在实践过程中也可以学得到的呀。(LLG)
>
> 智慧可以改变自己的命运。(大学生研究生找不到工作)智慧要实践，不会实践没用，有学问有学识不如有常识。在社会上生存就是智慧，学生学了什么书，就是一个认识，一个感受，但是你还是没有接触到实践，

> 到实践还是要有一个步骤，你要在社会上实践还是要一定才学。在社会上生存的人，已经接触过社会，很了解这个社会，知道怎么去融入这个社会，就会比有文化的人好很多。有文化的人也有他的好处，有一个很好的基础，但是不代表能够确实用得到。(BZL)

笔者就这个问题进行了相应的问卷调查，76.5%的被调查者认为，教育和文化知识能够提高个人的社会地位。

从以上话语和数据可以非常明确地看出，无论被调查者是否看重教育和文化资本，他们的标准不是自己能够通过教育和文化获得多少知识，或者他们是否需要这些知识，他们的标准只有一个：文化和知识作为资本能够在社会生活中交换到什么。也就是说，“社会”，亦即现实的权力关系是他们唯一的判断标准。在“社会”面前，更准确地说，在中产阶层的权力和权威面前，他们事实上是没有任何替代的、更有利于自己的规范的。另外一个问题就是，被调查者给予较高评价的能力，都是他们尚不具备、不拥有的能力和规范，正如前面指出的，这意味着他们自己承认他们应该被“否定”。这些被给予较高评价的能力，无一例外地都是在市场中能够交换到较高货币收入的，并且结合上一章指出的，被调查者对于体力劳动价值给予的较低评价，我们可以非常明显地看出：他们实际上是复制了“社会”的，亦即市场的标准，而这种标准正是否定、排斥他们的，因此，他们的话语归根到底是一种自我否定。

这里需要特别指出一个问题，上述这些被调查者对“智慧”的强调看上去和美国“反智主义”(anti-intellectualism)颇为接近，因为反智主义也是强调实用性的“才智”(intelligence)，并以这个实用性的“才智”为依据批判理论性、体系性的“智慧”(intellect, Hofstadter, 1963: 25 - 29)。但是，两者是有很大不同的。工友们对“智慧”的推崇和这类反智主义的差别在于以下这些方面。其一，根据霍夫施塔特的研究，美国反智主义的先锋并不是美国的底层体力劳动者，而是美国南方等地区的新兴资本家①。更具体地说，就是美国资本家运用反智主义的目的在于证明自身的成功和取得的成就，以及对所谓“美国传统”的捍卫，以此反驳美国知识界对他们的批判与指责，并把自身塑造为美国利益

① 相关情况参见 Berlet and Lyons, 2000。

的象征等(Ibid：233－252)。也就是说，究其根本，反智主义还是用于“自我肯定”的。更具体地说，正如霍夫施塔特指出的，反智主义还是美国部分资本家进行政治斗争的工具，将自身地位、自身拥有的权力权威以及各种资本正当化的手段。与美国的情况相反，工友们的上述态度的含义正好与之相反，他们在这个社会中并不是“成功者”，因此他们对“智慧”的推崇，认为“智慧”能够导向成功无疑是在承认他们没有“智慧”。其二，正如本书前面一章指出的，工友们对体力劳动，也就是自身拥有的几乎唯一能力的评价并不高，也就是说，部分工友们否定教育和文化资本的作用，并不是为了、也不能赋予自身“肯定性”，不能自我肯定。他们所肯定的，还是他们不具备的事物，也正是他们被社会“主流”排斥和否定的借口——所以这种话语还是自我否定的。下面这位被调查者的话十分明确地说明了这一点：

> 你就说这个学问吧，你学问再高，没有脑子，还是白搭。脑子就是无论遇到事情，最起码你能不慌不忙，反应更快。像干我这活的吧，最起码你能包下这个活来，别人出10块，你可以20块。10块钱你拿得到，20块钱你也许拿不到。这个就看你脑子啦。(NH)

二、老板和白领的素质与能力

本章前面提到，美国工人通过道德建立了他们和社会上层，尤其是老板与白领之间的文化边界，本书上一章也提到了男性气质的问题，这同样可以理解为一种文化上的边界。也就是说，世界各地的工人不仅在客观社会地位上和社会上层等存在区分，而且还通过文化手段把自己与其他人尤其是社会上层进行了区分，通过这些区分在文化层面把自身表达为优于其他阶层。那么Q村工友们在这个方面又是怎么看的呢？笔者在访谈时进行了相关询问，回答如下：

> 他们好的话就是知道怎么赚钱，脑筋，脑瓜比较好使一点，有魄力，他们很有头脑。不好的话也许就是有的对员工啊职工啊下属啊考虑得着想得不够。不要一味地把员工当作赚钱的工具，毕竟咱们都是人是吧。有

许多值得去追求去丰富吧。因为我没找到一个适当的机会，或者我本身，我目前就不具备做老板或者白领的那个才干吧？他们既然做老板做白领，肯定是具备了这个方面的一些东西，他具备了才能做，不具备的话他也做不成。这些条件值得去追求去完善，有一天自己也有可能成为老板成为白领。

肯定没有本质的区别，我敢肯定。还要具备很多东西，不是钱，钱不是重要的。他们也许就是白手起家，他们一开始也没钱，后来有钱了，对吧。但是他们有的是什么，他们具备的是做老板的那种素质。不是先有了钱，他才成为了老板，而是先具备了这种条件，他后有的钱，成了老板。(XYL)

靠他的付出，他们刚开始……万丈高楼平地起，说实话，都是从打工开始的，再大的老板，越大的老板他受的罪越多，他付出的比别人多得多。(GSC)

他要没能力他能当老板？肯定有他的过人之处，平庸的人当不了老板，要不然就有魄力，敢做，敢投资。(JLF)

就是说你要做一个什么主管之类的话，知识啊，或者是为人处世，各方面都要比普通的人更为成熟，或者学习得更多一些嘛，你做管理的你肯定要学会这方面的。如果你是从下面做起的话，你就可以体现出你这个做人，为人处世方面肯定有独到的一面。(XBX)

在这些话语中，社会上层的“素质”“能力”成为了工友们评价老板和白领的主要标准，而且，工友们不是用这个标准来否定社会上层现实地位的正当性，恰恰是追随社会上层的话语。本书第一章曾指出，这些个人主义话语(Brown，2003：15)恰恰是社会上层用来主张自身现实地位的正当性，并排斥和否定底层的，也就是说，工友们这样做正是在自我否定，亦即认为他们处于目前的这个位置是“合理”的，是“正当”的，他们没有理由通过市场之外的手段去争取进一步的权益。

更具体地说，在这些话语中，这些“素质”“能力”成了老板和白领的所有物，“占有性个人主义”(possessive individualism)浮现于其中。在这种意识形态中，“个人既不被认为是一个道德整体，也不被认为是一个更大的社会整体的一部分，而是他自己的所有者……个人就其是他个人和能力的所有者而言是自由的”(Macpherson, 2011: 3)。相关意识形态也在此基础上进一步展开(Cohen, 1995)。在这种意识形态的作用下，各个社会阶层的现实社会地位被认为是所谓“个人能力”的结果，这样一来，底层群众的现实状况就被认为是他们自己造成的，也就是说，他们提出诉求等的理由就被剥夺了。因此，在上述被调查者的话语中，他们很明显地认为老板和白领与上层获得他们目前的地位是应当的、正当的，这无异于承认他们自己应当处于目前的这种社会地位上，其潜台词正是，因为他们处于目前的社会地位上，所以他们的能力是低下的，这就是一种自我否定。① 前文已经说明了被调查者对教育和文化资本的重视，为了进一步了解他们的想法，笔者在问卷中设计了相关的问题，结果如以下表 3－2－3 所示：

表 3－2－3　老板和白领的能力

统　计　量

		老板和白领比工人的能力高		老板和白领获得目前的地位是因为能力强
N	有效	102	102	102
	缺失	0	0	0
	均值	2.29	2.24	2.16

老板和白领的能力比工人高

		频　率	百分比	有效百分比	累积百分比
有效	很同意	13	12.7	12.7	12.7
	同意	55	53.9	53.9	66.7
	不同意	31	30.4	30.4	97.1
	很不同意	3	2.9	2.9	100.0
	合计	102	100.0	100.0	

① “占有性个人主义”还有其他层面的含义，本书暂时不涉及这些问题。另外要指出两个问题：第一，正如本文第一章指出的，我国的新生代农民工，以及他们的父辈，从他们进入城市那一天开始，就是在市场关系中从事劳动的；第二，本书之前部分已经引用陈光金的研究指出，市场已经成为我国收入不平等的最重要影响因素。因此，本部分考察的问题对于我国的新生代农民工来说，是他们面对的最基本的一个问题。

续　表

老板和白领获得目前的地位是因为能力强					
		频　率	百分比	有效百分比	累积百分比
有效	很同意	11	10.8	10.8	10.8
	同意	67	65.7	65.7	76.5
	不同意	21	20.6	20.6	97.1
	很不同意	3	2.9	2.9	100.0
	合计	102	100.0	100.0	

一个人的素质和能力主要通过个人努力获得					
		频　率	百分比	有效百分比	累积百分比
有效	很同意	29	28.4	28.4	28.4
	同意	63	61.8	61.8	90.2
	不同意	8	7.8	7.8	98.0
	很不同意	2	2.0	2.0	100.0
	合计	102	100.0	100.0	

本章开始部分提到过，美国等国的工人等体力劳动者划分他们与社会上层的文化边界是为了主张他们自身对于社会上层在道德等方面的优越地位，与之相反，从上面的调查结果看来，Q村工友们与社会上层之间的文化边界，其一，相当模糊；其二，这样的结果就是，工人的“文化”变成了对他们现实社会地位的确认，社会结构对他们的“否定”再次通过他们的话语变成了自我否定①。

这种“素质”与“能力”的话语不仅限于承认老板和白领现有社会地位的正当性，还扩展到了其他方面。其一，是市场竞争的问题，比如笔者在听到一位被调查者说他在打工的时候受到了欺负之后问他这种欺负是否正常，他的回答多少让笔者有些意外：

你来到这个地方了，就增加了这个地方的就业竞争，就像抢了人家的

① 文化边界的模糊和缺乏“肯定”特性也对下面的“认同”问题产生了影响。

饭碗一样(笑)。你就算出国也一样啊。本来这个地方只有10个人,只有10个工作岗位,你来了,就要有11个人竞争这个工作岗位,也许人家本来是5 000元一个月,而你只要3 000元,你就有更大的优势去做这个工作。人家肯定心里不开心的啦。

问:你觉得这样正常吗?

答:不正常啊,这肯定不正常啊。大家都是希望有一个公平的环境嘛。公平就是大家都一样啊,在做这份工作的时候,我们都是做同样的工作,应该有同样的报酬,同样的工作环境,对吧?比如说我们都是做这份工作的人,几个人去面试这个班长,都要求3 000元,那有一个专门学过管理的大学生过来要求工资高,人家愿意付出,厂里面愿意找这样的人,他更懂得管理,他愿意请这样的人来做管理,他愿意付5 000元。这就是公平的呀,人家有这个能力呀,比你学得更多,懂得更多呀,人家学了那么多东西就有相应的回报。(XBX)

在他的话语中,不仅是"素质"和"能力",市场竞争以及社会分化、不平等亦即市场中对他们自己不利的一切在这里被设定为是"自然"的也就是不可违反的事物,这正是社会达尔文主义的论调(Hofstadter, 1955)。很明显,社会达尔文主义与上述对教育和文化资本的推崇一样,已经正当化了工友们受到的种种压迫,而且,在他的话语中,这种压迫已经涉及了人的身体层次。这样一种话语的自我否定特性更加显而易见。

其二,一些工人也开始使用"素质"和"能力"话语来抵抗对于自身的歧视:

他们就总认为我们租房子,我们租房子怎么着,我们租房子不给你钱呀?这就是他们的地儿,怎么着怎么着的。假如我们和他们一样,我们会比他们好很多。因为他们不知道奋斗,一天……就像Q村的,你说这些房东,平常没事儿就找我们要钱。我们呢,为了自己生计……怎么着,还得给他们钱。一年下来挣的钱还不够给他们的。然后呢,国家还天天给他们,这个保障,那个保障。就像Q村吧,发米发面,什么都给他们。你说这种待遇多不公平啊,就因为他们是B市人。我不想和他们比,我觉得他们

不如我。(JF)

但是,根据笔者在Q村的观察,居住在当地的B市本地人实际上也是处于社会底层的,她的回答也确认了这一点。也就是说,她用来批评Q村本地居民的价值观,实际上也是社会上层用来否定他们、排斥他们的价值观。她这样做等于确认了这种价值观的正当性,也就是等于确认了他们受到的否定和排斥的正当性。不过,正如笔者马上就要指出的,这并不意味着她真的就认同了这种观念或者规范,毋宁说,她只是无意识地追随一种在社会上十分流行的"话语"。这样恰恰说明,她以及其他工友们都受到了压抑,因为正如本书前一章和本章下面的部分说明的,工人们没有一种能够比较有力地主张自身的价值和尊严的价值规范和话语。

三、本部分小结

本部分考察了工友们的话语和市场规范之间的关系。如前所述,陈光金的研究已经表明,市场已经成为我国收入不平等的主要机制(陈光金,2010),也就是说在现实生活中,市场对于工友们是不利的。因此这里需要再指出一点,市场在观念上对工友们也是不利的:近代以来市场社会的主导观念[①]虽然名义上也认可与接受"平等",甚至名义上强调平等,但是,在这种观念中,"平等是一个关于人类自然特性的事实,全体人类共享的是与人类生存状况有关的否定特征。因此人类在根本上是平等的——全人类都不仅处于错误、痛苦与邪恶之中,而且被迫接受以上种种,人们发现他们终极的相似之处是最首要的使他们平等之物:死亡"(Marcil-Lacoste, 1993: 46)。这样一种平等观念的问题是,第一,各种社会问题在这种观念的作用下被归结为所谓"人性"尤其是人的"否定"特性的作用,因而被归结为人类永恒的"存在"问题,不是特定的社会结构中才存在的问题,这些问题失去了"社会"含义,因而这些问题也失去了解决的必要性与可能性。第二,这种强调"否定"事实上意味着主体的客体化,也就是说正当化了行动者受到的结构性强制。相应地,这种平等"与其说被表

① 这种观念以近代以来的英美自由主义为集大成。

述为人类关系中与正义有关的权利，不如说被表述为有关人类的局限的事实”(Marcil-Lacoste, 1993: 46)，与此同时，“平等问题被缩减为否定的计算，在计算过程中只有人类状况的否定特征被比较、被衡量”(Ibid)。因此，“平等”也被偷换成了碎片化的生存状态和自利主义(egoism)。同时，这种“否定的平等”由于把“平等”排除出了现实社会之外，恰恰成了维护和主张现实社会中不平等的手段。在这种状况中，虽然名义上每个人及其“价值选择”都处于平等的地位，社会也因此似乎呈现为“多元”状态，但是在这种理论的作用下，每个人的现实社会地位都变成了其“价值选择”或“自愿”的产物，也就是说，在这种理论中，社会中的不平等和权力、权威宰制实际上被自然化了，因而正当化了、永恒化了。这种“平等”观念因此事实上起到了维护不平等的作用，同时也起到了维护现实社会中的权力和宰制关系的作用。因此，市场机制蕴含的“否定的平等”对工友们也是极其不利的，文化自主所要反对的对象，而工友们追随这些观念就是文化压抑，亦即失去文化自主的表现。毫无疑问，这也正是自我否定。

本章前两部分的分析指出，工友们的话语在相当程度上追随着“主流”社会的价值规范。但是，他们真的从内心里接受了这种价值观了吗？针对这个疑问，笔者在问卷调查中设置了相关的问题，根据笔者的调查，71.6%的被调查者不认为金钱是决定社会地位的主要因素。

这个结果说明，以上话语并不说明工友们真的接受或者认同素质和能力这方面的价值观——因此笔者在本书中运用的是“使用”这个词。毋宁说，他们是非常被动地追随一种既有的、既定的规范。他们不是真的没有感觉与感受，但是正如本章接下来将要提出的，他们无法将这种感觉与感受转化成一套较为系统的话语加以表达，他们的感觉与感受仍然处于日常意识的水平。进一步地说，事实上他们没有任何思考或者评判的余地，只是消极被动地追随，正如下面这3位被调查者的话：

> 社会就是让人学会，你学会了就有财富，你学不会就发不了财。就这个，你坏了你就有钱。哪个企业家，发家的多了，都是搞黑社会的，搞走私的，他发完家再做一个慈善家，这就是一个成功者。就是靠能力，我告诉你，人无横财不富，马无夜草不肥。你甭管怎么着，黑猫白猫，逮着耗子就

是好猫。明白了吧。这是我个人的,不是我对社会不满或怎么说。这就是我想说的,别人怎么说是别人说的。到下面谁管你。全被忽悠了。适应了,有活就干,没活就在家。这个东西,它每天都这样,你不适应也得适应。为什么? 你能耐有限。(GSC)

我来到这儿,我想了解一下这个社会,它到底是怎么运转的。我想了解一下这个社会,简单,毕竟你是个农村小伙,你到城市,你什么也不会,什么也不懂。先了解一下周围的环境问题之类的什么。

就是了解一下这个社会的规范是怎么样的,肯定要遵守这些,不遵守,你怎么活下去,你有可能被淘汰。像你在大学里面,卷子答不好你可能被淘汰。社会也是一所大学。我希望我不被淘汰,为了自己,为了自己的家更好。(JFM)

我已经习惯这个社会了。不管你要做什么事,要有头脑,这是必须的,要作好准备,要计划一下怎么在社会上找到立足之地,让自己生存下去。我是从一次次,了解了这个社会是什么样,了解这个城市,了解自己,慢慢学习。就是因为自己,感觉自己经过了很多事情,边工作边接触人,无论是生活中的人还是社会上的人,就懂得了这个社会。厂里面的规章制度,人都会犯错,但是不要太大,太大了就炒你鱿鱼了。(BZL)

上述话语无疑说明,工友们并不是真的认为社会上层真的就拥有道德意义上的价值和成功,但是很明显,他们无力对之进行评判更无力对之进行批判。这突出表现在,在上述话语中,他们处于一种绝对的客体地位——因此他们也没有"认同"与否的问题。这样一种绝对的客体化,也是一种"社会"意识被压抑的状态。因为在这样一种状况中,首先工友们已经失去了任何主体、能动特性,处于一种完全的、绝对的服从地位。其次,这个"社会"对于他们来说,没有任何的参与的可能,也就是说,他们失去了作为这个社会的完整成员的资格。在这里,约翰·基恩(John Keane)对洛克(John Locke)的批判成为了现实:社会,对于他们来说,是一个他们虽然身处于其中,却又不属于其中的事物;他们必须无条件地服从于这个社会,但是社会又将他们排除在外(基恩,2006:123)。在这个社会中,他们是完全的客体。他们事实上没有任何被这个社会承认为有价值的东西，他们也没有任何比较主动地参与这个社会的可能，更没有去评判这个社会的余地。最后，这样一来，正如本书前面的内容指出的，他们也就没有了任何可以自我肯定的依据。因为这个社会，正如他们自己体验到的，一直是在否定他们、排斥他们，他们别无选择，只能按照这个社会的标准自我否定、自我压抑。他们的价值、尊严等，根本无从谈起。下面这位工人的话可谓一针见血：

> 很多情况下我已经没有时间去考虑该给自己一点自由时间啊，给自己一点空间啊。因为我现在想这个问题还是有点奢侈。(YXZ)

特别需要指出的是，这样的自我否定已经不仅仅停留在话语意义和抽象层面上，对于某些被调查者来说，这种自我否定更加深入，变成了对自身的直接强制。在笔者的访谈过程中，一位被调查者主动地提起了富士康的劳动者：

> ……像我也看到像富士康里面也有大学生跳楼的是吧。他书本知识也很多了，但是他不能承受一定的压力。
>
> 问：你能说说你对富士康跳楼事件的想法吗？
>
> 答：我觉得……具体情况我也不太了解，但是我觉得这个人承受压力可能不行。这么多人，大家都做同样的工作，你为什么会跳楼呢？有什么事情……就算是厂里不能解决，受到不公正的待遇，你可以离开那里。一定要选死这种方式吗？这种事对家人的伤害……没有为自己家庭作充分的考虑嘛。(XBX)

其一，上述这位工友的话语完全复制了社会达尔文主义及其他市场规范的话语，在这种话语中，各种结构性的、非结构性的压迫都不复存在，对于他们来说以上的一切都成了“客观”的、中性的“压力”。因此他们所遭受的一切压迫等，也就成了中性的事件。这已经是意识形态化。其二，这位被调查者自己也是从事体力劳动的，因此这位被调查者等于是在说他，以及像他那样的千千万万体力劳动者应该忍受各种客观的社会结构加诸他们的强制。这种完全逆来顺受的生活无疑是一种非常强烈的自我否定。从另外一个层面说，迪尔凯姆(Emile Durkheim)在《自杀论》中曾经分析了一种“利他主义”的自杀，这种自杀与“利己主义”的自杀不同，是由于自杀在某个社会中成了义务性的规范，并对个人造成了强制(迪尔凯姆，2003：229－239)。虽然上面这位被调查者说的是反对自杀，但是其机制与迪尔凯姆论述的这种自杀则是相同的①。在他的话语中，社会性的、市场性的强制同样成了一种必须遵守的，而且还是无法摆脱的义务，工友们面对这种义务的时候完全没有任何主体性可言，只能绝对服从。也就是说，在这种话语中，工友们处于绝对的客体地位。而且，这种社会性的义务在上面的话语中还具有了某种道德含义，也就是说，社会和市场对于体力劳动者的强制从他们被迫服从的事实变成了应当绝对遵守的规范。这种话语对体力劳动者的强制性因此更加明显了、更加强大了。自杀固然可以理解为对所受压迫的消极逃避，也的确不值得追求，但是工友们的现实生活并不是一种值得欣赏的生活，工友们也不能在其中获得价值与尊严，正如本书下一章将要指出的，他们自己也不认为这样的生活是一种值得追求、或者有任何其本身的意义的生活。也就是说，这样一种生活本身就是只有“否定”而没有“肯定”的。而这样一种生活成了义务之后，体力劳动者的自我否定也成了一种义务，甚至具有了某种正当性②。无论这种情绪是不是普遍的想法，但是这种情绪和话语的存在本身已经是自我否定的进一步强化与深化。这样的强化与深化显然将进一步剥夺工人们抗争的资源和能力。

---

① 实际上，这样一种毫无自我肯定可言的，完全身体化、自然化的生存状况与自杀之间并没有太多本质性的区别。事实上迪尔凯姆本人就将贫穷视为自杀的“免疫剂”之一(迪尔凯姆，Ibid：271)。但是迪尔凯姆在这里存在的问题就是在主客观绝对分离的价值观与认识论(Robert Alun Jones，1994)指导下，混淆了人的客观需要和主观欲望之间的界限，简单地把不能满足的欲望设定为不正当的欲望，这样一来，“社会”就取得了绝对的、至高无上的地位，人的正当需要也就在“社会”的名义下被剥夺了。迪尔凯姆的“社会”的强制特性就十分明显了。当然迪尔凯姆一直有过于强调社会的“整合”与结合程度的倾向，参见 Ruth Levitas：The concept of social exclusion and the new Durkheimian hegemony。对迪尔凯姆的其他批判见 Gillian Rose：Hegel contra Sociology。

② 不错，这位工友的确说了“可以离开富士康”，不过笔者这次调查的对象中，没有任何一位工人在富士康工作，但是很显然他们并没有因此认为他们的生活是值得追求的或有意义的，他们也没有因此免于受到直接的或者间接的强制。也就是说，富士康只是一个象征和符号，仅仅离开富士康或别的类似企业并不能够避免各种强制。

第三节　自我否定的价值规范(二)：“新工人”认同的软弱无力

正如笔者在本书开始部分的文献回顾以及第二章引用的各国工人文化的研究表明的，世界各国、各个地区的体力劳动者进行抗争的时候，集体认同和团结是支撑体力劳动者进行抗争的基本资源[①]。在已有的关于我国农民工尤其是新生代农民工认同的研究中，所检验的主要是“农民工”这个旧身份的状况。这些研究所得出的共同结论是，“农民工”不仅不能成为城市底层体力劳动者的集体认同，而正是他们处于身份认同困境的标志(吴玉军、宁克平，2007；张淑华等，2012；叶育登、胡记芳，2009)。此外，上述研究往往强调新生代农民工的非城市居民身份对他们的认同造成的影响。这些影响毫无疑问是存在的，但是新生代农民工即使成为了城市居民，他们仍然处于城市底层，他们的“认同”因此不可能真的和城市居民，特别是城市中产阶层居民的认同完全一致。正如本书第一章指出的，他们的“认同”有其特殊性。针对这个问题，近年来，国内一些人士开始提倡使用“新工人”这个范畴，替代“农民工”这个传统称呼。根据笔者在知网上搜索的结果，最早提出这个称呼的是 2004 年《农民日报》上鲁宁的文章《正视“新工人阶层”的出现》(鲁宁，2004)，其后，2006 年一位名叫施维的读者给《农友之家》杂志写了封读者来信，要求将“农民工”的称呼改成“新工人”(施维，2006)。以笔者所见，最早使用“新工人”这个范畴进行学术研究的，是甘满堂在 2008 年的论文《工荒是新工人阶级意识觉醒的标志》(甘满堂，2008)。在这之后，2012 年《南风窗》杂志针对吕途的著作《中国新工人》(吕途，2013)组织了一系列文章进行讨论(李北方，2012)。总的来说，上述这些提倡使用“新工人”范畴的人士共同的主张是：“新工人”这个称呼比“农

① 除了之前已经引用的研究之外，还有何明修，2003 等。这是因为体力劳动者所处的市场关系正是以所谓“个体”特性掩盖其强制和剥削，从而企图剥夺底层群众抗争的理由的，体力劳动者要与之进行抗争就必须通过一定的集体认同进行，亦即对于他们来说，有效的集体认同是自我肯定，并进而进行抗争的基本手段。

民工”这个称呼更能体现体力劳动者的价值和尊严。但是，就笔者所见，这些论述都没有讨论以下问题：“新工人”只是外界的归纳概括，还是已经成了工人们已经具备的、因而拥有相对一致稳定的内容的认同？与之联系的一个问题就是，这个认同是否能够使得工人们主张并获得自身的价值与尊严？这些论述都只是把“新工人”当作一个不言自明的、甚至是已经具有确定含义的，已经被工友们接纳为自身认同的范畴在使用。但是，如果情况不是这些人士认为的这样的话，那么用“新工人”代替“农民工”就只是称谓上的变化，而没有任何实际的意义①，也不能实现这些人士的想法。另外，笔者调查的地点有一个称为“新工人艺术团”的组织，这个组织一直致力于为工友们提供基本的服务，并开始涉及这些认同的问题。因此笔者在调查中通过访谈和问卷对这个问题进行了了解。

在访谈过程中，多数被调查者表示并不清楚新工人的具体含义：

新工人，我不知道是刚进厂的啊，还是哪方面的啊，我不知道。农民工就是打工，两个月三个月……

问：如果说新工人是有尊严，社会地位比较高，那你觉得你是新工人呢？还是农民工呢？

答：如果那样的话，我感觉还是看工资待遇吧。能挣钱就行，说的难听也没事。你得先把钱挣了。(XYX)

一说他是“农民工”，就说他是什么建筑工地啊，种地啊，就这种，他们B市人不都是这么叫的吗？你说新工人，一听就是某种技术方面的，有点技术技能点的。新工人嘛。我也不知道我是什么。我有农民工的传统思想，我有新工人的素质。有技术的人品德也比较好吧。(JF)

怎么说呢……可能农民工就是被关注，就是说，反正都是挣钱。我没太在意。只要能养活自己就行了。(ZTH)

新工人这个称呼更好一些更文明一些。你要说“农民工”，怎么说呢，就是称呼上没有“新工人”这个好听，不够尊重。

① 虽然有人会认为，底层体力劳动者对这种说法会提出抗议、进行抗争，但是正如已有的研究证明的，我国的底层体力劳动者在这个方面的能力并不乐观，比如他们显然就无法抵抗他人和整个社会对“农民工”的污名化。所以笔者以为在这个问题上还是尽量谨慎一些为好，避免对他们造成新的伤害。

问：你觉得你是新工人呢，还是农民工呢？

答：我觉得我不算农民工吧。在我的印象中，农民工主要指的就是这些干建筑，这样的称为农民工。我在国企上班，是正式员工，签合同的，我感觉我不是农民工，但也不是比农民工高级一点的。(LQS)

这是因为我感觉啊，新工人比较时尚，更加新潮，更加反映新的生活，比较有上进心。各个方面都比农民工要高，比如娱乐啊，比如工作方式啊，我们在这里一起娱乐，互相帮忙，介绍工作，一起学习啊，一起努力啊，一起分享很多事情，比一般的农民工更加丰富、更加精彩、更加好。(BZL)

我感觉新工人应该是素质高点儿吧。我觉得我属于新工人。因为我感觉我素质还挺高的。你要比如我上公交车，看到老人孩子肯定主动让座啊，有的人就不一定会这样啊。对吧？我要是碰到人，我肯定跟人说对不起啊，要是别人帮我了我肯定说谢谢啊，对吧。你像有的人吧，素质就挺低的，不遵守公共守则和规范。(LLG)

其实我不是太理解这个"新工人"和农民工之间的差距是怎么定义的，就是"新工人"和农民工之间的区别对我来说不是太好理解。(YXZ)

首先从以上回答可以看出，被调查者普遍认为"农民工"是一个"否定"的范畴，与"农民工"联系在一起的是各种负面意象，比如肮脏的、繁重的体力劳动和低下的社会地位等——而且这些是"社会"性的、"公共"性亦即拥有权力和权威的看法，这些看法就是一种否定，否定了工友们的尊严、价值等。很明显，工友们并没有能力与"主流"社会中对他们的否定相抗衡，而是复制了"主流"社会的看法，认为他们自己是没有尊严、没有价值的。这就是在自我否定。也有的工友说自己"只是挣钱"，这固然可以看成一种通过"退出"而进行的自发的消极"抗争"，但是这样做无力改变现状，反过来证明了他们的无力[①]。下面这位工友说得非常直接：

新工人当然和农民工不一样啦，农民工人家就感觉你特别土，特别脏，特别穷，认为你是下等工作者。(JFM)

① 本书下一章将集中讨论这个问题。

但是，从以上的回答中可以非常明确地看出，被调查者对于“新工人”的具体含义并没有一个比较一致的意见，“新工人”这个范畴对于他们来说还是一个相当陌生的范畴，他们首先并不清楚这个范畴意味着什么，更谈不上把这个范畴与相应的价值、尊严以及认同等联系起来。还需要注意的是，这种看法和上面对于“农民工”的看法并不是对等的。上面对“农民工”的看法实际上是“社会”性的、“公共”性的看法，是一种新生代农民工不仅无力反对而且复制了的看法，也就是具有大体上可以认为是绝对的权力和权威的看法。而对新工人的看法则是他们自己的主观看法，这个看法没有得到社会的普遍承认与接受，成为“社会”的主流看法。换言之，这样一种状况的含义就是，工友们只能跟随“主流”社会的规范自我否定，但是无力提出一种有效的认同自我肯定。

不仅如此，笔者在访谈过程中还接触过一位年纪比较大的工友，他对新工人是这么看的：

> 新工人的话，应该是现在那些年轻的工人。现在这些年轻的打工的，像我这个年龄的就不同啦，他现在……我发现现在的小孩出去打工看厂子主要是加班多不多，有没有礼拜天，他不太考虑工资什么的。他拿出一部分时间去娱乐一下，他有玩的时间，你要是天天去加班的话，无论是挣多少钱他都不干。现在的这些工人……你像我们那时候就不一样，只要赚钱多，加班多也不怕。（YGW）

当笔者问及他认为自己是新工人还是农民工的时候，他是这样回答的：

> 因为我这个思想还是比较保守一点，因为家庭负担在那里，孩子还在上学还是要赚钱。必须要，我们肩上担子放在那里，还是想多赚点钱。现在刚成家立业的小孩的话就不一样了，一个月赚 3 000 元他能花 2 000 元。（笑）现在的小孩特别是女孩，他一个月赚 3 000 元可以花 3 200 元，还要借 200 元，消费很厉害的。（YGW）

显而易见，这位工友是以一种相当轻蔑的口气提起“新工人”的，在他的眼里，“新工人”不仅不意味着拥有价值、尊严等，而且还是懒惰、奢侈等负面意象的代名词。这实际上是一种“双重否定”：其一，他否定了“新工人”的价值和尊严含义；其二，他所运用的否定“新工人”价值的规范，亦即“无论老板和工厂工作状况如何都要勤劳”，恰恰把自身置于老板和市场的绝对权威之下，也就是否定了自身的主体性。

笔者通过问卷调查了解了工友们的看法，结果如表 3-3-3 所示：

表 3-3-3　新工人或农民工

自己是新工人还是农民工

		频　率	百分比	有效百分比	累积百分比
有效	新工人	38	37.3	37.3	37.3
	农民工	64	62.7	62.7	100.0
	合计	102	100.0	100.0	

新工人与农民工的区别

		频　率	百分比	有效百分比	累积百分比
有效	新参加工作	17	16.7	16.7	16.7
	道德品质较高	15	14.7	14.7	31.4
	拥有较高技能	19	18.6	18.6	50.0
	更有尊严	17	16.7	16.7	66.7
	没有区别	33	32.4	32.4	99.0
	其他	1	1.0	1.0	100.0
	合计	102	100.1	100.1	

对于新工人的认识-2

计数

		自己是新工人还是农民工		合　计
		新工人	农民工	
新工人与农民工的区别	新参加工作	2	15	17
	道德品质较高	6	9	15
	拥有较高技能	10	9	19
	更有尊严	9	8	17
	没有区别	11	22	33
	其他	0	1	1
合计		38	64	102

很明显，绝大多数工友不认为自己是更有尊严这个意义上的“新工人”。从以上的访谈和问卷调查中可以得出以下结论。首先，“新工人”并没有成为工友们普遍接受的认同。其次，工友们中的相当部分，甚至可以说绝大多数并不认为“新工人”就意味着“肯定性”，亦即他们并不认为“新工人”这个范畴意味着他们已经得到了承认，已经拥有了相应的价值和尊严。虽然看上去一些工友们认为新工人是具有“正面”意义的范畴，但是这些正面意义不仅只是他们自身的看法，并没有得到全社会的承认，更没有成为整个社会都接受、都奉行、都认可的规范，而且，这些“正面”意义是否真的是“正面”的本来就有疑问。比如上文中认为自己素质比较高的那位工友在笔者进一步询问她的时候也承认“素质不是决定社会地位的主要依据”。换言之，即使工友们有了比较高的道德素质，他们也不能够通过这个素质改善自身的状况，或提升自身的社会地位，得到城市社会的承认。这种“道德素质”并不真的具有“社会”意义，并不能为他们争取到价值和尊严。或者说，这种“道德素质”成了他们和城市社会之间单向服从关系[①]的体现。“时尚”也是如此，正如孟慧的研究（孟慧，2007）证明的，时尚和消费不仅没有促进新生代农民工的融合，恰恰成了他们认同困境的又一个来源[②]。正如本章第一部分讨论文化理论的时候指出的，这样一种状况只能说明他们的看法是软弱无力的。最后，正如学者指出的，集体认同除了认知定义（cognitive definition）之外，还包括了“行动者网络中的积极关系……一定程度的情感投入”（Melucci，1996：71）。很明显，无论是“农民工”还是“新工人”都不具备以上三者中的任何一个，因此这两个范畴都没有成为集体认同，而只是外界的概括归纳[③]。虽然多数工友仍然认为自己是“农民工”，但是正如以往的研究（叶育登、胡记芳，2009）所表明的，以及他们自己的话说明的，这样做恰恰是在自我否定。

总之，“新工人”离成为工友们普遍接受的，而且能够使他们拥有尊严的认同还有很大的距离。这个称呼目前更多地只是学者和外界归纳概括的范畴——正如本章第一部分讨论文化理论的时候指出的，这个称呼无法使Q村工友们在内的新生代农民工建立真正的主体性。与此同时，这个认同还是非

① 这个问题见本章上一节引用的基恩对洛克的批判。

② 石长慧博士的论文（石长慧，2010）也说明了这一点。

③ 同时，这恰恰说明，所谓“认同内卷化”（王春光，2006）未必已经形成，我国新生代农民工毋宁说是缺乏认同、没有认同。

常软弱无力的，无法使劳动者通过这个认同获得价值和尊严。因此，笔者认为，在今后的学术研究中，需要谨慎使用“新工人”这个范畴，因为既然这个范畴还没有成为工人们普遍拥有的自我认同，以这个范畴为依据进行的种种推论就难以成立。同时，这些论述容易变成一种对工友们的“消费”，也就是说，如果不尽快地使“新工人”成为工人们普遍具有的，并且能够给他们带来“肯定性”，更具体地说，给他们带来价值和尊严，使他们能够满足需要的范畴，那么使用这种范畴本身就将成为对他们的压抑的一个部分。下面这位被调查者直截了当地表达了他的看法：

> 新工人比农民工更尊重人一些，叫得不那么露骨而已。因为新工人比农民工好听。(JLF)

显而易见，工友们需要的是在现实中实现自身的价值、尊严和主体性，他们的认同是实现价值、尊严和主体性的载体，而不只是一个更“好听”的称呼。以往的研究也证明了，只有“肯定”的群体特性才能够成为自我强化，以及赋予自身尊严和价值的途径(Vignoles et al.，2000：339)，这正是集体认同不可或缺的要素。这也正是包括Q村工友们在内的我国新生代农民工们普遍缺乏的，不能仅仅通过称呼的变化获得的。需要指出的是，正如上面引用的被调查者的话说明的，笔者在这里并不是认为“农民工”这个称呼就是一个可以接受的或者不带有负面因素的范畴，也不是认为我国的体力劳动者不需要一个更有力的、更能体现他们价值和尊严的认同。事实上正如上面所引用的话语说明的，工人们也都知道，“农民工”这个称谓本身是有歧视性因素的，这个提法也只是外界的归纳概括，不是“认同”。他们非常需要新的，能够给他们带来价值和尊严的认同。这里只是指出，如果这种歧视没有被真正克服的话，单纯改变称谓是无济于事的。工人们的确十分需要一个新的、更有力的、更有价值与尊严的认同，但是他们不是为了认同而认同，这种认同不能也不可能仅仅体现在外界的称谓上，而是必须建立在他们实质性社会地位的基础上，而且也应该有实质的内容。比如以下这位被调查者的看法非常明确地说明这一点：

> 农民工这个叫法说实话我还不赞成，工人就是工人，农民就是农民，

这两个不能混在一起。我觉得我是农民。这两个不能混在一块儿,就感觉农民不配。你知道在我们农村那里什么叫工人吗?就是国家给你负责的那种才叫工人。他们都是农村的。工人就是不干活也有钱花,我们农民就是一天不干活就没有钱。(NH)

也就是说,在至少相当一部分工友们看来,"工人"是和各种社会经济权利相联系的一个范畴,也就是说,是一个获得了社会承认,具有实际的"肯定性"内容与质料,因此体力劳动者能够借以自我肯定的范畴①。这样的范畴以及相应的"肯定性"绝不是仅仅通过称谓上的变化就能获得的。

第四节 自我否定的价值规范(三):断裂、破碎的话语

本书第一章已经讨论过了话语分析的相关问题,其中提及话语的主体向度的时候曾经指出,话语也是言说者进行分类、重新与境化(recontextulization)、和型构(framing)。这些都是提出话语者的主体行动,重新与境化指的是"所有实践都根据某个实践或场域的特殊原则对其他实践重新进行了与境化,这些原则是由与该实践或该场域相联系的特定社会生产(工作)形式产生的"(Fairclough, 2010: 181);型构则是"对工作的控制和规制,因此也是对构成工作的行动与互动的控制和规制"(Ibid: 181)。具体地说,就是提出话语者根据自身的实践的原则——不用说这种原则一般来说都是对自身有利的、自我肯定的——把其他实践纳入相应的叙事,通过这种叙事主张自身的主体性。费尔克拉夫还提出了"强"的亦即单向的,以及"弱"的,亦即共享的两种"控制"(Ibid: 181-182)。正如本书第一章指出的,话语是主体和客体结合的场所,

① 正如霍尔(Stuart Hall)指出的,文化认同是一个"生成"(becoming)的过程,不是一个固定在"过去"之中的过程,而是一个指向未来的过程(Hall, 1990: 225)。也就是说,其一这个认同不是固定的,是可以通过实践改变的;其二,这些方面实际上是一个相辅相成、互相促进的过程。本章之前部分提及的塞威尔的研究也说明了这一点。笔者在这里再次强调,不能,也不可能仅仅通过称谓的改变去解决这个问题,而是要有配套的实质性内容。

而主体和客体结合的方式，亦即在话语中，“主体”与“客体”是怎样一种关系正是“主体”能力的展现。在这个意义上，话语能力在一定程度上也是提出话语者的能力，以及在社会结构中的位置的反映。正如本书之前对工人文化的定义显示的，话语是工人表达自身文化的基本手段。现实社会中，底层之所以成为底层就在于他们无法像其他社会阶层那样通过社会机制自动地使自身获益，所以他们比起其他阶层更加依赖一套话语表达他们的诉求。前面提到，大部分工友们还只是被动地跟随着市场规范，但是并不是所有工人都是这样，也有个别被调查者力图通过一定的话语去表达他们自己的主体性，证明他们自己的意义、价值和尊严，通过话语把他们自己的“生活世界”与更加广大的社会相联系，通过话语为他们的诉求论证正当性①。那么Q村工友们目前的状况如何呢？以下将通过对两段话语的分析对这个问题进行讨论。

话语一：

> 我算是半个B市人吧。我每年暑假也来B市，我记得最小我8岁就坐火车。每年都是一个人来，有时候和朋友一起来。我感觉近几年B市，2008年之后，B市在落后（痛心疾首）。对，我感觉它在落后，它表面上是说建了好多东西，但有些东西它在落后，它跟不上别的城市了。有些东西比方说它现在，挣钱方面，工资永远不会涨，就是这么一点儿，但别的城市的工资就会比B市高一点儿，稍微高一点儿。B市现在钱是越来越难挣了，可能是你们没有感觉到，我们打工者感觉得很强烈。房子，吃，生活一些方面，B市现在钱是越来越难挣了。别的城市就不一样。B市还有一个环境也越来越恶劣，你看现在4月份应该是阳光明媚，B市还是特别冷。我感觉B市在落后，我还有一个想法，就是B市吧，它现在外地人口特别多，但外地人口住的地方特别少。外地人不会在市里边租房，那里的房租特别贵，都在边上，四环五环，租一些房子。上班，大早上坐地铁坐公交车。如果我懂了一些东西，学了一些知识，就不会在B市找工作。我感觉

① 在这个方面，19世纪的法国工人也是一个突出案例，见前述 William H. Sewell：Work and Revolution in France.

B 市现在是越来越滥了，因为它没有给人那种新鲜感，充满生命的那种希望，你知道吗？它越来越衰弱。我小时候，那时候感觉 B 市会往好的方面发展，但是发展到现在，2008 年感觉很好，它发展着发展着到今天可能就会走别的道路了，拐弯了。我感觉 B 市吧，拆迁，好多人，外地的人没法居住。其实 B 市可以变得更加繁华一点，更加漂亮一点儿，现在 B 市，外地人比以前要少了，在 B 市他们找不着赚钱的来源，生活的来源，只能靠干点别的。不像以前。(JFM)

因为在笔者的访谈经历中，大多数被调查者对待城市生活和自己的打工生活更多的是持一种冷漠、机械态度，像这位工友这样热情地以主人姿态长篇大论评论社会发展的，即使不是完全没有，也是极为罕见的。但是听完他的话之后，笔者感受到的更多是无奈。上面这段话中，他非常明显地试图把自身的生活也好，权益也好，和社会发展挂钩。更具体地说，他试图用自身的生活状况作为 B 市社会发展的评价标准，把自身的状况和 B 市发展这样的“宏大叙事”建立联系，从而主张自身的“主体”地位。很明显，在话语的这一部分，他是力图把自己塑造为主体，塑造为 B 市的主人的，他甚至以一种居高临下的口气评判 B 市及其发展状况。但是，在话语的最后，他不得不承认，他们不是 B 市的主人，他们只是生活在 B 市和整个社会的边缘，他们没有任何以自身生活为标准决定或者评判社会发展的依据与能力，他们只能被动地跟着似自然的“社会发展”运动，他们所能够期待于这个社会的，不是他开始设想的主人和主体地位，而是依附性的地位，以及一份微薄的收入。换言之，这里的话语断裂和不连续事实上说明了他建构努力的失败，也就是说，他没有能力通过一定的话语把自己和“宏大叙事”建立有机的联系，并通过这种联系表达自身的价值和尊严①。在这个意义上，这也是工人缺乏“肯定性”能力的表现。

话语二：

① 毋庸讳言，目前的“社会发展”恰恰是排斥新生代农民工的，除了众所周知的针对他们的各项直接或间接的排斥性政策之外，笔者在调查的时候在 Q 村附近看到一个“金融园区”的筹备机构，很容易知道，一旦这样一个园区建立起来，等待他们的几乎可以肯定是周边地价与房价上涨，以及新一轮的拆迁、被迫迁移。在本书即将出版的时候，笔者了解到，工友之家正面临着有关部门的拆迁压力。

> 思想这里面的东西是最伟大的，最了不起的。力气是有限的，头脑是无限的。因为你的体力，你能搬多少东西就是多少东西，定型了的。头脑就不一样了，头脑有本事，很了不起的。这是没有极限的，没有界限的。因为现实啊，现实。如果光靠体力吃饭的话，在现实中，每天都很累，每天都累得不得了，一天工资也就100多元钱。你要做管理，靠思想的话，你的工资就很高啊，所以要靠头脑吃饭。这个社会就是钱，钱，钱。这样才能有竞争啊，才能激发自己的能力，才能做很多事情，做好事啊，做很多自己想做的事情。没有钱是万万不能的。它可以激发一个人提升自己的能力，要挣钱，不可以堕落。学得很快。如果没有体力我就跳不了舞，生活就没有意思。我现在最大的理想就是让自己更有才，不管吃多大的苦也行。钱现在对我来说不太重要，能够有钱，能够养活自己，能够用身上的钱照顾自己的爸爸妈妈，照顾自己身边的人，然后自己学到很多才艺，自己很骄傲，爸爸妈妈也很光荣，爸爸妈妈因为我才光荣，还有现在很多对我好的人。等到自己年龄大了一些的时候，有压力的时候，想要学才艺就比较难。那就有点晚了，那时候就要去挣钱，去照顾家庭。现在是要塑造自己，让自己有才，有才艺。(BZL)

在他的话语中很明显地提出了3个“肯定性”的标准，亦即个人才艺、思想和金钱。在话语的一开始，他首先承认了思想的作用。接着，他提到了金钱的作用。尤其值得注意的是，这两个部分的话语之间恰恰是没有出现任何断裂的，而是非常顺利地完成了转换和过渡。最后，在话语的后半部分中，他力图通过自己的街舞活动，也就是他自己指称的“才艺”获得“肯定性”，获得社会的承认。但是，这个部分和前面两个部分之间出现了明显的断裂：他开始的时候说在目前的社会中，钱是第一位的；接着又说钱对于他来说不重要；最后承认，挣钱对于他来说还是第一位的，个人才艺的发展必须服从于挣钱这个目的。这样的断裂无疑是因为他首先还是想表达自己的主体性，想通过自己的活动获得社会的承认。但是，在现实生活中，他又不得不接受这样一个事实，亦即他的“才艺”在现实中无法获得他想要的承认，他的话语也因此处于断裂中。此外，在他的话语中，思想、金钱和才艺这3个“肯定性”的标准不仅是断裂的，而且市场现实的“肯定性”标准和其他的两个标准相比地位是更高的、更加优越的，其他两个“肯定性”都要以金钱作为标准来衡量，比如他说的“思想”很明显是指那些能够在市场上交换到更高货币收入的知识。运用前述霍夫施塔特使用的概念进行区分，他说的“思想”很明显是实用性的“才智”(intelligence)，而不是理论性、体系性的“智慧”(intellect)。因此，才艺与金钱之间的断裂来源于以下两点：① 他力图建立自身主体性的努力和现实中市场规范的冲突；② 这种努力无法得到市场规范承认，因此两者之间无法像“思想”那样协调。事实上，这位工友组织的街舞团相当有名气，在深圳的时候甚至上了电视，也就是说，即使是这样一位工友，他的活动也不能真正地建立他的主体性，他还是只能被动地跟着这个社会的规范运动。那么，其他工友状况如何更加可想而知了。

从以上分析可以很明显地看出，工友们的话语是断裂的、破碎的，他们还没有能力提出一种比较完整的、比较成体系的主张自身主体性，以及价值和尊严等的话语。如果运用前述费尔克拉夫的范畴，可以说，工友们没有任何“控制”的能力——也就是说，在这些话语里，基本上是客体单向地控制主体，这和一般的话语恰好是相反的。正如本书第一章曾经指出的，任何人都不是简单地以“我要怎样怎样”的方式提出自身的诉求的，任何人提出诉求总是通过一定的话语进行的。在这些话语中，人们有意识地在主体与客体、在主观与客观之间建立关系——毫无疑问，这种关系肯定是有利于他们自身的，为他们自己争取普遍性、正当性，也就是“社会性”的。如果社会群体只是简单地以“我要怎样怎样”的方式提出表达，这种表达就只能被局限在私人领域，只能处于个人的欲望层次。这不是真正意义上的“主体性”。这对于体力劳动者等底层群众而言特别不利，他们正是因为无法按照市场规范、通过市场交换获得足够收入而成为底层的，如果他们的诉求只是停留在私人领域、个人领域，事实上就是把他们目前的状况永恒化、自然化，他们目前的状况就永远不可能得到缓解，更不用说克服。因此，相比于社会的其他阶层而言，底层对于话语的要求更为迫切、更为强烈——本书上一章分析的“道德经济学”以及之后的正义等话语和非压抑性质的男性气质都是这些话语的组成部分，工友们的话语状况恰好说明，他们缺乏自我肯定的能力和资源，也因此无法与那些否定他们的力量抗衡。

第五节　自我否定的价值规范（四）：非文化

笔者在第一章中曾经提到，笔者进行调查的地点中的工友文化组织经常会组织文艺方面的活动，比如教工友们学习他们自己谱写的歌曲，演唱流行歌曲等。此外，本书之前部分也提及，每天晚上都会有不少工人在院子里跳街舞。而且，笔者第一天进行调查的时候，那个地方正好在举办一个活动。活动的具体内容是播放港台流行歌曲的片段，并根据这些片段猜这些歌曲的名字，参加活动的工友们都非常快地猜出了这些歌曲的名称。由此可见，工友们对于港台流行歌曲是极为熟悉的。这意味着什么呢？国内学者此前只是简单地把这个问题当成工人“边缘文化”的组成部分，并没有对其中的含义进行深入考察。但是，工人歌曲与音乐是工人文化的重要组成部分，因此在国际上，这个问题是工人文化研究的热点之一。本书第一章曾经提及罗比·利伯曼的《我的歌声是我的武器》(My Song is My Weapon)，这里对之进行进一步阐述。利伯曼研究的是1930年代—1950年代的美国社会主义运动中歌曲的作用，根据她的研究，在这个时期，以工人和其他底层群众的抗争为主题的歌曲与美国社会主义运动相辅相成，相得益彰。“由于歌曲比其他艺术形式都容易接触，当歌曲触及广大听众后，它能够成为一种特别有效的武器”(Lieberman, 1989: 164)，这些歌曲不仅帮助美国工人运动扩展影响，应付各种不利形势，其影响力甚至持续到了美国工人运动已经出现危机了的1980年代[①]。也就是说，这些歌曲不仅是美国工人运动的武器，而且已经有了更加深入的作用和影响，亦即成了美国工人运动塑造自我认同和意识，塑造集体记忆的载体(Lieberman, 1989)。罗斯(Reuss)的研究也提出了相近观点(Reuss, 2000)。此外，科尔琴斯基(Korczynski)等学者对1920年代—1950年代英国肯特郡工

① 参见Stanley Aronowitz: Cracks in the Bloc: American Labor's Historic Compromise and the Present Crisis。

人的研究就是探讨的这个方面的问题。根据科尔琴斯基的研究，这些歌曲强调的是社区团结、阶层自觉等问题，并且把她们的劳动设定为工作的假日(working holiday)，通过这些歌曲劳动者们还表现创造性和她们的竞争力(Korczynski et al.，2008)。虽然没有超出直接的生产范畴，但是这些歌曲已经成了工人自我组织、凝聚认同的一个途径。如果把范围扩展到工人之外的底层群众，相关的研究还有杜波伊斯(W. E. B. Du Bois)对美国黑人歌曲的研究，这些歌曲也是美国黑人在种族隔离制度下表达自身诉求、凝聚认同等的载体(Du Bois，1994)。总的来说，这些研究都指出，文艺活动和歌曲在底层群众与工人运动中发挥了相当程度的作用，是体力劳动者和底层群众塑造认同与集体记忆，组织抗争的重要资源。正如本书之前一再指出的，体力劳动者和其他底层群众的文化不是为了文化而文化，更不是仅仅停留在娱乐休闲层面，他们比社会的上层更加依赖这些"文化"进行自我表达，凝聚认同。

很明显，上述国外的研究主要针对的是工人和其他底层群众的自发文化，还不是一般意义上的流行文化。工友们这些方面的状况是什么呢？笔者曾经就这个问题询问过一位在新工人艺术团里服务的工友，但是他并没有对上面这两种文化进行特别明确的区分，换言之，工人们对这些问题的意识还不是特别清晰。虽然新工人艺术团及其歌手孙恒、许多都创作了一些工人歌曲，这个团体也组织了一些相关活动，每天到Q村活动的工人数量也不少，但是根据笔者在调查时的观察，真正参加演唱或学习工人歌曲的工人并不是太多。大多数工人参与，或者欣赏的还是街舞、流行歌曲等流行文化活动。也就是说，工友们到目前为止已经是面临着退而求其次的问题了。在这个方面，从理论上说，法兰克福学派的理论曾经对现代社会中的"文化工业"及其影响进行过研究(霍克海默、阿多诺，2003；马尔库塞，2006)。此外，以往的相关研究也证明，在欣赏流行文化方面，社会各个阶层存在着明显不同(Barnett and Allen，2000)。那么，Q村的工友们又是如何呢？在笔者的访谈过程中，没有一位被调查者认为唱流行歌曲或者跳街舞等活动能够使得他们接近城市居民，他们也共同表示，这些活动也没有任何除了休息，也就是劳动力再生产之外的意义。也就是说，这些活动对于他们来说没有任何价值和规范的维度，是一种纯粹的身体行为。下面这位被调查者非常直截了当地说出了他们的看法：

> 这本身是我们自己做的，不是上面来做的，所以这和城里没有什么关系。如果是上面来做的，我们肯定会认同的。就是简单的一个文化场所，如果上面只是支持本地人的话。(QYF)

在笔者进行的问卷调查中，只有20.6%的被调查者认为，他们从事的流行文化活动有助于他们接近城里人。

不仅调查结果如此，由于笔者的问卷量表表格所留空白较大，笔者在回收问卷的时候发现有的被调查者在量表的这个表格里写了“没有关系”这样的回答。可见他们并不认为这些文化具有价值规范等维度，因而这些“文化”失去了文化应有的功能和作用，不具有文化应该具有的内容，只能称为“非文化”。这些“非文化”，包括街舞等，很明显不可能对工人起到任何自我肯定的作用。

如果说一般的农民工主要从事的是体力劳动，他们的文化活动本来就是纯粹业余性质，一般也不会把文化活动作为目的追求，更不可能从文化活动中获得任何收益尤其货币收入的话，那么下面这位被调查者的回答显然更加能够说明问题。他就是前面说过的，参与了街舞团活动的工人。

> 问：你为什么想到去跳街舞呢？
>
> 答：我想让自己有点才艺，我感觉自己就是初中毕业，成天在这儿打一份工，我做过4年仓管，做过4年保安，也做过半年服务生，就是酒店服务生，然后就是……刚去深圳对社会不了解，感觉拥有一份才艺对不管自己以后的家庭还是自己以后的事业都有很大的帮助。这些才能吧，不管说是什么东西，不管说爱好也行事业也行，说什么都行，但是我最起码要求说，我有才艺，我喜欢，我想追求的东西。弹吉他，也是我想发展的一个爱好。不过跳舞的时候你会感觉到你很舒服，觉得像疯子一样，觉得就喜欢。就是爱好吧，就是想表达一下自己，炫耀一下自己，我也很青春，我也很帅。也会遭到不理解你的人的讽刺，还有一点嘲笑。
>
> 问：你会把街舞作为职业吗？
>
> 答：只是一个爱好，可以给自己带来很多自信，生活中没那么枯燥吧。应该这样说。自己会一样本领，有很多财富，比如金钱是一种财富，才艺也是一种财富，对吧。很多很多。我希望自己就是，比较全面。

问：你觉得你怎样才能成为城里人呢？

答：我感觉，就是自己更加努力地工作，不管哪个行业，不管自己喜欢不喜欢。自己的才艺也要不断努力，靠这些才艺带来很大的财富。我觉得我学跳街舞会给我带来很大财富，甚至很多公司主动让我去他们那里工作，有好的工作岗位。我们活动在电视台播放出来以后，就会有人安排我们去好的公司，有好的工作。让我们提升他们公司的文化，娱乐文化。我也不希望专门做这些东西，我希望能做专业，但是我觉得很难。这些只是我的爱好，因为自己的水平不够。也许自己这方面的生涯没这么广，我想去大的演艺公司啊，正规学校啊当老师，也想像那些明星一样到处演出赚钱。这就是我的明星梦。(BZL)

在上面这一段对话中，这位工友首先很明确地把街舞视为一种潜在的，能够在市场上交换到较多货币收入，并且能够获得社会承认的活动来追求。也就是说，他明确地把文化作为一种能够在现实社会中获得“肯定性”，获得主流社会承认的事物来追求。但是很明显，虽然他的街舞活动曾经在深圳上了电视，这些活动仍然没有能够使他获得承认、获得价值和尊严，跳舞活动仍然被限制在他的个人、身体领域，而没有办法成为一种具有社会性质、具有社会意义的活动。也就是说，即使对于这位工友而言，这些活动也并不真正地是一种“文化”，不具有价值和规范的维度，也无法交换到货币收入等，仍然没有能够摆脱“否定”的身体活动范畴。那么对于其他工友来说，这样一种文化更加难以具有身体活动以外的意义。

综上所述，对于工人们来说，他们日常所实践的、所体验的“文化”，既不能成为工具，也没有任何价值规范的维度，完全是一种失去“社会”特性的身体的动作，只是为了恢复高强度劳动造成的疲劳，完成劳动力的再生产，也就是说，是一种“否定”的身体活动。这样的“文化”，只能说是一种“非文化”。这样一种“非文化”，表明的正是工人们目前严重缺乏“肯定性”的状况，也和本章之前部分分析的缺乏认同构成了相互加强的恶性循环。或者更准确地说，说明他们缺乏自我肯定、自我实现的能力。没有这样的能力，他们也就难以，甚至可以说不可能摆脱社会和市场对他们的“否定”，他们为自己争取价值争取尊严也就会遇到非常大的障碍。本章之前部分即已提及，法兰克福学派的文化研究指出了各种流行文化对人们，尤其是社会底层的人们具有压抑作用(霍克海默、阿多诺，2003；马尔库塞，2006)。也就是说，各种流行文化对工人和其他底层群众造成的更多还是压抑，而不是解放。正如本书第一章和本部分引用的各种研究表明的，世界各地的体力劳动者和其他底层群众迈出争取权益、争取价值和尊严等的第一步，所依靠的最基本资源还是他们的自发文化，而不是流行文化。事实上这个问题和前面的认同问题也是相互联系的，正如本书一再指出的，世界各地的体力劳动者和底层群众发展出自发性文化并不仅仅是为了休闲为了娱乐，更不是为了实现这样那样的明星梦等，而是为了塑造自身的认同，并通过这个认同去争取自身的权益，争取自身的价值和尊严等。因此可以看出，工友们在这个问题上要走的路还很漫长，还有很多的障碍需要克服。

第六节　本 章 小 结

从本章以上 4 个方面的探讨中，我们可以得出结论，工友们的文化，不仅是上一章指出的压抑性的，而且还是自我否定的。这就是说，他们目前的文化，第一缺乏“肯定性”的资源和自我肯定的手段，也就是没有能够正面塑造他们的新的、更加有价值和有尊严的、得到社会承认的认同的足够资源，也缺乏能够把他们的生活以比较正面的方式表达出来的，并且能够支撑他们的诉求的话语体系。第二，他们只能被动地追随、跟随现实社会中的各种价值规范——而正如上面的分析已经指出的，这些价值规范不仅不能促进他们表达自身的价值、尊严，而且恰恰相反，这些价值规范在现实生活中，所起的就是否定他们、排斥他们的作用，他们对这些规范的跟随、追随，就只能成为一种自我否定[①]。而且如本章前面指出的，这种自我否定对于一些工人来说，已经超出了文化范围，已经达致身体层次。正如本章的分析指出的，社会结构的作用通过话语变成了他们的“自我否定”。也就是说，工友们的话语对自身的意义、尊

① 很明显，工友们这样做，并不是本章之前部分分析的美国工人那样，“反转”社会上层的价值规范为自己服务。

严、价值作了否定。这就是自我否定。毫无疑问,这种自我否定,正如前面说过的,同样导致了工友们被压抑,亦即使得工人无法真正地作为主体参与社会生活,他们也就不真的成为"社会"的真正成员。如前所述,"社会"对于工人来说是一个他们不能参与,但又必须绝对服从的事物。这样一来,工人们的生活就被限制在一个非常小的范围内,更具体地说,就是被限制在"自然化"了的身体生存范围内。不仅如此,正如本书上一章探讨过的,由于工人们的男性气质也是压抑性的,也就是说,对于工人来说,这种"身体"同样是否定的,是消耗品,是疲劳等负面事物的来源,而不是他们力量或者能力的象征,也就是不具备"肯定性"。很显然,这样一种被压抑了的身体同样成了一个自我否定的事物和标志①。

当然,这里同样需要指出的是,这样一种状况并不是说工人就甘心接受甚至认同这些价值规范,并因此放弃抗争——因此,这种自我否定并不意味着工友们就没有"文化压抑"的问题了,因为社会上层的价值观并不能就这样真的成为工友们自己的价值规范。由于社会上层的价值规范,正如本章第一节已经指出的,正是为了论证社会上层自身的权力、地位和宰制是正当的,同时也是直接或间接地、程度不同地否定底层群众有权改善自身的生存状况②,由于这种自我否定的作用,底层群众尽管可以对现实社会表达出个人层面的不满和牢骚,但是总体上说他们无法提出一个有意义的、有利于自身的价值规范③。也就是说,底层群众自主被这种自我否定"压抑"了。因此,和本书上一章分析的,其他类型的压抑一样,这种自我否定性质的价值规范毋宁说起到的是阻碍和限制作用,也就是说,把工友们的抗争限制在身体层次,从而极大地削弱了他们的抗争效果,并且使得他们的抗争变成了再生产压抑他们的那个规范的一个途径。也就是说,虽然工友们会进行抗争,这些抗争有的时候还很激烈,

---

① 这样一种自我否定,需要指出,和黑格尔意义上的"否定"并不相同,因为这样一种"否定"并不带有任何"肯定"作用,不会促使新生代农民工发生"转化",亦即使他们摆脱目前所处的状况。因为这种"否定"依据的是我国新生代农民工,至少就其中绝大多数而言在现实生活中没有可能达到的那个标准——这个问题本书第五章讨论"希望"的时候将详述。当然反过来说,这样一种状况如果处理得好,也可能成为新生代农民工"内源性"(endogenous)文化变化,亦即新生代农民工建立文化自主的动力(参见 Bholat, 2012)。

② 比如笔者在本书上一章已经提及的新自由主义诸种理论,本章中提及的美式社会达尔文主义理论、美式反智主义,等等。

③ 这种状况的为人们所熟知的比较好的例子,笔者以为是鲁迅先生笔下的众多人物,参见汪晖,2000: 132-133。

但是在上面讨论的这些状况的作用下，仍然无法真正取得突破。比如，目前工友们的抗争更多地是针对老板对于他们的直接侵犯，而不是争取进一步的权益。同时，这种状况也使得工人们的抗争缺乏必要的资源支持。而且，正如本书上面一章分析过的，工人被压抑的一个重要标志是他们支持自己诉求的“道德经济学”相当之弱，本章第一部分的分析则指出，工人们在进行判断的时候运用的恰恰是被用于否定他们、排斥他们的价值规范，而不是主张他们自身的价值、尊严和权利的价值规范。这两者结合起来，毫无疑问对工人们争取他们自身的权益造成了极大的障碍。笔者以为，这也是以往我国的新生代农民工研究所忽视的。

在调查中，笔者的一个强烈感受就是，新生代农民工是一个面目模糊的群体。这种模糊性首先表现在，他们客观上存在于、生活于城市社会之中，似乎每天也都在和我们亦即各个阶层的城市居民发生着这样或者那样的关系、联系乃至互动，但是如果要给他们下一个比较具体的，有比较确定内容的定义的话，那么笔者就会感到十分困难——事实上到目前为止也还没有这样一个定义。本章前面也指出了，“农民工”不是认同，而“新工人”也还没有成为一个得到多数体力劳动者接受的认同，也就是还不能成为这样一个定义。这种模糊的另外一个方面表现就是，工友们已经在社会生活中体会到了他们和社会其他阶层尤其是社会上层之间的区别，也体验到了来自上层的种种歧视与强制，但是他们又不得不使用这个上层的价值规范进行表达，并进行各个方面的评判，他们还没有“自己的”规范进行表达、进行评判——哪怕像本章开始部分提及的美国工人那样“反转”上层的规范为自己服务。换言之，工人们的文化边界还远远没有建立起来，但是与此同时，他们作为一个群体在社会上又是区隔于其他群体的。显而易见，这种文化边界的缺乏并不是因为他们已经融入了城市社会，已经真正地成为了城市社会的平等成员——事实上，即使新生代农民工通过户籍制度的改革等途径获得了城市居民的身份，在名义上成为了城市的平等成员，他们作为群体的总体社会经济地位也不可能因此在短期内获得极大的改善和提升，他们作为一个整体在相当一个时期内仍然处于社会底层①，他

① 笔者在问卷中也设计了相关问题，根据调查结果，绝大多数被调查者认为的他们和“城里人”之间的区别是住房、收入等因素，只有极少数工人还认为“户口”是主要区别，也就是说，阶层区别已经逐渐取代户口，成为社会区隔的主要因素。

们和社会其他阶层之间的社会边界与区隔仍然不会消失，他们仍然面临着凝聚认同、争取自身的价值和尊严、争取社会承认、争取需要的满足等问题。正如前述世界各地的研究所表明的，这些必须在一定的文化辅助、支援下，也就是在文化自主的支持下进行。因此，毋宁说，文化边界的缺乏是因为他们受到了压抑。这样一种状况的结果就是，工友们与其他社会群体进行区分的时候，更多的标志是他们“不是”什么，而不是他们“是”什么。更具体地说，他们已经不是农民了，他们从事的不是农业劳动，他们也不再是“农村人”了；但是，他们又没有成为“工人”，或者任何具有比较确定认同或意义的群体；他们也还不是，并且几乎没有可能成为城市中产阶层意义上的“城里人”——“农民工”这个称呼正是这种状况的写照。毫无疑问，这样一种状况不仅是压抑与否定的标志和结果，而且这种状况又成了再生产压抑与否定的途径，并且正如前面说过的，构成了他们进一步争取自身权益，争取他们的价值和尊严的障碍①。为了克服这个障碍，笔者以为，文化自主是无法回避的路径。同时，笔者以为，这也是落实我国宪法和法律规定的新生代农民工各项权益的必由之路。

这样的自我否定和压抑，除了上面已经说过的种种问题之外，还造成了两个结果。第一个结果就是工友们不再把城市生活和他们的打工生活看作一个“肯定性”的亦即他们能够由此获得自我实现的，因而是有意义的，能够给他们带来价值和尊严的生活。他们因此开始从空间上和社会交往中退出城市社会与城市生活。第二个结果则是，他们只能被动地按照“社会”的既定规范设定“肯定性”的内容，又放弃了自己实现“肯定性”的希望之后，就只能把这种“肯定性”的实现寄托在自己的子女身上，由子女们去实现——这种状况实际上成了“希望”的表现形式。这两个方面的内容将在接下来的两章中分别进行具体的分析和讨论。

---

① 而且根据石长慧博士的研究，这种状况已经不是局限于成年的新生代农民工，已经延续到了新生代农民工的子女身上。

第四章

退出：失去意义与自我强制

第一节　退出、呼吁与忠诚，从物质利益计算到社会维度

"退出、呼吁与忠诚"(exit, voice and loyalty)是由美国经济学家 A. O. 赫希曼(Hirschman)提出的一组概念(赫希曼，2001)。这组概念最早是用于经济学研究的，指的是消费者对企业产品质量下降作出的反应。随着研究的开展，赫希曼本人以及其他学者不断地把这个概念运用于政治和社会领域。但是，赫希曼的观点存在以下问题：首先，赫希曼的观点是，组织内部成员的需求无法得到满足是组织松弛的结果，很显然，赫希曼在这里已经假定了，任何一个组织——就赫希曼自己的理论来说，这里的"组织"已经包括了一般性的社会——都有满足成员需要的义务。这种观点忽视了围绕"需要"定义与范围的不同观点主张，以及围绕这些观点出现的冲突[①]。也就是说，这个理论实际上还是过于夸大了社会生活的"普遍"特性，更准确地说，这个理论夸大了市场交换原则在社会生活中的作用与主导及其"理性"和普遍意义，以及弱化了这种市场交换原则的强制性和排斥性。其次，这个理论的研究仅仅局限于行动者物质成本和收益方面的分析，而忽略对"社会"维度方面的分析。当然，这还是由于这个理论是来自新古典经济学，也就是说，这个理论接受了新古典经济学

① 参见前述 Ian Fraser，高夫和多亚尔的相关著作，以及 Ernesto Laclau：On Populist Reason.

的全部预设和分析框架[①]。最后，由于上述的这些简单化，赫希曼的研究始终局限于直接退出，也就是行动意义上的退出。这样做其实还是把行动者缩减为功利计算者，把他们局限在身体欲望计算的层次[②]。总的来说，赫希曼理论的问题在于它完全局限在新古典经济学的框架，以及功利主义(utilitarianism)认识论和方法论之内，因此这个理论缺乏对“社会”维度，具体地说是意义等维度的考察。所以本章将针对这个问题重点讨论“社会”范畴，亦即“退出”的“社会”维度与“社会”意义。

1970年代以来，各国学者运用这个概念对很多问题进行了研究，比如弗里曼(Freeman)对劳动力市场的研究(Freeman, 1980)，萨宁(Francisco Gutierrez Sanin)对安第斯(Andes)诸国社会与政治状况的研究(Sanin, 2005)，弗卢(Flew)则对媒体公民权进行了研究(Flew, 2009)。在理论方面，格尔巴赫(Gehlbach)提出了一个关于“退出”的正式模型(Gehlbach, 2006)。也有学者提出了修正的模型，比如科拉尔斯卡(Kolarska)和阿尔德里奇(Aldrich)就用“沉默”代替了“忠诚”(Kolarska and Aldrich, 1980)。但是，上面这些研究仍然没有克服这个理论的固有问题。因此，本章的研究将是对这个理论的拓展。更具体地说，“退出”不仅仅包括直接的退出，也包括了本章即将论述的在社会生活意义上的退出[③]，也就是不再认为社会生活是一个有意义的行动，并且因此不再积极地、主动地参与社会生活。

在我国，俞位增和朱芝洲运用这个理论对“民工荒”进行了初步分析，认为“民工荒”是工友们长期呼吁不成功后采取的“退出”措施导致的(俞位增、朱芝洲，2006)。除了上面已经说过的，赫希曼理论自身存在的问题之外，俞位增和朱芝洲的分析还有以下问题。首先，他们的分析仅仅局限于那些直接退出城市生活的新生代农民工，他们的研究忽视了仍然在城市打工的那部分新生代农民工。正如本书下面将要提到的，这两部分的新生代农民工并不是相互隔离的，而是相互结合并相互转化的，想直接离开城市的那部分农民工也不是一开始就想如此。其次，他们的研究前提还是“民工荒”对经济发展造成的影响，

---

① 赫希曼本人并不认为运用新古典经济学的框架存在什么问题，见 Albert O. Hirschman: “Exit, Voice, and Loyalty”: Further Reflections and a Survey of Recent Contributions.

② 这是“理性选择”等来自经济学的理论及其分析与生俱来的弱点，见 Olivier Favreau: The Missing Piece in Rational Choice Theory 中的批判。

③ 显然，“呼吁”也不只有赫希曼所认为的那个部分，本章对这个问题暂不涉及，此处不赘。

但是很显然，新生代农民工也好，任何其他人也好，他们的社会生活都有大大超出经济活动的层面。这样做其实还是没有把新生代农民工当成社会生活的主体来看待，还是认为他们只是作为经济发展的工具而存在。最后，由于上述的种种缺点，这个研究只考察了新生代农民工的物质收益方面，没有考察新生代农民工的"社会"方面。但是，由于包括新生代农民工在内的底层群众不可能仅仅通过市场满足自身的需要，他们必须通过社会手段，必然通过参与社会生活满足这些需要，因此，他们的"社会"方面不是一个可有可无的部分，而是一个他们生活必不可少的、不可或缺的维度。所以，忽视农民工生活的这个方面维度是无法对新生代农民工的状况进行全面考察的。本书第一章提及的傅才武等人的研究虽然提出了农民工群体的"边缘化"问题，但是没有将这个问题放在整体社会中进行考察。

由于上述问题，本章的研究将着重从"社会"方面进行考察"退出"问题。具体地说，本章虽然涉及了工友们在物质生活上的退出，也就是他们不准备永远留在城市里，但本章的研究更为强调的是他们在社会生活上的"退出"。社会生活上的"退出"的主要形式有两种：① 相当一部分工友们平时在工作中很少接触城市居民，而且开始主动地不与城市居民交往，也就是说，他们"主动"地和城市居民隔离，亦即自我隔离。② 工友们不再把他们在城市中的生活，以及他们自己的打工生活视为一种有意义的生活。而且由于他们在生活中受到的歧视和排斥，这实际上是一种自我强制。本章以下将从这些方面对这个问题进行具体论述[①]。

第二节　物质生活的退出：退出城市

以往国内学者在新生代农民工离开城市这个问题上的确有很多调查，笔

① 本书第一章曾经提及王春光的"半城市化"观点（王春光，2006），王春光的研究强调的是社会客观结构方面的隔离，而本章强调的则是工友们是如何对这种隔离进行叙事的。因为正如本书之前部分指出的，文化、话语和叙事并不仅仅是社会客观结构的简单复制。此外，王春光的研究忽视了新生代农民工和这个结构的进一步互动，亦即本章提出的自我强制这个问题。同样，正如本书之前部分指出的，笔者的研究指出，王春光认为新生代农民工出现"认同内卷化"的观点并不确切，此处不赘。

者这次的调查也确认了这一点。但是以往的调查仅仅停留在问卷调查之上，也就是说，国内学者以往的研究只是简单地了解新生代农民工是否愿意居住在城市内，而没有探讨他们为什么会这样想以及背后的作用机制。因此笔者在调查中不仅通过问卷了解了他们的直接态度，还通过访谈了解了他们的想法。结果如表 4－2－1 所示：

表 4－2－1　回农村或留城

回农村还是留城里					
		频　率	百分比	有效百分比	累积百分比
有效	回农村	30	29.4	29.4	29.4
	留城里	28	27.5	27.5	56.9
	说不好	44	43.1	43.1	100.0
	合计	102	100.0	100.0	

在访谈中，有位被调查者是这么说的：

> 等我年龄再大一点，等我不想在城里发展的时候，我想回家。我没想过把自己的户口搬到城里面。当时我们在深圳，深圳的户口你知道是比较难争取的，我们去演出，有人要给我们安排深圳的户口，我们没要。我想回家。我暂时在这里打工去拼搏去努力，但是我就不会去说是，一辈子离开我家，把我父母搬到城里去，我没想过。我没想过成为城里人，等我在外面有点成就的时候，我再回去。(BZL)
>
> 谁都愿意享受美好的生活，对不对，但是我觉得不管农村城市，只要你能幸福，自己感觉好，就行了。自己有本事的话就留在 B 市，没本事的话，在哪个城市其实都一样。老的时候一定要回老家，但是，比如说我以后有钱了的话，也会在 B 市买个房。但是那是我估计也不可能。(JFM)

显然，相当数量的工友们并不愿意留在城市里。那么，他们对城市经济活动有什么看法呢？也就是说，工人们是否认为他们在城市获得了比家乡更多的物质利益呢？他们是这么认为的：

我感觉B市这个地儿比老家，找活要好找点，工作比较多，是吧。县城那边，大点的公司啊、工厂啊……没有。工资，比老家高一点也高不了多少，先干着吧，总比种地强点。(LJQ)

比农村好多啦，在城里打工比在家干农活轻快了很多，不用那么累嘛，在城里面再累也比家里面轻松多了。这边生活条件也好一点，吃的啊住的啊也都好一点。比农村好多了。(GWY)

显然，他们还是认为，与老家生活相比，城市生活在物质方面更为优越，他们能够从城市打工生活中获得较从事农业劳动更高的收入。这说明，他们退出城市生活恰恰不是因为他们不能在城市生活中获得足够的货币收入也就是物质利益[①]，因此前述的研究把他们退出城市的原因归结为物质利益过于片面了。他们退出城市主要还是因为他们缺乏认同：

那肯定想留在城里，但是条件不允许，你还是得回老家去。你有条件的话，挣了钱，买了车买了房，能生存了。要是没条件你孩子老婆一家人在这边，挣的不够消费的，你只有回老家去。像我这个岁数，到了50来岁，在老家干点轻松的活，做个小买卖干点别的不就行了嘛。你要是在B市没有挣到大钱。过了50岁，甭说50岁，现在40岁的人，你打工，上别的单位去，谁要你啊。没钱，在城里待着吧，也是比较困难的一种吧。你没钱的话，你跟别人在一块，什么人和什么人玩。你没看人说嘛，跟着千万富翁玩，你就是千万富翁。你跟着穷光蛋混，你就是穷光蛋。(GSC)

怎么可能成为B市人啊。不想成为B市人，就是想回自己老家，还是感觉自己老家那边好点啊。环境啊，空气啊，还有老家认识的人多吧。就是感觉老家那边好点，从小在那边长大的，朋友多，更亲切。(LLG)

现在在外面打工吧，虽然是你生活的地方，夜深人静的时候想起家里人总是有点难过的。我没想过要在这边，就是我在家里在城里有房子啦，

① 的确，大家都知道，工友们丧失劳动能力后不再能够获得这样的收入。但是正如本书第二章指出的，这已经是一个承认和权利方面的问题，也就是说，这个问题已经超出了单纯的物质利益和货币收入层面，而是他们的需要能否被承认为社会权利的问题。

> 也找不到朋友。心态嘛，我是外地来的是吧，跟B市人交往是吧，就感觉自己早晚是要离开的，这里也只是暂时的地方，没有家的感觉。接受的教育条件高，社交范围更广。城里面的人他都是，他的条件，接触的范围，这种人际关系，各方面，他所接触的知识，看得更远，一些。像农村来的好多工作都是从低端开始嘛，城市里面父母为他创造了更好的条件，可以有更高一点的起点。(XBX)
>
> 什么都跟不上吧。我们在这儿打工，有时候有活，有时候没活，有活的话一天100多块钱，没活的话就在这儿待着，吃喝，还要交房租，自己还要抽烟。感觉吧，人家一个月挣四五千，咱一个月挣两千都不容易。看着钱就这么花掉了。自己文化不行，我小学上完，初中没上，出来打工吧，刚开始一直找不着工作，什么手艺都不会，只能做小工。还要有技术。打个比方，我现在有门手艺吧，一个月能挣七八千块钱，我一个月开支多少，每个月存下一千两千，十年八年，存上多少钱，我就不动工资了，我就能成为城里人。(XYX)

笔者也对工人们对于城市的认同感进行了问卷调查，结果如表4-2-2所示：

表4-2-2 是否属于城市

我虽然在城里打工却不属于城市					
		频 率	百分比	有效百分比	累积百分比
有效	很同意	13	12.7	12.7	12.7
	同意	62	60.8	60.8	73.5
	不同意	23	22.5	22.5	96.1
	很不同意	4	3.9	3.9	100.0
	合计	102	100.0	100.0	

从以上话语和数据可以非常明显地看出，工友们对城市的疏离感十分强烈，结合本文前面部分指出的，对工友们知道他们在城市里能获得更高物质利益这一看法进行考察之后，可以得出这样的结论，他们之所以不愿意居住在城市，离开城市，并不是因为他们在城市里无法获得比家乡更高的物质利益，而

是因为他们始终无法被城市社会承认为一个平等的成员。这种不承认，正如他们的话表明的，包括了社会生活的参与和阶层差别两个层面。将近20年过去了，他们还是“城市里的陌生人”(Zhang Li, 2001)[①]。

第三节　社会生活的退出(一)：自我隔离

众所周知，Q村工友们，以及整个新生代农民工群体目前还受到户籍制度的束缚，没有成为正式的城市居民。但是，这不意味着他们和城市居民因此没有交往，他们无论是在劳动中还是在日常生活中都要和城市居民发生这样或者那样的交往。那么他们和城市居民的交往状况如何呢？以往的研究关注的主要是新生代农民工遭受的排斥与歧视，比如朱力的研究(朱力，2001)，但是朱力仅仅指出了新生代农民工群体所受到的排斥和歧视，以及这种排斥和歧视对新生代农民工与城市居民互动性质的影响，却没有分析这种排斥与歧视，以及相应的互动性质对新生代农民工的影响，这不能不说是一个很大的遗憾[②]。此外，周春霞对城市居民和新生代农民工之间的冲突进行了研究(周春霞，2004)。这些研究都很有价值，但是大家都知道，新生代农民工和城市居民之间的交往，正如以往的研究和本书将要提及的，固然是充满紧张的，但并不是时时刻刻都在发生冲突，那么，为什么这样一种充满紧张的关系不是时时刻刻都产生冲突呢？这是笔者通过社会“退出”将要回答的问题。笔者在调查中先对工友们和城市居民之间的交往状况从问卷调查和访谈两个方面进行了了解，首先是工人们对城市生活的记忆：

> 城市变得比较快，但是变得再快，我们始终是外地的。像我们以前刚来的时候，我妈说我们那时候住在市里朝阳公园那带，那是二环吧，一直

① 这种疏离感强烈但又不得不为了获得物质利益而留在城市中的状况，正是造成笔者下面分析的“退出”和自我强制的一个重要因素。

② 对这个问题的研究，可以看管志慧、彭兆琪2004年的总结。

> 撵撵撵，把我们撵到这边儿上来了呗。就是，怎么说呢，刚来那会儿，我爸说那时候不让我们外地人来B市，要查暂住证，没有暂住证就把你赶回老家。那时候就像躲警察一样，来了人查暂住证就逃啊，跑啊，那样。就是赶我们外地人呗。渐渐地有了点改变，但改变也改不了多少啊。现在你看，上学，外地人在B市还是不能上学啊。入社会慢慢就想这些。以前在老家上学没想过。有钱的人太有钱，穷的人太穷，连饭都吃不上。我们一次又一次地搬家，因为我们搬到哪儿，政府就说，这儿要拆了，我们就接着搬。住下来，我们是外地人，就要办这个证那个证，没有的话就不能住这儿。你就直接说一句话，B市不让外地人进，就完了，干吗这样啊，又让我们进，又不让我们住下。(JF)
>
> 城里人是城里人，外地人是外地人，不能混为一谈。城里人他在这儿有他的房子，他的地。外地人在这儿没有房子没有地，在这儿是租着房子住。为什么要成为B市人？外地人也挺好，B市人不是那么好当的，也不是那么好，人人都愿意去当。B市人的太多，有的B市人娶下一个外地媳妇，生的孩子还是B市人，就图他一个B市户口。有B市户口工作什么都方便些，是不是？去哪儿工作人家先看你户口是不是B市的，然后人家再给你分配工作，你是外地人人家都不给你看，是不是？所以很多人喜欢B市户口。但是有的人就不喜欢B市户口，外地的照样，也行。(JLF)

这两位被调查者的话可以说是绝大多数工友，尤其是出生在城市的这部分工友的共同记忆。很明显，无论他们出生在哪里，他们来到城市之后每时每刻都被提醒：你们不属于这里。从他们进入城市生活的那一刻起，他们与城市居民之间的区隔就一直通过各种手段和方式加诸他们。那么，在这样一种状况下，他们是怎样看待他们和城市居民之间的关系呢？下面是几个比较有代表性的看法：

> 我接触都是外地人，所以老来这儿。因为城里人比较傲气，他觉得是B市人比别人高出一等来，跟他说话感觉和他不在一个起跑线上。看不起倒不是，但有些B市人不愿意招惹这些，知道吗？就是不愿意跟外地人多谈。(JLF)

现在就是……看不到，我没听到，实在受不了了，我就下班休息，我就不干了。我不会和他打架，不会和他吵架。现在什么都需要经济吧，他把我打伤，我把他打伤，都要去医院。然后再要分什么责任啊，谁欺负谁，没那么一说。只要动手就不行。我一天就挣一百多块钱，送到医院……(XYX)

我，最起码我这个能力，说话和城里人就很有差别了，真的，从这个语言和气质上我都不敢比，拿什么去比。我和城里人接触，人家有车有房，咱什么都没有，我和他接触，最起码，咱手里没有钱，是不是？我也一样干活。说实话，城里我最看不惯的就是，工作当中认识的还好，要是不认识的，或者我主动和别人交往，他们都是用那种眼神看着你。如果在工作当中，比如我给你干点活，安点电什么的，那就不一样。招待得还挺热乎，那看不出来是(因为)存在利益的关系，如果没有利益的关系，上去就说，咱们交个朋友怎么样，人家的脸马上就变了。虽然咱没钱，又没学问又没脑子，没有技术，没有人脉关系，那种感觉怎么说呢，我也说不上来。也算是一种好事吧，这样可以激发你的……我也没有学问也不会说。我只要奋斗了，就可以和城里人。城市人文化高，素质也高，人品也好吧，但他为什么用那样一种看不起的眼神看着我！就说这个孩子，我哥都是在村里，我侄儿在村里上学，那小孩是讽刺我们乡下人的，说的一口B市话。和城里人的差别还有钱。并不是我的本意，是事实，这个现实社会的就是这样。只要你有钱了，不管你穿得再不好，说话再不对，只要存在利益关系，就不一样。我和城里人大部分都是利益关系，我觉得我和城里人应该是和平相处的关系。不管你有钱也好没钱也好，见了面，说句话，聊聊天。不管你有钱还是没钱，不要用那种眼神看着你。(NH)

我感觉打工的人大部分比较苦些，心里比较苦些。老板呢就比较那个，看什么事，盈利啊亏损啊，他跟你在一起想很多东西比较现实。好的一面就是不容易吃亏，坏的一面就是不容易认识，不容易接触，他要摆自己的身价吧，和我的距离很大。因为我比如说我在东风汽车，那是国企比较厉害，它的老板嘛，很多东西还是和你合不来，就是有差距。就是说钱嘛，他有钱啊，他有地位啊，和我有差距。我不是说一个老板，很多老板都是这样。我给你举个例子啊，他就感到，他比你强，他比你厉害，他干吗认识你啊？然后我就站在我的角度好了，就是你愿意交往我就很乐意你交往，你不愿意我也不会勉强你，我也当作没什么。你不愿意认识我我也不会跟着你，没意思，也是站在我自己的立场。区别还有面子。怎么说呢，他和你在一起就会觉得，哎，我有车我有房啊，我有官职啊，跟你在一起一介绍，你就是一个普通的打工人啊。他感觉自己没面子。他跟你在一起感觉就是这样，现在的人都很现实啊，就是说，怎么说呢，就是，人都比较利益吧，人的利益还是比较多的，人的思想比较发达，想的事情比较多。有的是很好，有的有钱人，他会说，无所谓，我小时候也很穷啊。对，社会就是社会，就是这样子的，啥子都有。不同的人会激发出不同的感受，也会激发出不同的志气。没什么，社会就这样，很正常，你就得靠自己的能力。不用排斥，只要感受到，我就会离开了。(BZL)

这东西，甭说看起来多好，农村和城市始终是有区别的。有的时候你和他在一起聊天像哥们儿似的，实际上他脑子里还是那种观念，奴隶与奴隶主，我就这么认为的，不管别人怎么想的。我这人就是这样直来直去。他始终还是把你看成外地人，打工。身份高的人看身份低的人，有利用价值的话你就是个宝贝，你没有利用价值你就狗屁都不是，就是这么回事。这个社会要是在外打工，没有挣过大钱……始终就是不公平的。你知道吧。(GSC)

人家要是有钱有车，那是人家付出的多，人家有这个能耐呗。人家付出了，人家才有这个回报，咱上学又上不好。肯定怨不得别人，对吧。(LJQ)

毫无疑问，工友们与城市居民尤其是城市社会中上层的交往中，一直遭受着各种各样的歧视和排斥。这一点是以往的研究已经指出的，但是，以往的研究忽略的是工友们如何面对、应对这些排斥和歧视。正如工友们的话语所表明的，由于工友们无力克服这种排斥和歧视，也没有办法提出一套替代性的话语和价值规范克服排斥与歧视，也就是本书前两章中分析过的压抑和自我否定，他们没有办法通过这些话语与价值规范主张并建立自身的价值和尊严，获得承认。在这种状况下，与其说他们倾向于和城市居民发生冲突——因为他们并没有任何公共性的价值规范支持，即使他们的身体更加强壮，在这些冲突中他们几乎可以确定是受到损失的一方;不如说他们倾向于本章分析的自我隔离,第一是进行自我防卫,以逃避这种歧视和排斥,第二,不再和城市居民交往之后,他们也就此退出城市生活。

笔者也就这个问题进行了问卷调查,结果如表 4-3-1 所示:

表 4-3-1　是否主动和城里人接触

除了工作是否主动和城里人接触					
		频　率	百分比	有效百分比	累积百分比
有效	会	38	37.3	38.4	38.4
	不会	61	59.8	61.6	100.0
	合计	99	97.1	100.0	
缺失	系统	3	2.9		
合计		102	100.0		

除了工作以外和城里人的接触					
		频　率	百分比	有效百分比	累积百分比
有效	很多	15	14.7	14.9	14.9
	一般	53	52.0	52.5	67.3
	不多	29	28.4	28.7	96.0
	几乎没有	4	3.9	4.0	100.0
	合计	101	99.0	100.0	
缺失	系统	1	1.0		
合计		102	100.0		

很清楚,“退出”城市已经成了多数工友们的共同“选择”。无疑,这并不是真正意义上的“选择”,而是强制的结果。

当然,也有工人试图克服这些问题,比如下面这位被调查者是这么说的:

我觉得人跟人之间分为城里人和农村人,心里有那种隔阂,让人产生自卑的隔阂。只要你自己不把这层隔阂拆除了,这个就是一个很大的问题。就是首先和他交谈的时候,不能想着他是城里人,怎么怎么样。而是从交谈的过程出发,看他其他的一些想法。就是单纯的交谈,不掺杂其他的一些东西。(YLL)

很显然，在目前的状况下，他的想法尽管很美好，但是实现的可能性确实不大。因为造成上述这种隔离的显然并不是工友们和城市居民们的主观想法，而是相应的社会规范和社会结构。

第四节　社会生活的退出(二)：失去意义的城市生活和打工生活

既然工友们已经出现了自我隔离的状况，那么他们对他们的打工生活，以及在城市中的生活又是怎么看待的呢？笔者在调查中也对这个问题进行了相应调查，以下是他们的回答：

城市的生活……有的时候我们看不到，像现在，不是一个菜多少钱，有的时候讲一桌是三千还是八千，这样算的。你看我们现在吃饭一碗到现在就是五块、六块，区别很大的。去饭店啊宾馆啊，基本上就是一上来就是一千，八百，就是这样子。

我出来已经打工都快十年了，我就是个打工的，有的时候受不了，直接买个车票就回家了。(XYX)

就是等你熟悉了这个环境以后，其实，这个工作，慢慢就变成一种你需要的，或者是你必须去做的事情，因为你如果说不在这么早的时间去争取接触，那你就没有其他的时间去接触到了，你就没有这个机会了，那你的这种销售这种机会也就等于放弃了，等于你自己是放弃了。所以在这样……这种情况就逼迫着你去按这个时间表去工作。这种情况慢慢地就变得习以为常了。等你做的时间长了，你就发现，哎呀，你慢慢地就接受了这种工作状态、这种环境。(YXZ)

私企加班还给加班费，国企更应该……我们单位没有。让你加班，休息不了，过年回不了家，你肯定心里不满意啊。但是你还想在这里干，不想放弃这份工作，就只能咬牙忍着坚持在这儿。一个习惯了，一个也是无能为力，咱也改变不了，只能接受这样。已经很知足了，因为一直在单位

> 干过来的,比以前大大改善了。主要也是习惯了,反正每天就这种工作,就像人在这个世上活过每一天一样。我来外地之前,我就作好了思想准备,来外地肯定要受人家欺负的。所以我就没把这个当一回事。(LQS)
>
> 打工生活反正就是每天都重复地做那些事情,然后,嗯……就是感觉没有多大的兴趣。因为每天都在重复那些事情,每天都在重复千遍万遍。应该算正常吧。因为我需要,需要这样工作去赚钱,然后维持我自己的生活,然后去照顾家庭。(KYM)

上述话语中,工友们用“习惯”“习以为常”等词汇描绘他们的城市生活。但是,很显然,这种“习惯”和“习以为常”并不是因为他们的城市生活、打工生活是一种有意义的、有价值的生活因而他们对之欣然接受。恰恰相反,这种“习惯”和“习以为常”意味着他们的城市生活也好,打工生活也罢,都是一个没有任何意义的,单调机械重复、完全“似自然”的生活,他们是被迫接受这种生活的,这种状况是一种“有组织的被动”(Lefebvre and Levich, 1987: 10)。这样的生活中,他们只是作为一个“自然”的人,而不是“社会”的人存在着。这个问题可以从以下3个层面进行进一步分析。

(1) 这是本书第二章分析过的“社会”意识被压抑的另一个侧面。因为工友们并不真的只是自然人,他们也不是真的生活在自然界中,被迫去掉他们生活的“社会”维度的,他们是被迫退出社会生活的。也就是说,他们的“社会”维度是首先被否定和压抑,接着由于他们的无力,又被他们自我压抑的。

(2) 工友们的“退出”还可以理解为对城市生活的“祛魅”(disenchantment),也就是说,城市生活对于他们来说,第一不再具有任何意义,只是一个纯粹的生理性亦即“自然”的过程;第二,更为重要的是,通过工友们的“退出”,这种状况变成了一个完全无法改变的状况①。

(3) 正如工友们自己指出的,他们这样做还不仅仅是简单地把社会生活自然化、去意义化,亦即他们这样做还不仅仅是一般意义上的“日常生活”叙事。因为正如以往的研究,以及本章上面一部分指出的,他们的生活不仅仅是

① 正如Mackinnon指出的,韦伯的“祛魅”,更加强调的正是失去信心——就韦伯本人来说其具体对象是对康德(Kant)式亦即启蒙式的理性、进步历史观失去信心,不再相信现实能够得到改善这一层含义,见Mackinnon,2001。

没有意义、机械的问题，而且是几乎每时每刻地都要遭受到歧视和排斥的，甚至要遭受到达致身体的欺负。

因此，工友们不再对城市生活赋予意义是因为只有这样他们才能对他们遭受的侵犯保持冷漠状态，而不是因此离开城市。也就是说，他们这样“退出”城市生活事实上也成了强制他们自己接受这样的生活的机制，亦即自我强制。

工友们不仅对城市生活而且对打工生活采取冷漠态度。本书开始的时候曾经提过，笔者调查的地方经常举办流行文化方面的活动。但是，笔者在调查的时候遇到了一位曾经经常参加这些文化活动，但是最近已经退出这类活动的工人，在笔者询问的时候，他是这样说的：

> 以前会的，每个阶段不一样，每个阶段想的东西不一样。以前可能更多地是想让别人去关注。今年差不多已经26岁了，感觉在沉淀。以前的东西，好的东西慢慢地可以沉淀下来，不好的东西，我自己感觉慢慢地再把它磨掉吧，在改变。以前可能不成熟吧，思想不成熟吧，想事情啊，比如说，对一些事情的看法不成熟。这也很难讲，就是感觉自己在慢慢地沉淀，慢慢地成熟。比如说这里，工友之家，以前有什么节目啊，有什么活动啊，我都会参加。现在好像不会了。我也不知道为什么。不喜欢表现。跟你的一些阶段不一样。这个很难说，21岁和25岁，你18岁能做的事情，你可以自己种个田，自己怎么样怎么样。25岁你想的问题不一样了。结婚呗，成个家呗，多挣点钱呗，能有什么问题。我感觉每个时间段，人在每一个时间段所呈现的性格不一样吧，有可能你在18岁的时候活泼好动，喜欢表现自己，到你25岁的时候你就开始沉淀，也不是说沉淀，就是你的心开始慢慢沉下来了，不会去表现自己啊，活泼好动啊，更多地开始去想问题，以后的路吧。比如说你快到30岁了，他们都说，30岁要立业嘛，25岁你得有好的选择，你选择你的另一半，你选择你的工作。然后，怎么说呢，就是看你自己的行动。文化活动其实也有，但就是看看电影看些书什么的。当时可能是想更多地去认识一些人，更多地——因为我自己比较内向——想让自己变得开朗一点吧。现在你关注的东西不一样了，还是自己的事业吧，也到了那个阶段了，得成家立业了。最关心的就是这个。其他的，就不太会把精力放在那个的表现上面了。(ZTH)

在上面这段话语中，这位被调查者力图把他的退出行为设定为一种随着年龄增长而自然出现的行为，也就是自然化；他甚至力图把这种"退出"变成"成熟"的标志，也就是说，一种值得追求、值得赞赏的行为。更具体地说，他试图把各种来自外部的强制性，比如获得货币收入以满足基本的生理需要，或者更准确地说，他除了生理需要之外的需要都不被承认、无法满足，这种受到社会作用的状况在他的话语中变成了一种"自然"的状况，甚至是他自己自愿、主动的"选择"。但是，正如本书上两章，以及本章前面部分所引用的话语指出的，工友们非常清楚地知道，这种生活远远不是一种充满了意义，拥有价值和尊严，能够使他们自我肯定的生活，事实恰好相反，这种生活充满了歧视和强制，这些歧视和强制在不少场合已经达致他们的身体。换言之，他们只有通过这样一种没有意义、没有价值和没有尊严的生活才能够交换到他们所必需的货币收入。因此，意义、价值等，以及更高层次的需要和他们的物质、生理需要变成了互斥的、不相容的，他们不得不强迫自己放弃意义、价值，以及更高层次的需要，甚至一部分物质性的需要。这恰恰证明，工友们上述的"退出"不是真正的自愿行为，而是自我强制的机制①。

那么，工友们对于这样的生活真的接受了吗？有一位被调查者说出了这样的话：

> 这样的生活反正……应该是过得不够精彩。没什么意义，因为现在年轻嘛，心里有些地方会压抑吧。这种压抑……觉得是必然的吧。因为只有这样的方式我才能赚钱，然后生活。可能是我自己感觉吧，我觉得我需要的跟我想的跟目前有差距吧。我需要的，怎么说呢，不需要每天都有很多那种烦恼，比如干活带来的那种累啊，压抑啊。(KYM)

也就是说，工友们并不想接受这样的生活。他们和所有人一样，有各个层面的需要，而不仅是物质上的、生理上的需要。但是，正如本书前两章指出的，

---

① 当然，这位工友的经历也进一步说明了工友们的流行文化活动并不具有任何价值和规范的维度，也就是进一步印证了本书上一章提出的"非文化"这个命题。另外，正如本书上一章讨论"新工人"的时候提及的，集体认同的前提之一是一定程度的情感投入(Melucci, Ibid)，不难看出，本章所讨论的生活的去意义化是与之背道而驰的，不仅不会对集体认同的形成起任何促进作用，而且进一步阻碍了集体认同的形成。

他们的这些需要，乃至一部分物质需要不仅没有得到社会的承认，而且他们自己也无法提出一种替代性的，能够支持他们诉求的话语和价值规范去支持他们提出自身的需要，只能被动地跟随、服从这些已有的价值规范。而现有的价值规范，正如我们已经看到的，并不承认他们在物质性、生理性需要之外的需要是正当的，更没有承认这些需要为权利。因此，他们的话语意味着他们只能被动地承受这种生活，强迫自己接受这样一种生活，强制性地把自己的需要缩减到只有物质性、生理性的维度。也就是说，在这样做的时候，他们不仅是自我压抑：压抑自身的非物质性、非生理性需要，以及自我否定：否定自己的非物质性、非生理性需要，实际上也就是否定自己的"社会"特性。这就是自我强制，而"退出"就是这样一种自我强制的机制。下面这位被调查者说得直截了当：

> 都习惯了这样的生活了，就没什么感觉了。因为也没法去改变呀，只能接受呀。因为我们需要钱花呀，如果不挣钱就没法生活呀。(LLG)

第五节 本章小结

本章讨论了工友们退出城市生活的几种形式。固然，从另外一个角度看，工友们的"退出"似乎可以理解为日常抗争的一种形式，但是这些"弱者的武器"(斯科特，2007)难以对底层群众自身进行"肯定"。例如，正如斯科特自己指出的，底层群众在运用"弱者的武器"的时候，"他们的出发点是一些习惯和规范，这些习惯和规范在过去被证明是有效的，而且显然有望减少或挽回他们所遭受的损失"(斯科特，2007：424)。也就是说，"弱者的武器"所依据的，正是使弱者成为弱者的那些"习惯和规范"。这样做，恰恰是永久化、自然化、正当化了"弱者"的状况。

不仅如此，虽然"弱者的武器"通常意味着对于一切事物意义的"否定"(布迪厄，2005)。被否定的这些事物中，也包括了"弱者"自己，"弱者"自己生存的意义也一并被否定了。换言之，这种"否定"事实上剥夺了包括新生代农民工在内的底层体力劳动者为自身争取进一步权益的正当理由[①]。在这个意义上，这种"否定"实际上是一种"祛魅"(disenchantment)，也就是说，这种"否定"实际上意味着新生代农民工失去了改变他们目前境况的希望 。而且，这个层面的"否定"，恰好发生在"幻想世界"(许茨，2001)里，也就是说，这个层面的"否定"，和客观现实世界在大多数场合都不发生关系，也就无从改善底层群众的境况。就我国的新生代农民工而言，他们不仅受到了户籍制度的排斥，而且也受到了市场关系的作用，事实上本书第一章中已经提及，我国的学者陈光金指出，市场已经成为我国收入不平等的主要生成机制(陈光金，2010)。一般地说，市场对底层体力劳动者也是有强制性的(Burawoy and Wright, 1990)。"弱者的武器"中有一些正是以市场作为其内容的，这样做显然无法真正改善他们的境况。总之，笔者认为即使是把"退出"视为日常抗争的一种形式，这样一种举动不仅不能真正地改善我国新生代农民工的现实处境，反而成了他们所受到的压迫得以再生产的机制。这种行动也并不真的是"积极""主动"的，而是结构强制的结果[②]。

此外正如本书之前部分讨论文化自主的时候指出的，人只有通过全面参与社会生活才能自我实现，完成"肯定性"，达致文化自主。本书前面章节更是一再强调、反复指出，体力劳动者等底层群众更是只有通过社会活动和社会手段才能够满足自身的各种需要首先是物质需要。也就是说，"社会"，更具体地说，主动地参与社会生活对于底层群众来说并不是一种可有可无的、锦上添花的奢侈品，而是必需品。这两者是相辅相成、相互促进的，同时也是相互制约的。因此，上述的这种退出，即使是日常抗争，也恰恰对工友们构成了进一步的压抑与否定，并且实际上成了再生产工友们的被压抑、被否定、被排斥地位的途径与手段[③]。他们因为所受到的排斥和歧视而不再积极参与城市生活甚

① 事实上斯科特自己在指出这样一种情况下"弱者"的反抗往往诉诸这样或者那样的宗教(斯科特，2007：402-407)的时候已经承认了这个问题，也就是说，这样的"武器"在现实社会中并不能真的改变弱者的状况。事实上这样一种试图取消一切事物意义的"否定的平等"，也正是为现实社会中的不平等进行辩护、进行论证的(Marcil-Lacoste, 1993)。

② 事实上，这样的"退出"正是本书之前部分提出的"虚假意识"的作用，并不是真正意义上的"自主"。

③ 以笔者所见，"退出"成为再生产途径的例子还有在日本的菲律宾移民，见 Kinshade Mushakoji：Social Reproduction of Exclusion：Exploitative Migration and Human Insecurity。这个例子也进一步说明了"弱者的武器"的局限性。

至自我隔离，这很明显是试图通过这样的"退出"强行消除自己在城市生活和打工生活中受到的各种压抑乃至直接强制的记忆，从而使得这样一个过程不那么残酷，能够持续下去。但是毫无疑问，这样的"退出"并不能使他们获得城市社会的承认，从而成为城市社会的一个平等成员。恰恰相反，这样做事实上等于承认了他们无力改变目前所处的这种地位，甚至可以说是"放弃"了改变的努力，也就是"听任"(resignation)(Therborn, 1999: 98)[①]。除了本书中已经引用的工友们的话语之外，笔者在调查间隙和工友们闲聊的时候不止一次地听到他们说"社会就是这样的"，这正是"听任"的表现。

听任和放弃显然不仅不能改变工友们所处的地位，更无法克服他们所受到的压抑和否定，而且只能使得上述这些压抑和否定永恒化、自然化。也就是说，"退出"已经成了城市社会意识形态化的机制和手段[②]。这样一种意识形态作用的结果就是，他们的"生活世界"已经受到了"系统"的全面强制和压抑，是一个破碎的事物。正如本书前面几章的论述指出的，这样的"生活世界"已经不可能产生出相应的价值规范，也就是不可能成为他们进行抗争的资源[③]。同时，这种退出意味着工友们承认了他们无力挑战城市"主流"社会对于他们进行各种支配和宰制，甚至使得这些支配和宰制获得了某种程度的"正当性"，服从这些规范甚至成了某种道德义务。更进一步地说，由于这种退出始终是，当然也只能是意义和价值层面的退出——正如本章前面论述的，即使是那些将来不准备留在城市中的农民工，在他们拥有劳动能力的时候还是留在城市中的，工友们并不能通过这样的"退出"免于受到城市"主流"社会的各种支配和

① 根据笔者在写作本书期间向 Therborn 教授请教的结果，这个概念指的更多是放弃斗争，因此翻译成"听任"而不是"顺从"。

② 参见 J. B. 汤普森：《意识形态和现代文化》。

③ 在这里笔者认为应该指出，"系统"和"生活世界"的区分尤其在现代社会中并没有太多的实际意义，因为尤其在现代社会中，没有人能够拥有一个独立于"系统"之外的"生活世界"，任何人的各种需要，哪怕是基本需要都必须、必然通过"系统"完成。也就是说，尤其在现代社会中，"系统"必然成为"生活世界"的基础，必然成为形塑"生活世界"的种种力量的来源。更具体地说，日常生活必然受到 societalization 机制，也就是"生产和再生产过程(诸如福特主义发展模式下的那些)推及、扩散到日常生活中的过程"(Ronneberger, 2008: 143)的作用。因此，"生活世界"并不能成为价值规范的来源。对这个问题的理论分析还可以看普雷德(Allan Pred): Social Reproduction and the Time-Geography of Everyday Life，以及 Henri Lefebvre: Critique of Everyday Life。在实证研究方面，施内尔(Schnell)和约阿夫(Yoav)对以色列黑人移民劳动者的研究表明，退回日常生活只能强化底层群众受到的孤立和排斥，见 Schnell and Yoav: The Sociospatial Isolation of Agents in Everyday Life Spaces as an Aspect of Segregation。强调"生活世界"的理论见 Kasagiri, 1992 里的介绍。

宰制。他们始终生活在城市里，城市的状况，正如本章，以及本书上一章所指出的，影响着甚至决定着他们生活的各个方面[①]。他们的“退出”并不会使得城市的各个方面、各种机制不再作用于他们，更不会使这些作用减轻一分一毫，只会使得这种状况变成一个永远无法摆脱的恶性循环。尤其是因为正如本文上两章指出的，工友们缺乏自我肯定的价值和规范，而只能被动地跟随“主流”价值规范，所以，他们的退出并不能使他们摆脱这种自我否定和压抑，反而变成了自我强制。因此，工友们这样做，其一意味着他们在城市社会中失去了几乎一切自我防卫和防御的能力；其二，这恰恰进一步使得城市“主流”社会自然化了，这种自然化即使没有完全剥夺，也是极大限制了他们提出自身诉求和相应话语的能力，也因此使得他们更加难以摆脱他们目前所处的这种状况。因此，“退出”对于工友们而言，也是一个亟须克服、亟须摆脱的状况。在笔者看来，为了克服这个问题，文化自主是必不可少的。同时，我国宪法和法律规定了包括新生代农民工在内的全体城市居民参与城市生活的权利，毋庸讳言，这些规定在现实中的落实状况有不少改善的空间。

除了再生产和意识形态化之外，这种退出还造成了另一个结果。本章前面指出，工友们普遍地承认城市生活至少在物质利益上是优越的、值得追求的，他们在城市生活中还是能够获得相当的物质利益的，但是他们仍然在户籍制度和阶层的双重作用下无法进入城市“主流”社会，被排斥、被否定、被压抑；与此同时，他们又无力改变城市“主流”社会特别是中产阶层的价值规范，正如本书上一章指出的，他们只能非常被动地追随这样一种排斥他们、否定他们的价值规范，甚至把这些价值规范设定为一种绝对的、不容置疑的标准。因此，他们不能从城市“主流”以外的地方[②]去寻找意义。在这个意义上，城市“主流”社会对于他们来说实际上成了一个可望而不可即的事物。更具体地说，他们在自己已经被排斥，而且自己事实上已经不可能满足城市“主流”社会的价值规范，亦即他们已经不可能被城市“主流”社会所承认的情况下，仍然留在城市中打工，这固然是他们受到压抑和否定的表现，但是，这同样也提出了一个问

① 比如2008年全球金融危机期间的状况，“宏大叙事”和叶圣陶小说《多收了三五斗》中的洋米、洋面、外洋大轮船之于农民一样，离他们并不遥远，恰恰已经成了他们日常生活不可分割的组成部分，而且是形塑他们日常生活的决定性力量。

② 例如农村生活。

题：为什么他们会留在城市中？他们在城市中固然能够获得一定程度的物质利益和货币收入，但是人究竟不是只有这些物质和身体的需要，也就是说，仅仅物质利益和货币收入并不足以解释他们的行为。布迪厄曾经指出，"只有那些完全退出游戏，彻底破除幻想，放弃全部押在将来上的赌注的人，才会觉得时间的接续呈现为纯粹的间续性，世界会陷入一个没有将来即没有意义的现时的荒谬之中"（布迪厄，2003：127）。换言之，工友们留在城市中的时候，他们必然要通过这样或者那样的机制寻找一些哪怕是虚幻的，使得他们能够并且愿意在城市里生存下去的理由，寻找到他们的"将来"。本章以及本书之前的两章已经指出，他们自己事实上是没有"将来"的，那么，他们的"将来"在哪里呢？是什么使得他们一直留在城市里呢？本书下一章将具体讨论并分析相关的问题。

第五章
希　望

第一节　城市与工友们的希望

本书的第二、第三和第四章讨论了工友们文化的几个主要方面，通过以上几章的讨论可以看出，工友们目前的文化是压抑和自我否定性质的，并且他们还必须通过退出这样的自我强制机制来被动地承受他们目前的这种生活，总的来说，也就是工友们极其缺乏文化自主，处于文化压抑状态。但是，任何人都不可能真的没有，或者不追求"肯定性"，哪怕仅仅是主观地追求。工友们毫无疑问地处于匮乏状态中，不仅是物质的匮乏，也是文化自主的匮乏。但是任何人都不可能真的满足于这样一种匮乏状态，他们也会有他们自己的梦想——即使这种梦想在现实面前十分脆弱，比如本书之前章节中提及，那位跳街舞的工友有他的"明星梦"，其他工人也有他们自己的梦想[①]。恰恰相反，"希望表达了实现目前还不存在的事物的可能性的想象与愿景"(Levy，1997：177)。换言之，正因为工人们处于匮乏状态中，他们才有希望，他们也才更需要希望。本书前面章节的分析中已经指出，工友们跟随"主流"社会的价值规范，比如对从事办公室工作的白领评价很高。这种跟随的确是被动的，对工友们也是不利的，

① 正如笔者在本书第一章中指出的，目前国内对新生代农民工的研究中缺乏对他们主体性方面的研究，尤其是缺乏对新生代农民工希望的研究，只是简单地问他们的一些想法，并没有对想法的生成机制等进行具体分析。因此，本章将使用布洛赫(Ernst Bloch)的希望理论对这个问题进行分析和讨论。

但是并不能取消他们的希望和梦想。正如下面这位工友的话表明的：

> 人他始终是人，人永远超越不了人的底线。人还是人。上流社会的人是人，下流社会的人也是人。活在上层社会的人他始终也是个人，和我们没有区别，他每天也是为了自己的家，为了自己的未来，为了自己的幸福，对不对？而我们这种低层打工者，也是为了自己的家，为了自己的未来，为了自己的幸福。并没有多大区别，只是在于你会多少，干什么，就这样。(JFM)

毋宁说，本书之前章节所分析的这样一种状况使得工友们没有任何能够替代"主流"社会规范的话语，同样使得他们只能以这个"主流"社会规范为绝对的、不可违反的标准而行动[①]。因此，工友们提出自己的梦想的时候，是不可能无视"主流"社会的价值规范的，而是必须参照这些价值规范，甚至是依照这些价值规范。例如，本书前面的章节已经指出，工友们对教育与文化资本给予了相当高的评价，而且工友们普遍认为城市在经济生活上远远超出农村。也就是说，对于工友们来说，城市的"主流"社会首先是一个非常值得追求的，在价值序列中处于很高位置的事物。更准确地说，城市"主流"社会事实上成了"肯定性"的垄断者。本书前面的章节中也指出了，工友们的话语中，城市"主流"社会及其标准已经成为了一个绝对的、不容置疑的，他们除了服从之外没有任何"选择"，甚至没有任何思考余地的标准[②]。正如本章将指出的，在这样一种状况下，工友们会认为，如果他们要实现"肯定性"的话，只有被城市"主流"社会承认才能完成。也就是说，只有按照城市"主流"社会规范行动，成为城市"主流"社会的完整的、平等的成员——在目前而言，这除了成为城市中产阶层的成员之外几乎没有任何其他可能，他们才能够自我实现。比如下面这两位被调查者就是这么说的：

---

① 除了笔者在本书之前的章节中已经引用过的话语之外，在笔者的访谈中，经常听到被调查者使用"学习"这个词汇描述他们和城市"主流"社会之间的关系。这样一个词汇所反映的很显然也是城市"主流"社会在他们看来的绝对权威地位。

② 因此，他们的"过去"，亦即他们的农村生活经历并不能够成为他们表达自己"希望"的载体。也就是说"非共时性"(non-contemporaneity)，亦即"虽然生活于现在，但是属于一个比现在早的时代的经验"(Geoghegan, 1995: 39)，不能成为他们的资源。事实上，在笔者的调查过程中，即使是那些来自农村的工友们，对农村生活也几乎没有较为正面的评价，工友们和农村的联系也已经非常少了。

> 我现在打工就为的是生存，为了明天的饭钱。但是等到我的生存我的生活达到一定的标准，满足这些条件，就可以去想其他的，就可以去干其他的。(YLL)
>
> 也想通过自己的努力，然后取得更好的薪金待遇，希望自己的收入高一些，慢慢地话，有可能成为……(YXZ)

在希望的表达形式方面，"希望渗透于日常意识，以及日常意识在诸种文化形式中的表达之中，这些文化形式的范围从神话故事到伟大的哲学与政治乌托邦"(Kellner，1997：81)，也就是说，虽然工友们处于笔者在本书之前章节中指出的"非文化"中，他们也会通过一定的形式表达自身的希望。

除了上述问题以外，众所周知，目前工友们被以这样或者那样的方式排斥在城市"主流"社会之外，也就是说，虽然他们生活在城市里，但是城市"主流"社会对于他们来说恰恰不是"现实"。以上这些因素的共同作用有 3 个结果：① 城市"主流"社会对于工友们来说，不是"现实"，因此成为这样一个社会的成员是他们的想象，他们的"希望"。② 这种状况使他们的希望受到了城市"主流"社会的限制和束缚：他们的梦想等，必须以城市"主流"社会所承认、所认可的各种行动为质料、为内容。更具体地说，这个内容就是本章将要指出的，成为城市"主流"社会，更准确地说，中产阶层的成员。而教育和文化资本，也就是满足城市"主流"社会的价值规范和标准，从而进入这样一个社会的途径和手段[①]。③ 这样一种"肯定性"，就理论而言，只能通过社会达尔文主义的"市场竞争"获得。这样一来，社会达尔文主义不仅是工友们使用的话语，甚至更进一步，成了"通往希望之路"，成了他们实现希望的途径和手段，而且还几乎是唯一的手段。

但是，正如本书上一章指出的，工友们自己不仅事实上被完全排斥在城市

---

① 很明显，这样做实际上诉诸的是一种霍雷肖·阿尔杰(Horatio Alger)式的"成功叙事"。对于 Horatio Alger 叙事的分析，见 Richard Weiss：American Myth of Success：From Horatio Alger to Norman Vincent Peale，以及 Jefferey Louis Decker：Made In America：Self-Styled Success from Horatio Alger to Oprah Winfrey。这样一种"成功叙事"在我国社会也相当盛行，其中最为突出的表现，笔者以为是 2013 年的电影《中国合伙人》——事实上这部电影的英文名称就是直截了当的 American Dreams in China。当然，这也是一种意识形态，正如凯尔纳(Douglas Kellner)指出的，这是意识形态的双重功能(Kellner，1997：83)。

"主流"社会之外,而且他们事实上也不再可能符合城市"主流"社会的价值规范——例如,最典型的,他们已经失去了继续上学,通过教育和文化资本实现向上流动的可能[①]。如果运用布洛赫的术语,工友们的状况是"否"(not)(Geoghegan, 1995: 33)[②],并且,通往希望的道路对于他们来说是封闭的。他们的希望就成了"被认为缺乏的事物的永久而普遍的表达"(Geoghegan, 1995: 34),也就是说,他们的希望是"主观的希望"。同时,既然通往希望的道路对于他们来说已经封闭,那么他们的希望就不可能放在自己身上,而只能放在他们的子女身上。这是因为他们的子女至少在理论上还处于"尚未"(not yet)的状态。也就是说,他们的子女至少在理论上还没有受到这个社会的直接作用,通往希望的道路在理论上对他们的子女还是开放的,他们的子女在理论上还没有"停滞",还有运动与发展的可能。这就是他们的"希望"。同样,正如已有的大量研究表明的,在现实生活中,通往希望的道路对工友们的子女并不是开放的。因此,他们期望自己的子女进入城市"主流"社会同样成为了一种不可能实现的想法,只有理论上的可能性。因此,就这种希望的不可能性而言,这又是一种"抽象的乌托邦"[③]。

第二节　通往希望之路:教育与社会发展

在笔者的调查过程中,笔者强烈地感受到,工友们几乎把所有的希望都寄托在他们的子女尤其是未成年子女身上。例如,虽然本书上一章指出,他们中的相当多数人将来不准备留在城市,但是当笔者问及他们子女的状况的时候,

---

① 正如本书前面章节指出的,即使是那位跳街舞的工友,也不能通过街舞这样的活动而获得城市社会的承认,成为这个社会的平等成员。对于其他没有"才艺"的工人们来说,他们通过别的途径获得城市承认的可能性事实上等于零。

② 也就是说,他们的各种需要没有得到满足。而且正如本书前面的章节,尤其是第四章指出的,他们十分缺乏克服这样一种状态的资源与能力,在相当时间内不可能摆脱这种状态。这样更加使得他们追求"希望"。

③ 当然,这里并不是说他们只能拥有这种"抽象的乌托邦",此处不赘。

他们中的大多数人态度出现了变化，愿意为自己的孩子而留在城市。同时，多数被调查者们还认为自己子女长大之后的生活会比自己现在的生活好。有位被调查者甚至说出了这样的话：

> 你要繁衍你的下一代，你要把你这辈子没有办到的告诉自己的子女：你们一定要加油。我自己做不到，你们能做到。（JFM）

很明显，在这里，其一他认为，他自己已经没有实现希望的任何可能了[①]，其二他认为他的子女已经成了他自己希望的载体。为了进一步了解工人们的想法，笔者在问卷调查中也针对这两个问题设计了相关的问题。

有了希望，还要有通往希望之路亦即实现希望的途径，那么他们设想的“通往希望之路”有哪些呢？根据笔者的调查，主要有社会发展，以及教育和文化资本这两条。但是无论哪一条路，其内容都是社会达尔文主义的个人奋斗与竞争。因此笔者在问卷中也设计了专门的问题，结果如表5-2-1所示：

表5-2-1　孩子的生活

会否为了孩子留在城市里					
		频　率	百分比	有效百分比	累积百分比
有效	会	76	74.5	75.2	75.2
	不会	25	24.5	24.8	100.0
	合计	101	99.0	100.0	
缺失	系统	1	1.0		
合计		102	100.0		

孩子生活会比自己好					
		频　率	百分比	有效百分比	累积百分比
有效	会	94	92.2	92.2	92.2
	不会	8	7.8	7.8	100.0
	合计	102	100.0	100.0	

① 事实上他也只有20岁出头。在城市“主流”社会里，这样一个年龄只能说是生活充其量刚刚开始的状况。更进一步地说，笔者本次所调查的对象绝大多数都是20—30岁这个年龄段的，也就是说，绝大多数被调查者在城市“主流”社会中还是处于生活刚刚开始，或者正在实现自身的希望这个阶段。

续　表

只要努力我的生活就能改善					
		频　率	百分比	有效百分比	累积百分比
有效	很同意	33	32.4	32.4	32.4
	同意	64	62.7	62.7	95.1
	不同意	5	4.9	4.9	100.0
	合计	102	100.0	100.0	

从以上结果中可以看出，工友们不仅认为他们的子女是他们希望的载体，而且他们也确实认为"通往希望之路"是存在的。因此，接下来笔者将对这两个问题一一进行具体分析。

一、通往希望之路(一)：社会发展

在访谈过程中，当笔者问工人们为什么会对他们的子女生活信心如此强烈的时候，一些被调查者强调的是社会发展，亦即他们把他们子女进入城市主流社会的希望寄托在社会的发展之上。下面是几种比较有代表性的看法：

> 那肯定比我好，因为社会发展得好，条件好了。社会发展得快，国家的政策放得也宽了。你看，上一代付出，下一代享受嘛，对吧？一代就比一代过得富裕了，生活水平也提高了。就拿我来说，这10多年像我这样10多岁的人出来打工，现在至少20多岁的人才出来，区别大得多了吧。现在这些小孩像我儿子那样，他结完婚，(他的)孩子我还得给他养着，为什么呢？条件不一样，生活水平提高了嘛。过去一个人干到50多岁60岁就不干了，现在的人60多岁70岁还干着呢。(GSC)
>
> 一代更比一代强，把我自己能给的都给他，然后他就自己弄吧。我们比上一代好，上一代比更上一代好。(JLF)
>
> 因为我们的基础已经打下去了，不像我们小时候生活条件差，现在像我们这样的工作虽然赚不了太多的钱，但也可以为他的生活基础先打好。上学，上大学是没有问题的。(HLY)

一代比一代强吧，你看像我这代就比我父母那代强吧，你说对不对，我父母那代就没怎么上过学嘛对不对，我就上过学，我出来还可以做点啥嘛。(GWY)

不难看出，他们把自己的希望的实现寄托在社会的发展之上。他们的话语试图建立一个“线性进步”的社会发展序列。但是，正如本书第三章指出的，他们自己也知道，他们不是这个社会的主人，他们对于这个社会的发展不能施加任何影响，就现实而言他们所期望于这个社会的只能是一份相当微薄的货币收入。同样，本书第三章也提到，他们也知道，在这样一个社会面前是没有任何“选择”余地的，他们所能做的，只是避免被淘汰。下面这位被调查者的话更为直接：

主要是……就是你生活在一个大城市里边，你就会感觉，各个方面的这种，经济方面的呀，还有一些社会方面的……就是要求你必须不停地往上提升，要不然你可能就被这个社会淘汰了。(YXZ)

工友们实际上也认识到了这一点，如表 5-2-2 所示：

表 5-2-2　社会地位的决定因素

命运还是个人努力					
		频　率	百分比	有效百分比	累积百分比
有效	完全由命运决定	3	2.9	2.9	2.9
	部分由命运，部分由个人努力	59	57.8	57.8	60.8
	完全由个人努力决定	40	39.2	39.2	100.0
	合计	102	100.0	100.0	

很明显，工友们知道，他们的将来，并不是完全由他们自己决定的。同时正如笔者在上一章指出的，相当数量的工友们对城市“主流”社会采取的是“退出”态度，也就是说，他们自己也知道他们在面对这样一个社会的时候，是完全无力的。他们只能被动地跟随、服从这个社会，甚至通过自我强制承受这个社会对他们的一切。显而易见，这不可能使得这个社会的机制发生一丝一毫的

有利于他们的改变。这样一来,很显然,工友们的子女们所面对、所生活于其中的那个社会,几乎不可能与他们自己所面对、所生活于其中的这个社会有根本的差别[①]。他们的子女克服这样一种状况的能力显然并不乐观。那么,这样一条通往希望之路,有多少实现的可能呢?

二、通往希望之路(二):教育和文化资本

正如本书第三章曾经指出的,Q村工友们对于教育和文化资本给予的评价是十分高的,有些被调查者甚至认为,教育和文化资本能够成为打破目前存在于我国的农村与城市之间的社会区隔的手段:

> 农村的孩子,你知道吗,他缺乏的就是教育。缺乏一种专业的教育。在农村有些东西是学不到的。但是,你把教育都放在农村,农村也会出现很多精英的,因为农村的教育,现在他们学会的东西并不会很多,农村的教师和城市里边还是有一定差距的。(JFM)

当然,从另外一个角度讲,在现实社会中,相对其他形式的资本尤其是货币资本而言,获得教育和文化资本的难度还是要相对低一些。此外,与本书第二章分析过的"智慧"或者"脑子"相比,教育和文化资本至少还有一定程度的,在现实中通过努力可以获得的特性。也就是说,在现实社会中,教育和文化资本事实上是工友们可以寄予希望的几乎唯一"选择"。以下是他们的看法:

> 当然希望他以后考大学呗,多挣点钱呗。别像我们一样,我们就是没上完学,啥事也不行。是啊。现在只生一个呗,希望都在他身上是吧,希望他长大以后,多学点知识呗。
>
> 上学当然有用咯。上学了以后找工作也好找,是吧。找份工作也没

① 这里似乎要再次强调,即使新生代农民工们通过户籍制度的改革等获得了城市居民的身份,已经形成的、本书上一章所分析的他们和城市"主流"社会之间的区隔也不可能在一夜之间消失。这尤其是因为本书之前部分已经指出的,新生代农民工们和城市"主流"社会之间的区隔已经是阶层性质的区隔,并且还在不断地通过各种机制再生产出来,这样一种状况显然是不可能通过他们获得城市户口而克服的。

那么累的,像我们没上学,找份工作也不好找。像我们没上过学找工作都不好找,只能干点体力活。干体力活,一天早上起得早,晚上睡得晚。小孩子上了学以后,读书认真一点嘛,以后上班找份好工作呗。他能上就让他上呗,不管他上大学上高中,看他的能力咯。都希望他以后过得好。不管怎么样,只要他有能力,我们大人再苦再累,也要供他上。希望他以后学门什么手艺。最好是学上得多,手艺也有,你啥也不是,到社会上没法生存。上学还是最优先的。以后他上学要用什么东西都给他买。小孩子多玩点玩具,聪明啊。是啊,你玩玩具,打游戏什么的,活动脑子。小男孩嘛,都爱玩具。玩具玩得多有好处的。只要对他有好处我都干。(QFL)

将来送小孩子上大学啊。因为我就是……我没上过学,然后一颗心就放在孩子身上了吧。我期望她就是,这孩子好好学习,多学一点。因为我是没学问的人,没上过学。现在小孩好好学习。因为我感觉没学问太糟糕了吧,上哪去都不方便。找工作可费心啦。没学问人家根本不要你。你没学问,头脑再好使,干什么事情都干不了。有学历的毕竟还是比我们这样不识字的好找活嘛。我 16 岁来 B 市,在车站问人要坐什么车,还是 30 多岁的人,他说“你自己不会看啊”,可伤心了。我想一定要送孩子上学。没有学问太难了太难了,不管出门不管在家,不识字买东西都买不了。(AXL)

小孩在 B 市只能上到初中。要供得起就在 B 市上,供不起就回去。他上学有出息,学习好的情况下肯定比我现在强。他要是在学校里一个班 52 人,要是排到 10 多名,就不错了。(LJQ)

主要为了孩子而留在这里。现在发展,也是为了下一代提供好的条件嘛,是不是。各方面的教育等,都比老家好。咱小的时候父母没给咱创造什么条件,咱现在就尽量地给孩子创造条件吧,是吧。我现在为什么要努力,为孩子提供一个好的环境,我当时没上过学,给孩子提供好的条件,让他完成我没有完成的学业啊心愿啊。(LQS)

从上述话语可以很明显地看出来,他们和那位工友一样,认为自己已经没有希望了;因此,他们把他们所认为的自我实现,亦即成为城市“主流”社会中的白领成员的可能性寄托在他们的子女获得相应的教育和文化资本上。不过,正如每个熟悉我国目前社会和工友们生存状况的人都知道的,目前工友们子女在教育方面是受到非常大的阻碍的，他们的子女基本上没有办法接受和城市居民的子女大体相同或相近的教育，他们也非常清楚这一点：

> 那肯定会啊，你城里，你看啊。我给你讲讲小孩子在城里上学的事情。你到学校他不接受你，你说重点学校他不接受你，你还是得（把小孩）搁在这个私人办的学校里头上学。是，国家政策让你能去上学，但你还是上不了。你进不去。现在没借读费了，他让你往学校捐钱，乱七八糟的这个东西。我在顺义那边住过，我在丰台住过，我在朝阳住过。我去的地方太多了，在B市，天津，河北。你知道。以后小孩上中学了，高中上不了，还得回老家去。现在上小学在这边，就得花钱，不花钱就没地儿上。这就挺困难。这两年三年的，国家把我们这边的私人小学全部关闭了。上面政策好，下面执行不了。上不去，还在私人上的学校。是花钱找关系倒也能上得了。公平一点儿的话，我们小孩的证件办齐了，他不要你，就说满了。人活着都为了生存，谁都为了多赚点钱，到老了，积攒点钱，有个保证，对不对。各个方面，谁都想做到，有的人就做不到。现在这条件还挺严格的，你有钱也买不了房。要交个人所得税，社保还得交15年，这些条件达不到怎么买房？（GSC）

也就是说，他们提出他们对子女教育的希望的时候，非常清楚地知道他们所面临的这些困难和障碍。同时，他们也知道，这些困难和障碍至少在相当时间内还没有克服的可能。因此，他们的这种想法，与其说是提出一个客观事实，或者说这是一个他们能够在现实中满足的想法，能够完成的奋斗目标，不如说这是他们的"话语"，实际上也是他们的"希望"。换言之，在这样的叙事和话语中，他们并不是生活在现实中，而是生活在"未来"中，更准确地说，他们生活在他们的"希望"中。因为正如本书前面章节指出的，现实对于他们来说是自我压抑、自我否定与自我强制的，也就是说，他们只有通过哪怕是暂时地、想象地脱离现实，才能够达致"肯定性"与自我肯定[①]。不过，他们自己已经"现

① 如果运用布洛赫的术语，这就是一种"白日梦"（daydream，Levy，1997：177）。需要说明的是，这个词的意思并不是说这种希望是脱离实际的，而是说，这种希望是有意识建构的，而不是片断的想象。当然，这种"脱离"，正如我们看到的，并不完全。

实”得无法脱离现实了，只有他们的子女才能够暂时地“脱离”这个现实。

有些被调查者表现得更为明显。笔者在调查中遇到过一位工友，当笔者问他什么是人最重要的能力的时候，他的回答是“现在需要养活自己，养家糊口，培育下一代”，说实话，这个回答让笔者相当惊讶，因为这位工友今年才19岁，按照城市主流社会中一般人的状况，他自己的生活也才只是刚刚开始。笔者进一步询问以后，他的回答是这样的：

> 出来待两年了，看过一些事情。因为我们厂子有一个干活的吧，他的小孩一直在这边上学，然后不知道，我也不了解，不太清楚，他好像就是，需要回老家办什么东西又要跑到这边来，办什么证件，反正特麻烦的。我觉得如果金钱足够的话，应该就没有这么多问题。金钱足够的话，可以让他上好的学校啊，上贵族学校也可以的。可以给他提供更好的条件啊。(KYM)

需要特别注意的是：这位工友在现实生活中还没有建立家庭，更谈不上拥有子女，因此，他的这些想法并未成为事实，处于“尚未”状态，也就是说，属于“希望”领域。如布洛赫指出的，在这样一种状况中，“宇宙(universe)并未终结，它需要完善，它是‘尚未完成’的，宇宙的未来明显地掌握在积极行动的人类的手里”(Geoghegan, 1995: 30)。不仅如此，只有在这样一种状况下，希望才能成为“希望”。换言之，非现实性不仅不是希望的阻碍，而是相反，是希望的前提。正是因为他还没有孩子，他的希望还没有受到现实社会种种结构与机制的作用，也就是说，还是“尚未存在”(not yet)，所以他还能够这样想象。他也还能够在想象中通过自身“积极的行动”去使得他的子女实现他的希望。正如一切“希望”那样，他试图通过这些希望去克服他在现实中完全没有可能克服的那些事物，亦即现实社会中存在的一切他无法克服的障碍。[①] 显而易见，在目前的状况下，他没有任何可能把他的希望转变为现实，也就是说，他的

① 如本章第一部分指出的，从另外一个方面说，这样的希望也可以理解为，这位只有19岁的工人已经认为，他自己已经没有了“将来”。现实社会对于他来说，已经是一个无可改变的事物了。不仅如此，这样的“希望”，同时也成了他表现自身的“肯定性”能力的手段——但是这样的“肯定性”，只属于“幻想世界”。

希望的可能性只是理论上的，而不是现实的。因此，这样一种可能性，就只是“一种对于渴求的希望的幻想，与存在和历史缺乏真实关系”(Levy，1997：178)。他的希望完全属于他的主观领域，还是一种“抽象的乌托邦”。不仅如此，正如本章第一部分指出的，工人们在这样做的时候所依赖的，正是使得他们目前的社会地位永恒化、永久化的社会达尔文主义。否定他们、排斥他们的事物与机制不仅成了工人们使用的价值规范和评价标准，而且还成了他们认为的希望的实现机制。

第三节 本章小结：再生产 vs 希望

毫无疑问，正如本章前述部分已经指出的，工友们和其他人一样，也有他们自己的希望，他们自己的梦想。不过，即使是他们这样的“主观的希望”，也不是真的和现实社会毫无关联[①]。恰恰相反，不仅希望的具体内容是由城市规定的，希望也是要接受现实社会的检验的。由于工友们的希望，其内容是“主流”社会价值规范中的“成功”，亦即本章前面部分说过的，成为中产阶层的成员；其机制也是现实中的，亦即社会达尔文主义以及本章第一部分提及的霍雷肖·阿尔杰(Horatio Alger)式“成功叙事”所自然化了、正当化了的市场竞争机制。这样一种希望，毫无疑问，所受到的现实社会的制约比其他各种希望更强[②]。更进一步说，正如已有的研究表明的，无论是社会发展，还是教育和文化资本，在现实社会中与其说是他们希望的真正载体，不如说是再生产他们目前的社会地位和状况的机制[③]。比如石长慧博士的研究已经指出，工友们的子女，就其中的绝大多数而言，并不可能如他们所期望的那样，通过教育和文化资本等途径被城市“主流”社会所接受，成为这个社会的平等成员。恰恰相反，工友们的子女出现了认同紧张和结构紧张结合的双重紧张(石长慧，2010)。

① 否则也无所谓“主观希望”与“客观希望”的区分。

② 事实上本章所援引的布洛赫理论也区分了各种“希望”的具体情况，并不认为各种“希望”都是等同的。参见 Ernst Bloch：The Principle of Hope 中的具体分析，此处不赘。

③ 参见本书第三章中提及的布迪厄、帕金以及我国学者刘精明等的相关研究。

笔者在本次调查中也遇到过在B市长大的工友，他们并没有因为在B市长大并接受教育而不受排斥，他们也没有能够像他们父母期望的那样进入城市“主流”社会——相当反讽的是，在调查中，他们正是用B市口音告诉笔者：“我不是B市人”。另外，即使工友们的子女进入了城市里的公立学校，在形式上和城市居民的子女接受了相同的或相近的教育，已经被世界各地学者分析过的自我排斥机制，也就是本书之前引用过的威利斯等学者的研究指出的那些机制，必然会对他们产生作用①。很明显，这种再生产机制是不可能实现工友们的希望的。也就是说，在现实社会中，工友们子女的绝大多数并不能通过教育和文化资本这个途径进入城市“主流”社会，成为其成员。因此，工友们的“主观希望”，他们的“抽象的乌托邦”不仅不能真正地在现实中起作用，而且相反，这个“抽象的乌托邦”仍然要受到现实社会的支配，服从现实社会的结构和逻辑②。而很明显，这种支配、这种结构和逻辑对于他们的希望来说，不仅不是起促进和帮助作用的，而且恰恰相反，起的是阻碍作用③。换言之，工友们设想的“通往希望之路”在现实中恰恰起了相反的作用。

笔者还记得，在本次调查即将结束，笔者和同学去Q村发问卷的时候，一些在Q村的农民工子弟学校上学的女孩子们围着笔者和笔者的同学打闹玩耍，并且非常得意地、快乐地告诉笔者和笔者的同学：“我的英文名字叫……”她们无疑是认为，她们已经和城市人，更具体地说，城市中产阶层的孩子们一样了，她们将来也能像城市中产阶层的孩子一样，成为城市“主流”社会，更准确地说中产阶层的一个正式成员。这无疑是她们的、他们的，以及她们和他们父母的希望，但是笔者忍不住想，她们和他们的希望，在现实中能够实现吗？这样的希望，又能够维持多久呢？

在笔者进行调查的时候，一位被调查者对自己学习经历有这样的回忆：

---

① 实际上，笔者这次调查的工友中已经有一部分是通过这样的机制进入体力劳动者行列的。此外，正如现在大家都知道的，即使是城市居民，大学毕业生乃至研究生找到满意的职业也是有相当的困难的，工友们的子女在这个方面不用说处于更加劣势的地位。

② 在本次调查中，笔者也发现了，随着工友们子女年龄的逐渐增长，这种希望也不断受到侵蚀，直到最后消失。

③ 比如本章开始部分引用的关于霍雷肖·阿尔杰式“成功”叙事的分析也指出了这种叙事存在的问题，此处不赘。此外，格雷戈里·克拉克的近著(Gregory Clark: The Son Also Rises)也说明，“社会流动”在大多数时候其现实性是很值得怀疑的。以上这些都无疑进一步加剧了工友们的困境。

> 我那时候特别聪明你知道吗？我上小学的时候就想，小学嘛，学的知识懂了就行了，以后初中努力点，加点油。然后到初中了，就感觉初中也挺简单的，有些东西学会就行了，到高中再加油吧。然后到高中了，有些东西自己并不是完全掌握了，但是感觉压力也特别大，该考大学了。我这个人比较懒散，就导致没考大学。(JFM)

也就是说，在以上因素的共同作用下，工友们的希望，或者说抽象的乌托邦失落在幻想与记忆中（Levitas，1997：67）。他们的子女，就其绝大多数而言，能够避免这样的结果吗？

第六章
结论：文化压抑与文化自主

第一节　现状：文化压抑

从本书第二章起，笔者从几个角度对Q村工友们目前的文化状况进行了考察和分析。这里简要总结如下：其一，弱化的道德经济学压抑了他们的需要，压抑性男性气质压抑了他们的身体，这两者构成了他们的自我压抑；其二，他们跟随"主流"社会的、用于否定和排斥他们的价值规范，而且缺乏相应的文化和认同支持，无法自我肯定，这两者结合造成了自我否定，也就是社会对他们的"否定"通过他们的话语转变成了他们的自我否定。由于自我压抑和自我否定，他们失去了自己的话语，只能用否定他们的那一整套话语和价值规范去表达自身的诉求和"价值"，他们的表达缩减到身体层面。在这种状况下，他们只能"退出"他们的城市生活和打工生活，亦即将这些生活作为一个没有任何意义，只是简单地、机械地重复的过程而被动承受。不仅如此，这样做还意味着他们必须通过自我强制的机制强迫自己接受这样一种生活中所包含的种种歧视和强制。更进一步，他们的希望也只能以否定与排斥他们的那些价值和规范为质料、为内容，而且这种希望的实现还要寄托于那个否定他们、排斥他们的机制。总的来说，正如本书导论中指出的，这几个方面构成了工友们的文化压抑。

因此，根据本书的分析，除了过去国内学界已经指出的他们物质生活上的贫困，以及他们被完全排斥在城市的社会生活之外，因而作为城市的"他者"而存在之外，工友们更严重的问题则是十分缺乏相应的哪怕自发文化作为克服这样一种状况的资源和手段。正如本书前面的章节指出的，他们只能消极被动地跟随既有的"主流"社会规范，"听任"这些价值规范加诸并作用于自己身上①。而且，这几个方面并不是相互分离、互不相关，而是相互结合、相互作用的。尤其需要指出的是，文化压抑维持了，甚至加剧了物质贫困和社会排斥。首先，由于文化压抑的作用，工人们无法通过一定的、具有公共性和普遍性的"话语"把他们的问题表述成为社会性的，亦即公共性的"问题"，他们的需要因此也不被承认为一种应得的、应该满足的权利。正如笔者一再指出的，工人们实际上被身体化了、自然化了。这样实际上就在很大程度上限制了工人通过社会性的手段满足这些需要的途径，工人们的物质贫困显然就无法获得实质性的改善。其次，文化压抑也使得被压抑者"听任"他们被所受到的社会排斥作用，因而再生产了他们受到的社会排斥。最后，文化压抑也可以被认为是不平等的一个社会建构过程。因为通过文化压抑，工友们实际上"承认"了他们无力挑战他们在实际社会生活中所处的不平等地位。换言之，文化压抑事实上永恒化、自然化了工人们在现实社会中受到的排斥、歧视等，因此加剧、恶化了工友们的困境②。

在这个意义上，文化压抑导致了笔者认为也可以称之为"社会"意识被压抑的一种状况。这个过程包括两个层面。第一，原本新生代农民工作为其中平等一员的，应该积极参与其中的社会，对于他们来说已经变成了一个似乎毫不相干，但又时刻作用于他们身上的事物。正如本书之前章节指出的，这样使得工人们只能被动地跟着似自然的"社会发展"——而这种"社会发展"，在大多数情况下是不利于他们的——运动，只能任由这种运动摆布。第二，新生代农民工被缩减到身体层次之后，他们自身也被自然化了，也就是说，作为社会人的他们，失去了社会人的特性，尤其是失去了作为社会人的主体特性。正如

① 而且需要再次指出的是，这样一种状况并不能简单地归结为一般社会结构的作用。正如本书之前在进行文献综述的时候指出的，比如南非种族隔离时期的黑人、美国种族隔离时代的黑人等，也都发展出了不同程度的自发文化，达致了至少形式上的文化自主。换言之，他们的自发文化会因为社会结构等的作用而出现其他性质的问题，比如处于边缘地位，或者转化为意识形态，但是这种文化本身并不是压抑的，更不是自我否定、自我强制的，而是至少形式上自主的。结构上的强制并不是必然转化为文化上的压抑。

② 笔者以为，斯科特提出的"弱者的武器"(斯科特，2007)正是这样一种状况的结果，也反过来加剧了这样一种状况。

本书之前章节指出的，这虽然不会使得新生代农民工放弃抗争，但是这样会极大地束缚和限制他们的抗争，使得他们的抗争变成再生产压迫他们的机制的途径。本书第二章中提出，并且在本书的其余部分反复指出并强调，“社会化”①是一切体力劳动者主张自身价值、尊严、主体性和权益无可回避的基本途径。底层的体力劳动者比社会上层更加需要积极地、主动地参与社会生活。消极被动地“听任”对于他们来说，就是他们目前地位的复制，他们目前状况的延续——甚至可能是恶化。同样，正如本书前述章节指出的，他们也比社会的上层和“主流”更加需要通过自发的和非自发的文化亦即文化自主去自我肯定，去争取自身的价值和尊严。很明显，他们目前所处的被压抑的状况正好与之南辕北辙。因而这种压抑同样加剧、恶化了新生代农民工受到的排斥、歧视以及物质上的贫困。

笔者认为，对于任何一个社会来说，所有社会成员获得平等的承认是一个基本的权利，也是最基本的要求。不仅如此，所有的社会成员也应当积极地、充分地参与社会社会生活。这不是主观意义上的“价值”，正如本文第二章曾经论述过的，这是客观的“需要”。价值和尊严是全体社会成员都应该享有的事物，这也是我国宪法和有关法律的规定，毋庸讳言，这些规定在我国现实的社会生活中亟待充分落实。尤其对于底层体力劳动者来说，他们比社会上层和中层更加不能依靠市场规范，更加需要通过抗争来争取自身的权利。我国的新生代农民工所受到的社会排斥等更加需要通过积极地参与社会生活来克服。因此，工人们亟需摆脱文化压抑状况，从而更充分地、更有效地争取他们自身的权益、价值和尊严。本章接下来将讨论这个方面的问题。

第二节　承认、需要与主体性

正如本章第一部分指出的，工友们的物质贫困、社会区隔与文化压抑这3

① 这里的“社会”意识指的是新生代农民工的需要和诉求应该超出个人身体的层次，成为一种公共性的、“社会”性的话语，并进而成为相应的规范。

个问题是相互结合、相互强化的，因此如果要克服，哪怕只是缓解这些问题，笔者以为，都必须采取承认、需要与自主结合的进路。本书第一章中已经从理论上对文化自主进行了初步讨论，本部分将继续对这些问题进行进一步讨论。

首先是承认的问题。"承认"这个概念在近代最早是由黑格尔提出的(Blunden, 2007: 90)，在黑格尔的体系内，"自我仅仅通过相互承认而知道他是理性的"(Beiser, 2005: 190)，而且，相互承认意味着"自我和他者接受了他们平等与独立的地位"(Ibid: 184)，并"满足了认同的条件，因为自我只是通过自我的他者才达到自觉(self-conscious)"(Ibid: 184)。也就是说，在黑格尔的体系中，承认是成为一个社会的平等成员，并由此自我实现的途径。同时，本书第一章中讨论文化自主的时候曾经提及，正如拜恩斯(Baynes)指出的，对于黑格尔来说，承认是自由在一个相互依赖的结构中，也就是社会中得以实现的途径(Baynes: Ibid)。同样需要指出的，对于黑格尔来说，承认并不是一种自上而下的恩赐或授予，而是"必须历史地建构与获得"(Pinkard, 2006: 167)。同时，承认是自由和理性的前提(Baynes, Ibid: 5)。黑格尔意义上的承认，不仅包括了对一般人身权利的承认，而且也包括了对社会生活(ethical life, Sittlichkeit)的广泛而全面的参与(Baynes, Ibid: 7)。

这个概念的讨论在1990年代以来重新展开了。1992年，查尔斯·泰勒(Charles Taylor)提出了"承认的政治"(the politics of recognition)，并且就这个问题和哈贝马斯等学者进行了一场论战[①]。和黑格尔的普遍性思路不同，泰勒强调的是对特殊性和差异、对特殊群体的规范与价值的承认。总体而言，笔者并不认同泰勒在承认这个问题上的"社群主义"(communitarianism)[②]进路。这个进路的问题还是本书前面部分指出过的浪漫主义理论的固有问题，亦即把现实社会中的人本质化、固定化了——实际上也是把现实社会中的权力和宰制关系本质化、固定化了。因此，有些并非真正的"特性"，而是由于被压迫造成的状况[③]就在"特性"的名义下难以，甚至无法判断为不正当，改变这些状

---

① 论战中各方的观点收录在 Charles Taylor et al.: Multiculturalism 中。

② 关于社群主义，参见 Daniel A. Bell: Communitarianism and its Critics。

③ 比如本书之前提过的美国的"贫困文化"，以及包括中国在内的世界所有国家和地区的古代"文化"，还有种族隔离时代的南非和美国南方形成的"文化"。事实上正如本书第一章讨论文化理论的时候指出的，任何文化都是和权力与宰制问题相联系的，所谓"社群"也不是没有权力宰制的代名词，因此泰勒等人的"社群主义"总是无法克服这个方面的问题。

况也就无从谈起。因此,泰勒的这个理论进路有很大的将“文化”名义下的压迫正当化、永恒化的风险①。具体到我国,很显然,工友们要求的承认并不是为了“巩固”他们目前已有的地位和状况——如果是这样的话也不需要“承认”的介入了。他们要求的当然只能是改善和提升他们的地位与状况。所以泰勒的这个观点与进路并不符合我国的具体状况,工友们应该获得的更多是黑格尔式的承认。

近年来,各国学者对于“承认”问题进行了更加深入的讨论,其中影响较大的是南希·弗雷泽(Nancy Fraser)与阿克塞尔·霍内特(Axel Honneth)对承认和再分配问题进行的讨论②。弗雷泽的主张是把承认和再分配在一定程度上加以区别,分别处理。霍内特则把两者合并,把再分配作为承认的一种形式,亦即纳入承认的轨道和范畴进行处理。虽然对于工友们来说,承认和需要是同时存在的,但毕竟不能等同。正如本书之前章节指出的,获得城市居民身份不等于自动解除其他方面的区隔。况且,霍内特的理论一直有过低估计人的基本物质和生理需要,把考虑这些问题的主张简单地归结为“功利主义”加以拒斥的倾向(Fraser and Honneth, 2003: 127)③。因此笔者在这个问题上更倾向于弗雷泽式的思路。当然,对“承认”问题也有不同的见解,比如卡尼维兹(Canivez)就认为,“承认”本身就包含着异化的可能(Canivez, 2011)④。但是对于工友们来说,他们的确面临着首先要在形式上成为城市社会正式的、平等的成员的问题,在这个意义上,承认对于工友们来说,积极意义还是主要的。不过这个问题也提醒我们,工友们所要求的、所应该获得的,是平等的承认。

其次是需要的问题。正如本书第二章指出的,需要强调的是两个方面,其一是客观性和必然性,这种客观性和必然性来自人的自然特性与社会特性;其二是人的需要的丰富特性,也就是说,人有超出简单生理欲望之外的、更高层次的需要。对于工友们来说,这首先意味着他们的需要的“社会化”,作为一个社会问题,而不只是个人的问题而存在。而且,这意味着他们不仅仅只有物质

① 对泰勒的批判除了已经提到过的哈贝马斯等学者的之外,另见 Tim Southpommasane: The Politics of Recognition and an Ideology of Multiculturalism。

② Nancy Fraser and Axel Honneth: Redistribution or Recognition?

③ 霍内特理论的其他问题见弗雷泽等人的批判,此处不赘。

④ 另见 Vandenberg et al.: Postmodern Conservatism and Reactionary Recognition,本书第二章也提及了包含在道德经济学中的不平等的承认。这些都是需要注意的问题。

的、生理的需要。正如泰勒指出的，“应得到的承认并不是我们欠别人的善意。承认是一种重要的人类需要”(Taylor, 1994: 26)。本书之前的章节也反复指出，积极参与社会生活是包括新生代农民工在内的底层体力劳动者客观存在的需要，是他们争取自身主体性、自身价值和尊严无可回避的途径，不是可有可无的事物。这同时也是我国宪法和有关法律的规定。毋庸讳言，这些规定在我国目前的落实状况还有不少改进的余地。

主体性则是获得承认和需要满足的共同目标。在这里，正如笔者在第一章中已经指出的，主体性意味着“知晓(knowing)，行动和认同的结合”(Blunden, Ibid)。也就是说，主体性第一意味着工友们应该有自己的、有利于自己的，特别是自身的价值和尊严的价值规范，而不是被动地、盲目地跟随一种否定、排斥自己的价值规范，第二意味着行动者亦即工友们应该理解和把握其所在的客观社会结构。因此，这里的主体性不是盲目的任意，而是理性的自觉和自主，以及达致肯定性(Beiser, 2005: 198 - 199)。由于工友们同时受到了物质贫困、社会隔离和文化压抑 3 种状况的作用，笔者以为，只有通过承认、需要和主体性三者结合的路径，他们才能克服或者缓解这种状况[①]。文化自主，正是结合了这三者的路径。

第三节　从现状到未来，作为希望的文化自主

很明显，现实中工友们还没有克服文化压抑状况，并未达致文化自主。因此，他们不能简单地复制现实，必须寻求“希望”，以克服这样一种状况，而达致文化自主同样是一种“希望”。同时正如本书第一章和本书之前章节反复指出的，文化自主是底层体力劳动者凝聚认同、进行抗争的重要资源，也是必由之路。换言之，达致文化自主既是希望，也是工友们的客观需要。我国的新生代农民工，无论是笔者本次调查的 B 市 Q 村的新生代农民工，还是我国其他地

① 本书第一章中已经从理论上探讨了文化自主，因此接下来将讨论其具体内容。

区的新生代农民工都共同地、不同程度地面临这这个问题。更具体地说，这种希望从内容上来说，不再是被动跟随中产阶层的已有价值规范，而是新生代农民工，以及其他底层体力劳动者们自身的价值、尊严以及自我肯定——也就是说，“肯定性”不再被中产阶层和社会上层垄断，新生代农民工和其他体力劳动者所从事的职业和工作不再受到压抑，而应该成为他们的价值、尊严以及自我肯定的来源。简言之，这种希望的内容，就是文化自主。从实现机制来说，不再是否定和排斥他们的社会达尔文主义，以及虚幻的霍雷肖·阿尔杰式“成功叙事”，而是新生代农民工的积极、主动实践。这个“希望”也就比他们目前的希望更加客观。此外，这个“希望”应该是他们自己的希望，也就是说，他们通过自身的努力和实践就能够实现的希望，而不是只能寄托在他们的子女与后代身上的希望。笔者在本书第三章的结束部分曾经提及，工友们目前还只能通过他们“不是”什么来定义，也就是说，他们目前还处于“否”(not)的状态。在这个意义上说，达致文化自主的前提是一个新生代农民工从“否”的状态变成“尚未”(not yet)的过程。更具体地说，他们不应该被永久地固定在他们目前这种状况上，他们目前不具备的那些不应该成为他们永久不拥有的那些。无论对于工人们自身还是对于他们的子女，通往希望之路不应该是封闭的，而应该是开放的。本书第一章中已经从理论上阐述过文化自主的构成，下面将谈一下文化自主的具体内容。

其一是已经被很多学者呼吁的，新生代农民工应该被承认为城市社会的平等成员。毫无疑问，正如本书之前部分指出的，这不可能解决所有问题，但是笔者以为，这是工友们进一步实践的基础和前提。这种承认不仅包括了对工友们自己的承认，也包括了对工友们子女的承认，工友们的子女应该和城市居民的子女享受大体相同或相近的教育。工友们及其子女不再受到城市居民，无论是城市底层居民还是城市中产阶层及更高阶层居民的排斥和歧视。也就是说，他们应该被承认为和城市居民平等的、享受平等权利的公民。

其二在需要层面。笔者认为，新生代农民工的需要应该得到满足。更进一步地说，这也就是本书第二章讨论过的，他们的需要应该成为得到全社会承认的权利，同时应该成为具有约束力的规范。首先，无疑是他们的直接的物质性的、身体生存性的需要。最优先的需要，笔者以为是他们的工资按时、足额发放，不再被拖欠。同时，由于他们的工资收入仍然无法完全满足他们的物质性、身体生存性的需要，他们应该获得相应的补偿，以使得他们的收入能够完全满足他们的这些方面的需要。显然，这些需要也包括了他们获得就业保障的需要。其次，新生代农民工应该得到满足的物质性、身体生存性需要还有他们的身体健康，这不仅仅包括了他们在生病时应当得到及时的、他们能够承受其价格的治疗，也包括了他们不再在危害他们身体健康的劳动环境中工作，不再在危害他们身体健康的环境中居住，得到清洁的饮用水、良好的卫生设施等他们目前极其匮乏的事物。最后，正如本书第二章指出的，这些需要也包括了非物质性的、发展性的需要。这些需要除了他们在劳动技能方面的发展性需要之外，笔者认为，这也包括了他们积极地、作为平等成员乃至主体地参与社会生活的需要，也就是说，工友们不应该通过自我强制而退出城市生活。

其三，笔者以为这种希望所包括的应该是文化的主体性。对于工友们来说，文化的主体性意味着他们应该拥有自己的文化，而不是盲目地跟随那些否定他们、排斥他们的价值规范。这种文化不应该仅仅是劳动结束时的休闲(虽然肯定会包含这个方面的内容)，而更应该是他们据以自我肯定、表达自身的主体性、自身的价值和尊严等的载体。这个问题可以从以下的角度进行阐述。

(1) 虽然笔者无意否定文化知识的作用，但是笔者认为，就长期而言，教育与文化知识不应该成为排斥和歧视的工具；就短期而言，我国的新生代农民工也不应该像现在这样盲目地顺从他们实际上无法获得的教育和文化资本。笔者认为，体力劳动的价值和意义应该得到全社会的承认与尊重。相应的，体力劳动者的尊严也应该得到全社会的承认和尊重——这种承认和尊重还应该成为一种具有约束力的规范。毫无疑问，他们也不应该永久地被排斥在教育和文化知识之外。

(2) 正如本书第二章指出的，我国的新生代农民工应该发展出一种既非性别压迫性质的，又能够主张新生代农民工自身价值和尊严的“男性气质”——或者更准确地说，笔者希望的是我国的新生代农民工能够完成对男性气质的超越，从而使得男性体力劳动者和女性体力劳动者同时获得解放。

(3) 我国的新生代农民工也不应该再像本书第三章所分析的那样，盲目地追随社会上层的，或者说市场的价值规范，而是能够通过有利于自身的价值规范为自身争取权益。

(4) 文化自主意味着我国的新生代农民工应该建构出一套比较完整的，

不再破碎、断裂的，并且具有公共性、具有“社会性”，不再停留在个人层面的话语体系，并能够通过这个话语体系争取自身的权益。因此，上文所提及的，对新生代农民工的承认也包括了一个“特殊”的内容，也就是说，承认新生代农民工等体力劳动者有不同于中产阶层的诉求，总而言之，新生代农民工有权建构自身的、与中产阶层价值规范不同的、他们能够据以主张自身的主体性以及他们的价值与尊严的文化。也就是说，他们的文化活动不再是只有劳动力再生产意义，而没有价值规范乃至工具性维度的“非文化”，也不再主要是压抑他们的流行文化，而应该是既能够帮助他们完成基本的劳动力再生产，又具有价值和规范等维度的真正意义上的、完整意义上的文化。

其四，正如本书第三章指出的，“农民工”这个称呼第一存在着极大的模糊性，第二这个称呼正如以往的研究证明的，而工人们自己也体验到的，本身蕴含着歧视和排斥。因此，这个称呼不能成为，也没有成为任何意义上的“认同”。为了替代这个认同，我国的体力劳动者亟需一个新的，能够展现他们的主体性、他们的价值与尊严的认同。正如本书第三章曾经指出的，认同也是一个“生成”的过程。虽然目前新工人还没有成为这样一个认同，但是，这不意味着这种状况是固定的、永恒的、不可改变的。我国的底层体力劳动者也不应该再被固定在目前的这种状况中，他们应该通过自己的实践进入这样一个生成的过程，使得“新工人”不再仅仅是一个抽象的、外界归纳的范畴，而是具备应有的实质性内容，从而成为一个他们接受的、相对稳定的，并且具有一定程度的“肯定性”的范畴，即成为具有实际意义的认同。这个认同既是我国新生代农民工努力争取的结果，也是他们进一步争取自身权益的起点。当然，这实际上也是一个表现自身的“独特性”(Vignoles et al.：2000)，也就是说，他们和中产阶层以及社会上层建立文化边界，达致文化自主的过程①。通过这个文化边

① 虽然有些学者认为，集体认同不是一定要以一个“他者”为前提(Abizadeh，2005)，但是在我国，底层体力劳动者和社会中产阶层以及其他阶层的社会区隔事实上已经形成，也就是说，他们在事实上已经成为了“他者”，因此这也是成为新生代农民工和其他底层体力劳动者建构集体认同所无法回避的前提。何况，正如本书第三章中的讨论，以及已有的研究表明的，抽象的、“否定性”的平等在现实中恰恰不能真正地克服这个“他者”的问题。参见 Robert D. Crutchfield and David Pettinicchio：“Cultures of Inequality”：Ethnicity，Immigration，Social Welfare，and Imprisonment，以及本书之前章节中提及的 Loic Wacquant，Michael B. Katz 的相关著作。也就是说，正如本书之前的部分指出的，即使新生代农民工通过户籍制度的改革在形式上获得了城市居民的身份，他们和城市社会中产阶层乃至上层之间的区隔也不会因此消失，他们仍然需要这样一个集体的认同。

界，我国的新生代农民工群体能够更加明确他们的诉求。不仅如此，只有“肯定”的群体特性才能够成为自我强化，以及赋予自身尊严和价值的途径(Vignoles et al.，2000：339)①，这正是集体认同不可或缺的要素。也就是说，这个认同，正如本书之前部分提及的，应该依托一个体力劳动者自己的社区——当然这个社区不应该是前述殖民地时期印度的浪漫主义“共同体”，而应该是黑格尔式的“具体普遍”(concrete universal)——而达成。这个社区，也正如本书之前部分提出的，是我国新生代农民工进一步争取自身权益的基础。

毫无疑问，上述希望的实现并不容易，路漫漫其修远兮，无论是Q村的工友们，还是我国的整个新生代农民工群体，都将上下而求索。

① 本书之前章节中提及的世界其他地区的工人中已有不少这个方面的正面例子。

参考文献

一、中文部分

1. 艾伯林：《自由、平等与必死性》，华东师范大学出版社 2006 年版。

2. 埃斯平-安德森：《福利资本主义的三个世界》，中国法律出版社 2003 年版。

3. 薄松年：《工农革命运动初期的美术宣传活动》，《美术研究》1959 年第 4 期。

4. 布迪厄：《实践感》，译林出版社 2003 年版。

5. 布迪厄、帕斯隆：《再生产》，商务印书馆 2002 年版。

6. 布迪厄：《言语意味着什么》，商务印书馆 2005 年版。

7. 布若威：《制造同意》，商务印书馆 2008 年版。

8. 陈晨：《新生代农民工主体性建构：语言认同的视角》，《中国农业大学学报》（社会科学版）2012 年第 9 期。

9. 陈光金：《市场抑或非市场：中国收入不平等成因实证分析》，《社会学研究》2010 年第 6 期。

10. 陈俊倩：《红色时代的视觉符号——浅谈毛泽东时代的美术图像》，中国美术学院硕士学位论文。

11. 迪尔凯姆：《自杀论》，商务印书馆 2003 年版。

12. 多亚尔、高夫：《人的需要理论》，商务印书馆 2008 年版。

13. 傅才武、吴理财、何静：《当前我国农民工群体文化生活状况调查及对策研究》，《中国文化产业评论》第 6 卷。

14. 甘满堂：《工荒是新工人阶级意识觉醒的标志》，福建省社会学会 2008 年会论文集。

15. 管志慧、彭兆琪：《我国城市农民工歧视问题的研究》,《科技与管理》2004 年第 2 期。

16. 哈贝马斯：《认识与兴趣》,学林出版社 1999 年版。

17. 何明洁：《劳动与姐妹分化：中国女性农民工个案研究》,清华大学博士学位论文。

18. 何明修：《工厂内的阶级团结：连结石化工人的工作现场与集体行动》,《台湾社会学》第 6 期。

19. 何明修：《台湾工会运动中的男子气概》,《台湾社会学刊》第 36 期。

20. 赫希曼：《退出、呼吁与忠诚》,经济科学出版社 2001 年版。

21. 洪士程：《台湾劳工运动》,华立图书股份有限公司 2006 年版。

22. 霍布斯鲍姆：《非凡的小人物：反抗、造反与爵士乐》,新华出版社 2001 年版。

23. 霍克海默：《批判理论》,重庆出版社 1989 年版。

24. 霍克海默、阿多诺：《启蒙辩证法》,上海人民出版社 2003 年版。

25. 基恩：《市民社会与国家权力型态》,邓正来、J. C. 亚历山大：《国家与市民社会》,上海人民出版社 2006 年版,第 108—124 页。

26. 莱斯：《自然的控制》,重庆出版社 1996 年版。

27. 莱斯诺夫：《社会契约论》, 江苏人民出版社 2010 年版。

28. 蓝犁：《毛泽东文艺思想旗帜下的新中国美术》,《〈毛泽东文艺思想研究〉第十四辑暨全国毛泽东文艺思想研究会论文汇编》

29. 李北方：《谁是"新工人"》,《南风窗》2012 年第 21 期。

30. 林秀琴：《话语的革命与颠覆：对"工农兵文艺"思想的考察》,《福建论坛》(人文社会科学版)2013 年第 2 期。

31. 刘精明：《国家、社会阶层与教育》,中国人民大学出版社 2005 年版。

32. 刘昕亭：《"女汉子"与女性主义的理论危机》,《中国图书评论》2013 年第 12 期。

33. 卢卡奇：《历史与阶级意识》,商务印书馆 1996 年版。

34. 卢卡奇：《理性的毁灭》,山东人民出版社 1997 年版。

35. 卢燕娟：《旧人物的新时代——延安文艺"教育工农兵"主题与启蒙文艺"改造国民性"主题再讨论》,《首都师范大学学报》(社会科学版)2012 年第

6 期。

36. 鲁宁：《正视“新工人阶层”的出现》，2004 年 9 月 4 日《光明日报》。

37. 吕途：《中国新工人：迷失与崛起》，法律出版社 2013 年版。

38. 马尔库塞：《单向度的人》，上海译文出版社 2006 年版。

39. 麦金泰尔：《德性之后》，中国社会科学出版社 1995 年版。

40. 孟慧：《农民工的消费方式和身份认同分析——以苏北 H 镇外出农民工为例》，吉林大学硕士学位论文。

41. 毛泽东：《毛泽东选集》第三卷，人民出版社 1991 年版。

42. 米尔斯：《社会学的想象力》，三联书店 2001 年版。

43. 裴宜理：《上海罢工》，江苏人民出版社 2001 年版。

44. 施维：《呼吁将“农民工”称谓改为“新工人”》，《农家之友》2006 年第 8 期。

45. 石长慧：《身份认同与社会定位：北京市城中村流动少年研究》，清华大学博士学位论文。

46. 斯科特：《农民的道义经济学：东南亚的反叛与生存》，译林出版社 2001 年版。

47. 斯科特：《弱者的武器》，译林出版社 2007 年版。

48. 索珀：《人道主义与反人道主义》，华夏出版社 1999 年版。

49. E. P. 汤普森：《英国工人阶级的形成》，译林出版社 2001 年版。

50. E. P. 汤普森：《共有的习惯》，上海人民出版社 2002 年版。

51. J. B. 汤普森：《意识形态与现代文化》，译林出版社 2005 年版。

52. 汪晖：《反抗绝望：鲁迅及其文学世界》，河北教育出版社 2000 年版。

53. 汪建华：《新工人的生活与抗争政治》，清华大学博士学位论文。

54. 王春光：《农村流动人口的“半城市化”问题研究》，《社会学研究》2006 年第 5 期。

55. 王守木：《劳动的颂歌——北京工人画展观感》，《美术》1958 年第10 期。

56. 王振寰、方孝鼎：《国家机器、劳工政策和劳工运动》，《台湾社会研究季刊》1992 年第 11 期。

57. 网易，女民工模仿外交部发言人讨薪：表示强烈不满（2012 年 10 月 9 日）http：//news. 163. com/12/1009/13/8DCLOAFO00011229. html.

58. 吴轶博:《毛泽东时代宣传画》,《吉林艺术学院学报》2007 年第 6 期。

59. 吴玉军、宁克平:《城市化进程中农民工的城市认同困境》,《浙江社会科学》2007 年第 4 期。

60. 武杰山:《毛泽东时代美术中大庆石油工人形象研究》,中国美术学院硕士学位论文。

61."行政院劳委会":《工运春秋: 工会法制 80 年》,台北,2011 年。

62. 许茨:《社会实在问题》华夏出版社 2001 年版。

63. 雅赛:《重申自由主义》,中国社会科学出版社 1997 年版。

64. 杨宜音:《新生代农民工过渡性身份认同及其特征分析》,《云南师范大学学报》2013 年第 9 期。

65. 叶圣陶:《叶圣陶集》,花城出版社 2006 年版。

66. 叶育登、胡记芳:《"农民工"称谓对民工认同状况的影响》,《浙江学刊》2009 年第 1 期。

67. 俞位增、朱芝洲:《"民工荒": 另一种解析——基于"退出、呼吁与忠诚"理论的分析》,《浙江工商职业技术学院学报》2006 年第 4 期。

68. 张晋芬:《台湾公营事业民营化——经济迷思的批判》,台北:"中央研究院"社会学研究所。

69. 张亮:《"崩溃的逻辑"的历史建构——阿多诺早中期哲学思想的文本学解读》,中央编译出版社 2003 年版。

70. 张淑华、刘芳、李海莹:《新生代农民工身份认同研究》,《沈阳师范大学学报》(社会科学版)2012 年第 1 期。

71. 郑玫:《从当代广告中的工农兵形象看符号的时代性》,《上海工艺美术》2007 年第 4 期。

72. 周春霞:《农民工与市民冲突的经济社会分析》,《南京社会科学》2004 年第 3 期。

73. 朱力:《群体性偏见与歧视——农民工与市民的摩擦性互动》,《江海学刊》2001 年第 6 期。

二、英文部分

1. Abizadeh, Arash, 2005, "Does Collective Identity Presuppose an

Other? On the Alleged Incoherence of Global Solidarity", The American Political Science Review Vol. 99, No. 1: pp. 45 - 60.

2. Adair - Toteff, Christopher, 2005, "Max Weber's Charisma" Journal of Classical Sociology vol. 5(2): pp. 189 - 204.

3. Adam, Heribert, 1971, "The South African Power - Élite: A Survey of Ideological Commitment", Canadian Journal of Political Science vol. 4 no. 1: pp. 76 - 96.

4. Adams, Matthew& Raisborough, Jayne, 2011, "The self-control ethos and the 'chav': Unpacking cultural representations of the white working class", Culture Psychology, vol. 17(1): pp. 81 - 97.

5. Amadae, S. M., 2003, Rationalizing Capitalist Democracy: the Cold War Origins of Rational Choice Liberalism, Chicago: The University of Chicago Press.

6. Anderson, Eric, 2007, "Inclusive Masculinity in a Fraternal Setting",Men and Masculinities, Vol. 10 No. 5: pp. 604 - 620.

7. Archer, Margaret& Outhwaite, William (ed.), 2004, Defending Objectivity: Essays in Honour of Andrew Collier, London and New York: Routledge.

8. Aronowitz, Stanley, 1982, "Cracks in the Bloc: American Labor's Historic Compromise and the Present Crisis", Social Text, No. 5: pp. 22 - 52.

9. Aronowitz, Stanley, 2004, How Class Works: Power and Social Movement, New Haven: Yale University Press.

10. Aspers, Patrik, 2007, "Nietzsche's Sociology" Sociological Forum, vol. 22, No. 4: pp. 474 - 499.

11. Atkinson, Will, 2009, "Rethinking the Work Class Nexus: Theoretical Foundations for Recent Trends", Sociology, vol. 43 (5): pp. 896 - 912.

12. Bambery, Chris, 1998, "Myth and Reality in British Working Class Struggle" in John Rees (ed.) Essays on Historical Materialism, London:

Bookmarks.

13. Barnett, Lisa A. &Allen, Patrick, 2000, " Social Class, Cultural Repertoires, and Popular Culture: The Case of Film" Sociological Forum, vol. 15, No. 1: pp. 145 - 163.

14. Baron, Ava, 2006, "Masculinity, the Embodied Male Worker, and the Historian's Gaze", International Labor and Working-Class History, No. 69: pp. 143 - 160.

15. Barry, Brian, 2002, Culture and Equality: An Egalitarian Critique of Multiculturalism, Boston: Harvard University Press.

16. Barry, Norman, 1987, The New Right, London: Routledge and Kegan Paul.

17. Bartkowski, 2000, "Breaking Walls, Raising Fences: Masculinity, Intimacy, and Accountability among the Promise Keepers", Sociology of Religion, Vol. 61, No. 1: pp. 33 - 53.

18. Baumann, Charlotte, 2011, "Adorno, Hegel and the concrete universal" Philosophy and Social Criticism vol. 37(1): pp. 73 - 94.

19. Baynes, Kenneth, 2002, "Freedom and recognition in Hegel and Habermas" Philosophy and Social Criticism vol. 28 no 1: pp. 1 - 17.

20. Beiser, F. C. , 2005, Hegel, New York: Routledge.

21. Bell, Daniel A. , 1993, Communitarianism and its Critics, New York: Oxford University Press.

22. Bellamy, Richard, 1992, Liberalism and Modern Society, State College: Pennsylvania State University Press.

23. Belmonte, Nina, 2002, "Evolving negativity: From Hegel to Derrida", Philosophy and Social Criticism, vol. 28(1): pp. 18 - 58.

24. Benton, Ted, 1977, Philosophical Foundations of the Three Sociologies, London: Routledge and Kegan Paul.

25. Benton, Ted&Craib, Ian, 2001, Philosophy of Social Science, Basingstoke and New York: Palgrave-Macmillan.

26. Berlet, Chip & Lyons, Matthew, 2000, Right Wing Populism in

America, New York: Guilford Press.

27. Bholat, David, 2012, "Hegel, unhappy consciousness and endogenous cultural change" Anthropological Theory vol. 12 (3): pp. 231 - 251.

28. Bielefeldt, Heiner, 1997, "Autonomy and Republicanism: Immanuel Kant's Philosophy of Freedom", Political Theory August: pp. 524 - 527.

29. Bird, Sharon R., 1996, "Welcome to the Men's Club: Homosociality and the Maintenance of Hegemonic Masculinity", Gender and Society, Vol. 10, No. 2: pp. 120 - 132.

30. Bishop &Cassell, Hoel, 2009, "Preserving masculinity in service work: An exploration of the underreporting of customer anti-social behavior", Human Relations vol. 62(1): pp. 5 - 25.

31. Bloch, Ernst, 1995, The Principle of Hope, Cambridge: The MIT Press.

32. Blommaert, Jan&Bulcaen, Chris, 2000, "Critical Discourse Analysis", Annual Review of Anthropology, Vol. 29: pp. 447 - 466.

33. Blunden, Andy, 2007, "Subjectivity Recognition and Redistribution" in Julie Connolly, Michael Leach and Lucas Walsh (ed.) Recognition in Politics: Theory, Policy and Practice, Cambridge: Cambridge Scholars Publishing.

34. Bolton, Sharon C. & Laaser, Knut, 2013, "Work, employment and society through the lens of moral economy", Work, employment and society vol. 27(3): pp. 508 - 525.

35. Bond, Patrick, 2000, Elite Transition: From Apartheid to Neoliberalism in South Africa, London: Pluto Press.

36. Bowring, Finn, 2014, "Negative and Positive Freedom: Lessons from, and to, Sociology", Sociology January: pp. 1 - 16.

37. Brinkley, Alan, 1996, The End of Reform: New Deal Liberalism in Recession and War, New York: Vintage Books.

38. Brooke, Stephen, 2001, "Gender and working class identity in

Britain During the 1950s", Journal of Social History, Summer: pp. 773 - 792.

39. Brooke, Stephen, 2006, "Bodies, Sexuality and the 'Modernization' of the British Working Classes, 1920s to 1960s", International Labor and Working-Class History, No. 69: pp. 104 - 122.

40. Brown, Carolyn, 2006, "Race and the Construction of Working-Class Masculinity in the Nigerian Coal Industry: The Initial Phase, 1914 - 1930", International Labor and Working-Class History, No. 69.: pp. 35 - 56.

41. Brown, Susan, 2003, The Politics of Individualism, Montreal: Black Rose Books.

42. Brunkhorst, H. &Farrell, J., 1988, "Adorno, Heidegger and Postmodernity" Philosophy and Social Criticism July: pp. 411 - 424.

43. Buchanan, A. E., 1984, Marx and Justice: The Radical Critique of Liberalism, Lanham: Rowman& Littlefield Publishers.

44. Burawoy, Michael& Wright, Erik Olin, 1990, "Coercion and Consent in Contested Exchange", vol. 18, no. 2: pp. 251 - 266.

45. Canivez, Patrice, 2011, "Pathologies of recognition", Philosophy Social Criticism vol. 37(8): pp. 851 - 887.

46. Chakrabarty, Dipesh, 1989, Rethinking Working Class History, Oxford: Princeton University Press.

47. Chalaby, Jean K., 1996, "Beyond the Prison-House of Language: Discourse as a Sociological Concept", The British Journal of Sociology, vol. 47, No. 4.: pp. 684 - 698.

48. Charles, Maria, 2008, "Culture and Inequality: Identity, Ideology, and Difference in 'Postascriptive Society'", Annals of the American Academy of Political and Social Science, vol. 619: pp. 41 - 58.

49. Chopra& Dasgupta, Janeja, 2000, "Understanding Masculinity", Economic and Political Weekly, vol. 35, No. 19: pp. 1607 - 1609.

50. Chrsitman, John, 2005, "Saving Positive Freedom" Political Theory

vol. 33 no. 1: pp. 79 – 88.

51. Clark, Anna, 2000, "The new poor law and the breadwinner wage: Contrasting assumptions", Journal of social history winter: pp. 263 – 281.

52. Clark, Gregory, 2014, The Son Also Rises: Surnames and the History of Social Mobility, Oxford: Princeton University Press.

53. Cohen, Deborah, 2006, "From Peasant to Worker: Migration, Masculinity, and the Making of Mexican Workers in the US", International Labor and Working-Class History, no. 69: pp. 81 – 103.

54. Cohen, G. A., 1995, Self-Oauership, Freedem and Equalty, Cambridge: Cambridge University Press.

55. Cohen, Jere&Hazelrigg, Pope, 1975, "De-Parsonizing Weber: A Critique of Parsons' Interpretation of Weber's Sociology", American Sociological Review, vol. 40, No. 2: pp. 229 – 241.

56. Collier, Andrew, 1994, Critical Realism: An Introduction to Roy Bhaskar's Philosophy, London: Verso.

57. Connell, Raewyn, 2005, Masculinities, Berkeley and Los Angeles: University of California Press.

58. Connell, Raewyn&Messerschmidt, James W., 2005, "Hegemonic Masculinity: Rethinking the Concept" Gender and Society, vol. 19, No. 6: pp. 829 – 859.

59. Cornwall, Andrea, 1997, "Men, Masculinity and 'Gender in Development'", Gender and Development, vol. 5, No. 2: pp. 8 – 13.

60. Cotgrove, Stephen, 1978, "Styles of Thought: Science, Romanticism and Modernization" The British Journal of Sociology, vol. 29, No. 3: pp. 358 – 371.

61. Creighton, Colin, 1999, "The rise and decline of the 'male breadwinner family' in Britain", Cambridge Journal of Economics vol. 23, pp. 519 – 541.

62. Cristi, Renato, 1998, Carl Schmitt and Authoritarian Liberalism: Strong State, Free Economy, Cardiff: University of Wales Press.

62. Crutchfield, Robert D. &Pettinicchio, David, 2009, "Cultures of Inequality": Ethnicity, Immigration, Social Welfare, and Imprisonment", The Annals of the American Academy of Political and Social Science May: pp. 134 - 147.

64. Dallmayr, Fred, 1997, "The Politics of Nonidentity: Adorno, Postmodernism-and Edward Said" Political Theory vol. 25 no. 1: pp. 33 - 56.

65. Daly, James, 1996, Marx: Justice and Dialectic, London: Greenwich Exchange Ltd.

66. de la Fuente, Eduardo, 2007, "The place of culture in sociology: Romanticism and debates about the 'cultural turn'", Journal of Sociology, vol. 43(2): pp. 115 - 130.

67. Decker, Jefferey Louis, 1997, Made in America: Self-Styled Success from Horatio Alger to Oprah Winfrey, Minneapolis: The University of Minnesota Press.

68. Dodson, Kevin E., 1997, "Autonomy and Authority in Kant's Rechtslehre", Political Theory vol. 25 no. 1: pp. 93 - 111.

69. Donaldson, Mike, 1993, "What Is Hegemonic Masculinity?" Theory and Society, vol. 22, No. 5, pp. 643 - 657.

70. Du Bois, W. E. B., 1994, The Souls of Black Folk, Mineola: Dover Publications.

71. Dunbar Moodie et al., 1994, Going for Gold: Men, Mines, and Migration, Berkeley: University of California Press.

72. Edelman, Lee, 2007, "Ever After: History, Negativity, and the Social", South Atlantic Quarterly Summer: pp. 469 - 476.

73. Elder-Vass, Dave, 2010, The Causal Power of Social Structures, Cambridge: Cambridge University Press.

74. Fairclough, Norman, 2010, Critical Discourse Analysis, Harlow: Pearson Education Limited.

75. Falabella, Gonzalo, 1997, "New Masculinity: A Different Route", Gender and Development, vol. 5, No. 2: pp. 62 - 64.

76. Fantasia，Rick，1988，Cultures of Solidarity ：Consciousness，Action，and Contemporary American Workers，Oakland：University of California Press.

77. Farley，John E.，2002，"Contesting Our Everyday Work Lives：The Retention of Minority and Working-Class Sociology Undergraduates"，The Sociological Quarterly，vol. 43，No. 1：pp. 1 - 25.

78. Faundez，Julio，1988，Marxism and Democracy in Chile，New Haven：Yale University Press.

79. Favreau，Olivier，2005，"The Missing Piece in Rational Choice Theory"，Revuefrançaise de sociologie，vol. 46：pp. 103 - 122.

80. Finn，Margot C.，1993，After Chartism，Class and Nation in English Radical Politics 1848—1874，New York：Cambridge University Press.

81. Flew，Terry，2009，"The citizen's voice：Albert Hirschman's Exit，Voice and Loyalty and its contribution to media citizenship debates"，Media Culture Society vol. 31(6)：pp. 977 - 994.

82. Foley，Douglas E.，1989，"Does the Working Class Have a Culture in the Anthropological Sense?" Cultural Anthropology vol. 4，No. 2：pp. 137 - 162.

83. Foster，John Bellamy et al.，1997，In Defense of History，New York：Monthly Review Press.

84. Fraser，Ian，1998，Hegel and Marx，The Concept of Need，Edinburgh：Edinburgh University Press.

85. Fraser，Nancy&Honneth，Axel，2003，Redistribution or Recognition? A Political-Philosophical Exchange，London：Verso.

86. Freeman，Richard B.，1980，"The Exit-Voice Tradeoff in the Labor Market：Unionism，Job Tenure，Quits，and Separations"，The Quarterly Journal of Economics，vol. 94，No. 4：pp. 643 - 673.

87. Galston，William A.，2009，"Moral Pluralism and Liberal Democracy：Isaiah Berlin's Heterodox Liberalism" The Review of Politics，

vol. 71, No. 1: pp. 85－99.

88. Gane, Nicholas, 2014, "Sociology and Neoliberalism: A Missing History" Sociology January: pp. 1－15.

89. Gehlbach, Scott, 2006, "A Formal Model of Exit and Voice", Rationality and Society vol. 18(4): pp. 395－418.

90. Geoghegan, Vincent, 1995, Ernst Bloch, New York and London: Routledge.

91. Georg-Betz, Hans, 1994, Radical Right Wing Populism in Western Europe, New York: St. Martin's Press.

92. Grossman, Henryk, 2006, "The Beginnings of Capitalism and the New Mass Morality", Journal of Classical Sociology vol. 6(2), pp. 203－213.

93. Gruber, Helmut, 1991, Red Vienna: Experiment in Working Class Culture 1919—1934, New York: Oxford University Press.

94. Guyer, Paul, 2006, "Absolute idealism and the rejection of Kantian dualism" in Karl Ameriks (ed.), The Cambridge Companion to German Idealism, 北京：三联书店.

95. Hakken, David, 1980, "Workers' Education and the Reproduction of Working Class Culture in Sheffield, England", Anthropology & Education Quarterly, vol. 11, No. 4: pp. 211－234.

96. Hall, Stuart, 1990, "Cultural Identity and Diaspora" in Jonathan Rutherford (ed.) Identity: Community, Culture, Difference, London: Lawrence & Wishart.

97. Halpern, Rick & Morris, Jonathan, 1997, American Exceptionalism? US Working-Class Formation in an International Context, Basingstoke and London: McMillan Press.

98. Heller, Agnes and Feher, Ferenc, 1988, The Postmodern Political Condition, New York: Columbia University Press,.

99. Heller, Agnes and Feher, Ferenc, 1996, Biopolitics, Aldershot: Avebury Press.

100. Herva, Soma, 1988, "The Genesis of Max Weber's 'Verstehende Soziologie'" Acta Sociologica vol. 31, No. 2: pp. 143 - 156.

101. Hirschman, A. O. , 1980, "'Exit, Voice, and Loyalty': Further Reflections and a Survey of Recent Contributions. " The Milbank Memorial Fund Quarterly. Health and Society, vol. 58, No. 3: pp. 430 - 453.

102. Ho Wing-Chung, 2008, "Understanding the Subjective Point of View: Methodological Implications of the Schutz-Parsons Debate", Human Studies, vol. 31, No. 4: pp. 383 - 397.

103. Hofstadter, Richard, 1955, Social Darwinism in American Thought, Boston: Beacon Press.

104. Hofstadter, Richard, 1963, Anti-Intellectualism in American Life, New York: Vintage Books.

105. Honneth, Axel, 1999, "Negative Freedom and Cultural Belonging: An Unhealthy Tension in the Political Philosophy of Isaiah Berlin" Social Research vol. 66, No. 4: pp. 1063 - 1077.

106. Ingram, Nicola, 2011, "Within School and Beyond the Gate: The Complexities of Being Educationally Successful and Working Class", Sociology vol. 45(2): pp. 287 - 302.

107. Isaac, Jefferey, 1987, Power and Marxist Theory: A Realist View, Ithaca: Cornell University Press.

108. Jackson, William, 2007, "On the social structure of markets", Cambridge Journal of Economics vol. 31: pp. 235 - 253.

109. Jones, Robert Alun, 1994, "Ambivalent Cartesians: Durkheim, Montesquieu, and Method", The American Journal of Sociology, vol. 100, No. 1, pp. 1 - 39.

110. Jones, Gareth Stedman, 1984, Language of Class Languages of Class: Studies in English Working Class History 1832—1982, Cambridge: Cambridge University Press.

111. Jules-Rosette, Bennetta, 1986, "Interpretive Sociology in Comparative Perspective: Paradigms and Prospects" The Canadian Journal of

Sociology vol. 11, No. 4: pp. 401 - 417.

112. Kahan, Alan S., 2003, Liberalism in Nineteenth-Century Europe: The Political Culture of Limited Suffrage, Basingstoke and London: Palgrave and Macmillan.

113. Kahn& Goddard, Coy, 2013, "Gay men and drag: Dialogical resistance to hegemonic masculinity", Culture Psychology vol. 19(1): pp. 139 - 162.

114. Kasagiri, Masataka, 1992, "On Privatization of Meaning" Human Studies, vol. 15, No. 1: pp. 61 - 75.

115. Kashefi, 2011, "Structure and/or Culture: Explaining Racial Differences in Work Values", Journal of Black Studies, vol. 42(4): pp. 638 - 664.

116. Katz, Michael, 1989, The Undeserving Poor, New York: Pantheon Books.

117. Katz, Michael, 2011, Why don't American Cities Burn?, Philadelphia: University of Pennsylvania Press.

118. Katznelson, Ira&Zolberg, Aristide, 1986, Working Class Formation, Oxford: Princeton University Press.

119. Kefalas, Maria, 2003, Working Class Heroes: Protecting Home, Community and Nation in a Chicago Neighborhood, Oakland: University of California Press.

120. Kelan, Elizabeth, 2008, "Gender, risk and employment insecurity: The masculine breadwinner subtext", Human Relations vol. 61 (9): pp. 1171 - 1202.

121. Kellner, Douglas, 1997, "Ersnt Bloch, Utopia, and Ideology Critique" in Jamie Owen Daniel, Tom Moylan(ed.) Not Yet: Reconsidering Ernst Bloch, London: Verso.

122. Kim Nam-Kook, 2010, "Revisiting New Right citizenship discourse in Thatcher's Britain", Ethnicities vol. 10(2): pp. 208 - 235.

123. Kis, Janos, "Berlin's two concepts of positive liberty" European

Journal of Political Theory vol. 12(1): pp. 31 - 48.

124. Klein, Naomi, 2002, No Logo, New York: St. Martin's Press.

125. Klimova, Sveta, 2012, "Weber's interpretive project and the practical failure of meaningful action" European Journal of Social Theory vol. 15(2): pp. 261 - 278.

126. Klubock, T. M., 1998, Contested Communities, Class, Gender, and Politics in Chile's El Teniente Copper Mine, 1940—1951, Durham: Duke University Press.

127. Klubock, T. M., 1996, "Working-Class Masculinity, Middle-Class Morality, and Labor Politics in the Chilean Copper Mines", Journal of Social History, vol. 30, No. 2: pp. 435 - 463.

128. Kolakowski, Leszek, 1981, Main Currents of Marxism, New York: Oxford University Press.

129. Kolarska, Lena& Aldrich, Howard, 1980, "Exit, Voice, and Silence: Consumers' and Managers' Responses to Organizational Decline", Organization Studies vol. 1/1: pp. 41 - 58.

130. Kooy, Michael John, 1999, "Romanticism and Coleridge's Idea of History" Journal of the History of Ideas vol. 60, No. 4: pp. 717 - 735.

131. Korczynski et al., 2008, "The last British work songs: Music, community and class in the Kent hop fields of the early-mid 20th century", Management and Organizational History, vol. 3(1): pp. 81 - 102.

132. Kraus, Michael W. &Piff, Paul K., Keltner, Dacher, 2011, "Social Class as Culture: The Convergence of Resources and Rank in the Social Realm", Current Directions in Psychological Science vol. 20(4): pp. 246 - 250.

133. Kumlin, Johanna, 2007, "The Sex Wage Gap in Japan and Sweden: The Role of Human Capital, Workplace Sex Composition, and Family Responsibility", European Sociological Review vol. 23 No. 2 203 - 221.

134. Laclau, Ernesto, 2007, On Populist Reason, London: Verso.

135. Laitin, David, 1986, Hegemony and Culture, Politics and Religious Change among the Yoruba, Chicago: The University of Chicago Press.

136. Lamont, Michele, 2000, The Dignity of Working Men, New York: Russell Sage Foundation.

137. Laslett, Barbara & Brenner, Johanna, 1989, "Gender and Social Reproduction: Historical Perspectives", Annual Review of Sociology, vol. 15: pp. 381 - 404.

138. Lefebvre, Henri&Levich, Christine, 1987, "The Everyday and Everydayness" Yale French Studies, No. 73: pp. 7 - 11.

139. Lefebvre, Henri, 2002, Critique of Everyday Life, London: Verso.

140. Leung Lai-ching and Chan Kam-wah, 2012, "Understanding the Masculinity Crisis: Implications for Men's Services in Hong Kong", British Journal of Social Work 8: pp. 1 - 20.

141. Levitas, Ruth, 1996, "The concept of social exclusion and the new Durkheimian hegemony", Critical Social Policy vol. 5, pp. 5 - 20.

142. Levitas, Ruth, 1997, "Educated Hope: Ernst Bloch on Abstract and Concrete Utopia" in Jamie Owen Daniel, Tom Moylan(ed.) Not Yet: Reconsidering Ernst Bloch, London: Verso.

143. Levy, Ze'ev, 1997, "Utopian and Reality in the Philosophy of Ernst Bloch" in Jamie Owen Daniel, Tom Moylan (ed.) Not Yet: Reconsidering Ernst Bloch, London: Verso.

144. Lewis, Jane, 2001, "The Decline of the Male Breadwinner Model: Implications for Work and Care Social Politics", Summer: pp. 152 - 169.

145. Lieberman, Robbie, 1989, My Song is My Weapon, Urbana and Chicago: University of Illinois Press.

146. Lin Chun, 1993, The British New Left, Edinburgh: Edinburgh University Press.

147. Lipset, Seymour Martin, 1997, American Exceptionalism: A

Double-Edged Sword, New York: W. W. Norton &Company.

148. Lukes, Steven, 2004, Power: A Radical View, Basingstoke and London: Palgrave and Macmillan.

149. Mackinnon, Malcolm, 2001, "Max Weber's Disenchantment: Lineages of Kant and Channing", Journal of Classical Sociology vol. 1(3): pp. 329 – 351.

150. Macpherson, C. B., 2011, The Political Theory of Possessive Individualism: Hobbes to Locke, New York: Oxford University Press.

151. Mann, Geoff, 2005, "What's a penny worth? Wages, prices, and the American working man", Ethnography, vol. 6(3): pp. 315 – 355.

152. Marcil-Lacoste, Louise, 1993, "Equality as Egoism" in Joseph H. Carens (ed.), Democracy and Possessive Individualism: The Intellectual Legacy of C. B. Macpherson, Albany: State University of New York Press.

153. Marshall, T. H. &Bottomore, Tom, 1992, Citizenship and Social Class, London: Pluto Press.

154. Martin, John Levi, 2011, Social Structures, Oxford: Princeton University Press.

155. Maynard, Steven, 1989, "Rough Work and Rugged Men: The Social Construction of Masculinity in Working-Class History", Labour / Le Travail, vol. 23.: pp. 159 – 169.

156. McCormick, Peter, 1979, "The Concept of the Self in Political Thought" Canadian Journal of Political Science vol. 12, vo. 4: pp. 689 – 725.

157. McDowell, Linda, 2000, "The Trouble with Men? Young People, Gender Transformations and the Crisis of Masculinity", International Journal of Urban and Regional Research vol. 24 No. 1: 201 – 209.

158. McDowell, Linda, 2003, Redundant Masculinities? Employ Change and While Working Class Youth, oxford: Blackwell Publishing.

159. Melucci, Alberto, 1996, Challenging Codes: Collective Action in the Information Age, Cambridge: Cambridge University Press.

160. Miller, Seumas, 1990, "Foucault on Discourse and Power", A

Journal of Social and Political Theory, No. 76: pp. 115 - 125.

161. Mommsen, Wolfgang, 1990, Max Weber and German Politics, 1890 - 1920, Chicago and London: The University of Chicago Press.

162. Mushakoji, Kinshade, 2003, "Social Reproduction of Exclusion: Exploitative Migration and Human Insecurity" in Isabella Bakker and Stephen Gill(ed.): Power, Production and Social Reproduction, Basingstoke and New York: Palgrave-Macmillan.

163. Nelson, William, 2008, "Kant's Formula of Humanity", Mind, Vol. 117: pp. 85 - 106.

164. Nixon, Darren, 2009, "'I Can't Put a Smiley Face On': Working-Class Masculinity, Emotional Labour and Service Work in the 'New Economy'", Gender, Work and Organization., vol. 16 No. 3: pp. 300 - 322.

165. Nolan, Mary, 2003, Social Democracy and Society Working Class Radicalism in Duesseldorf 1890—1920, Cambridge: Cambridge University Press.

166. O'Brien, Mike, 1998, "Manhood and the Militia Myth: Masculinity, Class and Militarism in Ontario, 1902—1914", Labour / Le Travail, vol. 42. : pp. 115 - 141.

167. Orloff, Ann Shola, 2002, "Explaining US welfare reform: power, gender, race and the US policy legacy" Critical Social Policy vol. 22(1): pp. 96 - 118.

168. Osella, Filippo&Osella, Caroline, 2000, "Migration, Money and Masculinity in Kerala", The Journal of the Royal Anthropological Institute, vol. 6, No. 1: pp. 117 - 133.

169. Paley, Julia, 2001, Marketing Democracy: Power and Social Movements in Post-Dictatorship Chile, Berkeley and Los Angeles: University of California Press.

170. Parkin, Frank, 1983, Marxism and Class Theory: A Bourgeois Critique, New York: Columbia University Press.

171. Pines, Christopher, 1993, Ideology and False Consciousness: Marx and His Historical Progenitors, Albany: State University of New York Press.

172. Pinkard, Terry, 2006, "Hegel's Phenomenology and Logic: An Overview" in Karl Ameriks(ed.), The Cambridge Companion to German Idealism, 北京：三联书店.

173. Pippin, Robert, 2006, "Hegel's practical philosophy, the realization of freedom" in Karl Ameriks(ed.), The Cambridge Companion to German Idealism, 北京：三联书店.

174. Polanyi, Karl, 2001, The Great Transformation: the Political and Economic Origins of Our Time, Boston: Beacon Press.

175. Pollert, Anna, 2005, "The Unorganised Worker: The Decline in Collectivism and New Hurdles to Individual Employment Rights", Industrial Law Journal vol. 34 No. 3: pp. 217 - 238.

176. Posner, Paul W., 2008, State, Market, and Democracy in Chile: The Constraint of Popular Participation, Basingstoke and London: Palgrave Macmillan.

177. Prasad et al., 2009, "The Undeserving Rich: "Moral Values" and the White Working Class", Sociological Forum, vol. 24, No. 2: pp. 225 - 253.

178. Pred, Allan, 1981, "Social Reproduction and the Time-Geography of Everyday Life", Geografiska Annaler. Series B, Human Geography, vol. 63, No. 1: pp. 5 - 22.

179. Price, Steve, 1999, "Critical Discourse Analysis: Discourse Acquisition and Discourse Practices" TESOL Quarterly, vol. 33, No. 3: pp. 581 - 595.

180. Pun Ngai, 2005, Made in China: Women Factory Workers in a Global Workplace, Durham: Duke University Press.

181. Pyke, Karen D., 1996, "Class-Based Masculinities: The Interdependence of Gender, Class, and Interpersonal Power" Gender and

Society vol. 10, No. 5: pp. 527 - 549.

182. Reed, Isaac, 2008, "Maximal Interpretation in Clifford Geertz and the Strong Program in Cultural Sociology: Towards a New Epistemology" vol. 2(2): pp. 187 - 200.

183. Reuss, Richard, 2000, American Folk Music and Left-Wing Politics, 1927—1957, Lanham: Scarecrow Press.

184. Riley, Alexander Tristan, 2002, "Durkheim contra Bergson? The Hidden Roots of Postmodern Theory and the Postmodern 'Return' of the Sacred", Sociological Perspectives, vol. 45, No. 3: pp. 243 - 265.

185. Roberts, Steven, 2012, "Boys Will Be Boys ... Won't They? Change and Continuities in Contemporary Young Working-class Masculinities", Sociology vol. 47(4): pp. 671 - 686.

186. Ronneberger, Klaus, 2008, "Henri Lefebvre and urban everyday life: in search of the Possible" in Kanishka Goonewardena et al. (ed.), Space, Difference, Everyday Life, Reading Henri Lefebvre, New York and London: Routledge.

187. Rose, Gilian, 2009, Hegel contra Sociology, London: Verso.

188. Rude, George, 2005, The Crowd in History, London: Serif.

189. Sachweh, Patrick, 2012, "The moral economy of inequality: popular views on income differentiation, poverty and wealth", Socio-Economic Review vol. 10, pp. 419 - 445.

190. Sanín, Francisco Gutiérrez, 2005, "Fragile Democracy and Schizophrenic Liberalism: Exit, Voice, and Loyalty in the Andes", International Political Science Review, vol. 26, No. 1: pp. 125 - 139.

191. Saville, John, 1990, 1848, The Chartist Movement and the British State, Cambridge: Cambridge University Press.

192. Sayer, Andrew, 2005, The Moral Significance of Class, Cambridge: Cambridge University Press.

193. Schnell& Yoav, 2001, " The Sociospatial Isolation of Agents in Everyday Life Spaces as an Aspect of Segregation", Annals of the

Association of American Geographers, vol. 91, No. 4: pp. 622 - 636.

194. Seidman, Gay, 1994, Manufacturing Militance: Workers' Movement in Brazil and South Africa, 1970—1985, Berkeley and Los Angeles: University of California Press.

195. Seidman, Steven, 1983, "Modernity, Meaning, and Cultural Pessimism in Max Weber" Sociological Analysis, vol. 44, No. 4: pp. 267 - 278.

196. Sewell, William H., 1980, Work and Revolution in France: The Language of Labor from the Old Regime to 1848, Cambridge: Cambridge University Press.

197. Shalev, Michael& Korpi, Walter, 1980, "Working Class Mobilization and American Exceptionalism", Economic and Industrial Democracy vol. 1: pp. 31 - 61.

198. Shalin, Dmitri, 1986, "Romanticism and the Rise of Sociological Hermeneutics" Social Research, Vol. 53, No. 1: pp. 77 - 123.

199. Sims-Schouten&Riley, 2007, "Critical Realism in Discourse Analysis: A Presentation of a Systematic Method of Analysis Using Women's Talk of Motherhood, Childcare and Female Employment as an Example", Theory and Psychology 2007 vol. 17(1): pp. 101 - 124.

200. Smith, Sharon, 2006, Subterranean Fire, A History of Working Class Radicalism in the United States, Chicago: Haymarket Books.

201. Smith, Christian, 1991, The Emergence of Liberation Theology Radical Religion and Social Movement Theory, Chicago: The University of Chicago Press.

202. Soper, Kate, 1995, What is Nature? Culture, Politics and Non-human, Oxford: Blackwell.

203. Soboul, Albert, 1964, The Parisian Sans-Calottes and the French Revolution, London: Oxford University Press.

204. Southpommasane, Tim, 2007, "The Politics of Recognition and an Ideology of Multiculturalism" in Julie Connolly, Michael Leach and Lucas

Walsh (ed.) Recognition in Politics: Theory, Policy and Practice, Cambridge: Cambridge Scholars Publishing.

205. Speakman, Susan&Marchington, Mick, 1999, "Ambivalent Patriarchs: Shiftworkers, 'Breadwinners' and Housework", Work, Employment Society vol. 13 No. 1: pp. 83 - 105.

206. Staab, Silke, 2012, "Maternalism, Male-Breadwinner Bias, and Market Reform: Historical Legacies and Current Reforms in Chilean Social Policy Social Politics vol. 19 no. 3: pp. 299 - 332.

207. Standing, Guy, 2011, The Precariat: The New Dangerous Class, London: Bloomsbury Academic.

208. Storch, Randi, 2008, Red Chicago: American Communism at its Grassroots 1928—1935, Champaign: University of Illinois Press.

209. Stuart, Robert, 1992, Marxism at Work: Ideology, Class and French Socialism during the Third Republic, Cambridge: Cambridge University Press.

210. Sturma, 2006, "Politics and the New Mythology, the turn to Late Romanticism" in Karl Ameriks(ed.), The Cambridge Companion to German Idealism, 北京:三联书店.

211. Swidler, Ann, 1986, "Culture in Action: Symbols and Strategies", American Sociological Review, vol. 51, No. 2: pp. 273 - 286.

212. Synnott, Anthony, 1992, "Tomb, Temple, Machine and Self: The Social Construction of the Body" The British Journal of Sociology, vol. 43, No. 1: pp. 79 - 110.

213. Taylor, Charles, 1994, "The Politics of Recognition" in Charles Taylor et al. Multiculturalism: Examining the Politics of Recognition, Princeton: Princeton University Press.

214. Taylor, Robert S., 2005, "Kantian Personal Autonomy", Political Theory vol. 33 no. 5: pp. 602 - 628.

215. Therborn, Goeran, 1999, The Ideology of Power and the Power of Ideology, London: Verso.

216. Thomas, David P., 2007, "The South African Communist Party (SACP) in the Post-Apartheid Period", Review of African Political Economy, vol. 34, No. 111: pp. 123 - 138.

217. Thornhill, Chris, 2013, "Natural law, state formation and the foundations of social theory", Journal of Classical Sociology vol. 13(2): pp. 197 - 221.

218. Vandenberg et al., 2007, "Postmodern Conservatism and Reactionary Recognition" in Julie Connolly, Michael Leach and Lucas Walsh (ed.) Recognition in Politics: Theory, Policy and Practice, Cambridge: Cambridge Scholars Publishing.

219. Verdeja, Ernesto, 2009, "Adorno's Mimesis and its Limitations for Critical Social Thought" European Journal of Political Theory vol. 8(4): pp. 493 - 511.

220. Vignoles et al., 2000, "The Distinctiveness Principle: Identity, Meaning, and the Bounds of Cultural Relativity", Personality and Social Psychology Review vol. 4, No. 4: pp. 337 - 354.

221. Wacquant, Loic, 2009, Punishing the Poor: The Neoliberal Government of Social Insecurity, Durham: Duke University Press.

222. Wajcman, Judy, 1998, Managing like a Man: Women and Men in Corporate Management, State College: Pennsylvania State University Press.

223. Walker, Gregory Wayne, 2006, "Disciplining Protest Masculinity", Men and Masculinities, Vol. 9 No. 1: pp. 5 - 22.

224. Warren, Mark, 1988, "Max Weber's Liberalism for a Nietzschean World", The American Political Science Review, vol. 82, No. 1: pp. 31 - 50.

225. Weis, Lois, 2006, "Masculinity, Whiteness, and the New Economy: An Exploration of Privilege and Loss", Men and Masculinities vol. 8 No. 3: pp. 262 - 272.

226. Weiss, Richard, 1988, The American Myth of Success: From Horatio Alger to Norman Vincent Peale, Champaign: University of Illinois

Press.

227. Westphal, Kenneth, 2006, "The basic context and structure of Hegel's Philosophy of Right" in F. C. Beiser (ed.) The Cambridge Companion to Hegel, 北京：三联书店.

228. Wills, Jane, 2001, "Community, Unionism and Trade Union Renewal in the UK: Moving beyond the Fragments at Last?", Transactions of the Institute of British Geographers, New Series, vol. 26, No. 4: pp. 465 - 483.

229. Willis, Paul, 1981, Learning to Labor, New York: Columbia University Press.

230. Wilson, William Julius, 2010, "Why Both Social Structure and Culture Matter in a Holistic Analysis of Inner-City Poverty", The Annals of the American Academy of Political and Social Science, May: pp. 200 - 219.

231. Wood, Allen, 2006, "Hegel's Ethics" in F. C. Beiser (ed.) The Cambridge Companion to Hegel, 北京：三联书店.

232. Yack, Bernard, 2012, "The significance of Isaiah Berlin's Counter-Enlightenment" European Journal of Political Theory vol. 12(1): pp. 49 - 60.

233. Zaret, David, 1980, "From Weber to Parsons and Schutz: The Eclipse of History in Modern Social Theory", American Journal of Sociology, Vol. 85, No. 5: pp. 1180 - 1201.

234. Zhang Li, 2001, Strangers in the City, Stanford: Stanford University Press.

235. Zoeller, Guenther, 2006, "German idealism: The self-limitation of idealist thinking in Fichte, Schelling, and Schopenhauer" in Karl Ameriks (ed.), The Cambridge Companion to German Idealism, 北京：三联书店.

附　录
调查问卷

工友师傅，您好！

为了了解工友师傅们的想法，更好地维护工友师傅们的基本权益，我们组织了此次调查。本问卷中的问题只是希望知道您对一些事物的看法，回答没有对错之分。调查不用填写姓名，我们也会对收集的资料严格保密。所以您只需要按照自己真实想法在所选答案上画圈就可以。

谢谢您的支持与合作，祝工友师傅们天天开心！

清华大学社会科学学院课题组

Q1　您的性别：

1. 男　2. 女

Q2　您的年龄________岁

Q3　您目前从事的工作是________（请填写）

Q4　您的教育程度：

1. 小学及小学以下　2. 初中　3. 高中　4. 其他________（请填写）

Q5　您觉得“新工人”与农民工的区别是：

1. 新参加工作　2. 道德品质较高　3. 拥有较高技能　4. 更有尊严
5. 没有区别，一样　6. 其他________（请填写）

Q6　您觉得您是“新工人”还是“农民工”？

1. 新工人　2. 农民工

Q7　您认为人的下列能力重要程度如何，请打分（在表格里的分数上画圈），1 最低，5 最高。

1. 身体强壮	1	2	3	4	5
2. 书本知识	1	2	3	4	5
3. 生存智慧	1	2	3	4	5
4. 谋生能力	1	2	3	4	5
5. 道德品质	1	2	3	4	5

Q8 您认为一个人在生活中的处境更多地是由于命运决定还是更多的依靠个人努力：

1. 完全由命运决定 2. 部分由命运决定，部分依靠个人努力 3. 完全依靠个人努力

Q9 您认为以下因素中哪个是决定个人努力是否取得成功的最主要因素？

1. 身体状况 2. 能力 3. 教育程度 4. 道德品质 5. 其他________（请填写）

Q10 您认为教育和文化知识能够提高一个人的社会地位吗？

1. 能 2. 不能

Q11 您认为对于一个男人来说，最重要的是：

1. 养家糊口 2. 身强体壮 3. 道德品质 4. 其他________（请填写）

Q12 您将来是想回农村还是留在城里（包括B市以外的城市）？

1. 回农村 2. 留在城市 3. 说不好

Q13 您会为了孩子（如果您现在没有孩子，您将来有了孩子）留在城市里吗？

1. 会 2. 不会

Q14 您觉得您的孩子（如果您现在没有孩子，您将来有孩子）长大后的生活会比您好吗？

1. 会 2. 不会

Q15 您觉得您和城里人有区别吗？

1. 有 2. 没有

如果有区别，这个区别主要是________（请填写）

Q16 除了工作之外，您平时和城里人接触得多吗？

1. 很多　2. 一般　3. 不多　4. 几乎没有

Q17　除了工作之外,您会主动和城里人接触吗?

1. 会　2. 不会

Q18　下面有一系列说法,针对每一种说法,请您选择您认为最合适的(请在数字上画圈):

	很同意	同意	不同意	很不同意
1. 老板和白领比工人成功	1	2	3	4
2. 老板和白领的能力比工人高	1	2	3	4
3. 老板和白领获得目前的地位是因为能力强	1	2	3	4
4. 无论老板如何对待我,我都应该勤劳工作	1	2	3	4
5. 我只会在待我好的老板手下勤劳	1	2	3	4
6. 跳街舞,唱流行歌使我接近城里人	1	2	3	4
7. 老板和白领有义务照顾工人	1	2	3	4
8. 能否上大学主要取决于个人努力	1	2	3	4
9. 高考状元是有能力的表现	1	2	3	4
10. 我虽在城里打工,却不属于城市	1	2	3	4
11. 只要努力,我的生活就能够改善	1	2	3	4
12. 一个人的素质和能力主要是通过个人努力获得的	1	2	3	4
13. 为了养家,即使不愿意做的事情也得做	1	2	3	4
14. 决定社会地位的最主要因素是金钱	1	2	3	4